二十一世纪普通高等教育人才培养"十三五"系列规划教材
ERSHIYI SHIJI PUTONG GAODENG JIAOYU RENCAI PEIYANG SHISANWU XILIE GUIHUA JIAOCAI

证券投资项目
实验教程（第二版）

主　编○陈靓秋
副主编○王　恒　郑晓燕

西南财经大学出版社
Southwestern University of Finance & Economics Press
中国·成都

图书在版编目(CIP)数据

证券投资项目实验教程/ 陈靓秋主编.—2 版.—成都:西南财经大学出版
社,2018.8(2021.12 重印)
ISBN 978-7-5504-3651-0

Ⅰ.①证… Ⅱ.①陈… Ⅲ.①证券投资—高等学校—教材
Ⅳ.①F830.91

中国版本图书馆 CIP 数据核字(2018)第 182864 号

证券投资项目实验教程(第二版)

主　编　陈靓秋
副主编　王　恒　郑晓燕

责任编辑:李晓嵩
助理编辑:雷静
封面设计:何东琳设计工作室
责任印制:朱曼丽

出版发行	西南财经大学出版社(四川省成都市光华村街55号)
网　　址	http://cbs.swufe.edu.cn
电子邮件	bookcj@swufe.edu.cn
邮政编码	610074
电　　话	028-87353785
照　　排	四川胜翔数码印务设计有限公司
印　　刷	四川新财印务有限公司
成品尺寸	185mm×260mm
印　　张	13.75
字　　数	309 千字
版　　次	2018 年 8 月第 2 版
印　　次	2021 年 12 月第 2 次印刷
印　　数	3001— 4000 册
书　　号	ISBN 978-7-5504-3651-0
定　　价	32.00 元

第二版前言

本书自 2015 年出版以来，得到了部分高校教师的肯定和支持，被选做实践教学用书，反响良好。在第二版中，本书进一步突出实用性，仍以项目式方式贯穿整本教材，更新了部分数据和图表。以证券投资为主线，以实验操作为导向，着重体现实验内容的模块性和实际操作的可行性。教材中抓"实"、突"验"，力求适应证券投资的应用性、岗位性、专业性，强化学生的动手能力和操作技能。

陈靓秋负责进行了第二版的修订工作，对部分项目内容进行了更新。

由于编者水平有限，书中疏漏和不足在所难免，敬请专家和读者批评指正。

编　者

2018 年 6 月

目 录

项目一　证券市场结构

本项目主要是介绍国内外证券市场的层次结构，即主板市场、二板市场、三板市场和四板市场，分析不同证券板块市场的分类标准及特点。

▷ **项目目标**

（1）掌握证券市场的层次划分标准与种类。

（2）了解不同国家的证券市场层次及其特点。

模块一　主板市场

▷ **模块介绍**

熟悉证券市场主板市场的内容与标准，了解不同国家或地区主要证券市场的特点与上市条件。

主板市场也称为一板市场，指传统意义上的证券市场（通常指股票市场），是一个国家或地区证券发行、上市及交易的主要场所。主板市场是资本市场中最重要的组成部分，在很大程度上能够反映一个国家或地区的经济发展状况，有着国民经济"晴雨表"之称。通常各个国家的主板市场对发行人的营业期限、股本大小、盈利水平、最低市值等方面的要求标准较高，这个板块的企业多为大型成熟企业，具有较大的资本规模及稳定的盈利能力。一般来说，各国主要的证券交易所代表着各国的主板主场。例如，美国纽约证券交易所便是美国主板市场。

【美国主板市场】

美国证券市场是全球规模最大的投资市场，也是全球投资人瞩目的焦点。美国是国际金融的大本营，证券交易所数量很多，各证券交易所经营的业务也大不相同。由于不同规模的企业在不同发展阶段的风险不同，利用证券市场的制度和信息的成本不同，因此一个国家的证券市场是分层次的。作为世界上最完善的证券市场之一，美国证券市场也不例外。目前美国证券市场大致被分为三个层次：全国性证券市场、地方性证券市场和"场外交易"市场。其中，全国性证券交易市场通常被认为是美国证券市场的主要板块市场，该市场交易对象通常为"国家级"的上市企业。其中，纽约证券交易所（NYSE）是全球第二大的交易所，上市须具备的要求最高，主要为成熟企业提供上市服务。美国证券交易所（AMEX）主要服务于新兴中小企业，其上市门槛比纽约证券交易所低得多。通常，美国证券交易所是纽约证券交易所的预备阶梯，即那些没有条件到纽约证券交易所上市的企业，可以先在美国证券交易所上一试身手。

纽约证券交易所是美国时间最长、最有名气的证券市场，至今已有 200 余年的历史。1792 年 5 月 17 日，24 个证券经纪人在纽约华尔街 68 号外一棵梧桐树下签署了《梧桐树协议》。这是纽约证券交易所的开端。1817 年 3 月 8 日，这个组织起草了一项章程，并把组织名称更改为"纽约证券交易委员会"，1863 年改为"纽约证券交易所"并沿用至今。纽约证券交易所曾是世界上最大的交易所，直到 1996 年它的交易量被纳斯达克证券市场超过。2007 年 4 月，纽约证券交易所宣布与泛欧股票交易所合并组成纽约泛欧交易所（NYSE Euronext）。

载至 2018 年 8 月 8 日，纽约证券交易所上市股票超过 3 600 种，约有 3 000 家总市值高达 17 万亿美元（1 美元约等于 6.83 元人民币，下同）的大企业在此挂牌进行交易，辖下共有 400 家左右的会员企业，每天约有 3 000 人在交易场地工作，20 个交易地点合计 400 多个交易位。纽约证券交易所的交易方式也跟传统市场一样采取议价方式，股票经纪会依据客户开出的买卖条件，在交易大堂内公开寻找买主和卖主，讨价还价后完成交易。到目前为止，纽约证券交易所是美国全国性的证券交易所中最具代表性的证券交易所，也是世界上规模最大、组织最健全、设备最完善、管理最严密、对世界经济有着重大影响的证券交易所，其上市条件较为严格，详见表 1-1。2014 年 9 月 19 日，中国互联网企业阿里巴巴登录美国纽约证券交易所，成为美国史上规模最大的首次公开募股企业。

表 1-1　　　　　　　　　纽约证券交易所的上市标准

指标	要求	非美国公司	美国国内公司
股权指标	公众持股人数	≥5 000 名	≥2 000 名
	公众持股数	≥250 万股	≥110 万股
财务指标	标准 1：税前利润	最近三年连续赢利且最后一年不少于 250 万美元，前两年每年不少于 200 万美元，或最后一年不少于 450 万美元，3 年累计不少于 650 万美元	最近一年税前利润 ≥250 万美元
	标准 2：股票市值	1 亿美元	4 000 万美元
	标准 3：有形资产净值	1 亿美元	4 000 万美元

美国证券交易所（AMEX）过去曾是美国第二大证券交易所，跟纽约证券交易所一样，坐落于纽约的华尔街附近，现为美国第三大股票交易所。

美国证券交易所上市要求比纽约证券交易所低。对中小企业和新兴企业来说，在美国证券交易所上市是公司募集资金用于未来扩张的较好选择。美国证券交易所为个人、机构投资者及各个行业和不同规模的发行人创造了金融机会。同时，美国证券交易所独特的"报单驱动"和"专营经纪人制度"对中小企业的股票交易提供了一个良好的平台。对不计其数的公司、投资者和股东来说，美国证券交易所就意味着新机会的诞生。

若有新兴公司想要到美国证券交易所挂牌上市，需具备以下几项条件：

第一，最少要有 500 000 股的股数在市面上为大众所拥有。

第二，最少要有 800 名的股东（每名股东需至少拥有 100 股以上）。

第三，满足下列条件的其中一条：

最近三年的税前营业利润累计不少于 1 亿美元，最近 2 年的税前营业利润合计不低于 2 500 万美元；最近 12 个月的收入不低于 1 亿美元，最近 3 年的经营现金流入合计不少于 1 亿美元；最近 2 年的经营现金流入每年均不少于 2 500 万美元，流通股市值不低于 5 亿美元；流通股市值不低于 7.5 亿美元，最近一年的收入不低于 7 500 万美元。

美国证券交易所的营业模式和纽约证券交易所一样，不同的是美国证券交易所是唯一一家能同时进行股票、期权和衍生产品交易的交易所，也是唯一一家关注于易被人忽略的中小市值公司，并且为其提供一系列服务来增加其关注度的交易所。近年来，美国证券交易所在金融衍生工具和交易型开放式指数基金（ETF）的交易上有很大成就，地位日渐重要。美国证券交易所通过和中小型上市公司形成战略合作伙伴关系来帮助其提升公司管理层和股东的价值，并保证所有的上市公司都有一个公平有序的市场交易环境。在纳斯达克（NASDAQ）证券市场出现以前，一些现在知名的企业因为资本额小、赚的钱不够多，无法达到纽约证券交易所的上市标准，因此就在美国证券交易所上市，像石油公司艾克森（Exxon）和通用汽车（General Motors）都是在美国证券交易所上市、成长为大企业后，再到纽约证券交易所上市的。因此，美国证券交易所称得上是明星股的酝酿地。

相关阅读： 阿里巴巴集团赴美上市

美国时间 2014 年 9 月 19 日上午，阿里巴巴集团正式在纽约证券交易所挂牌交易，股票代码为 BABA。截至当天收盘，阿里巴巴集团股价暴涨 25.89 美元报 93.89 美元，较发行价 68 美元上涨 38.07%，市值达 2 314.39 亿美元，超越脸书网（Facebook）成为仅次于谷歌公司的第二大互联网公司。

北京时间 2014 年 9 月 19 日 21 时 30 分，阿里巴巴集团正式敲钟开市。因为交易量巨大，阿里巴巴集团创美股 10 年来开盘时间最长纪录。直到北京时间 23 时 50 分之后才出炉开盘价。开盘 92.7 美元，较发行价 68 美元高开 36.3%。

阿里巴巴集团市值达到 2 383.32 亿美元，至此阿里巴巴集团执行主席马云的身家超过 200 亿美元，超过王健林和马化腾，成为中国新首富。据阿里巴巴集团招股书披露，马云占阿里巴巴集团 8.9% 的股份。以开盘价 92.7 美元计算，马云在阿里巴巴集团的股份价值超过 200 亿美元，加上他的其他财富，他的身家可能是王健林的 2 倍。

就国际货币基金组织公布的2013年世界各国国内生产总值排行榜来看，阿里巴巴集团总市值2 314.39亿美元这个数字，居第44位伊拉克与第43位巴基斯坦之间。阿里巴巴集团之富有程度可匹敌全球100多个国家。

事实上，阿里巴巴集团的交易规模可比肩某些国家的国内生产总值。2013年，阿里巴巴集团的电子商务交易总规模为1.542万亿元人民币，占据了全国电商市场总规模的84%，折算成美元是2 480亿美元，相当于芬兰一年的经济总量。飙升的股价也让阿里巴巴集团的市值一举超越脸书网（Facebook）、亚马逊、腾讯和易贝网（eBay），成为仅次于谷歌公司的全球第二大互联网公司。周五美股收盘时，脸书网（Facebook）每股77.81美元，市值为2 023.06亿美元，远低于阿里巴巴集团。据此计算，阿里巴巴集团的市值已经超过腾讯和百度的市值总和。

【英国主板市场】

伦敦证券交易所是世界上历史最悠久的证券交易所，是世界四大证券交易所之一。伦敦证券交易所的前身为17世纪末伦敦交易街的露天市场，是当时买卖政府债券的"皇家交易所"。1773年，露天市场迁入司威丁街的室内，并正式改名为伦敦证券交易所。作为世界上国际化程度最高的金融中心，伦敦不仅是欧洲债券与外汇交易领域的全球领先者，还受理了超过2/3的国际股票承销业务。伦敦的规模与位置，意味着伦敦为世界各地的公司及投资者提供了一个通往欧洲的理想门户。伦敦证券交易所的上市证券品种众多，除股票外，还有政府债券、国有化工业债券、英联邦与其他外国政府债券，以及地方政府、公共机构、工商企业发行的债券，其中外国证券占50%左右。伦敦证券交易所外国股票的交易超过其他任何证券交易所，同时还拥有数量庞大的投资于国际证券的基金。对于公司而言，在伦敦上市就意味着开始同国际金融界建立起重要联系。目前伦敦证券交易所运作着四个独立的交易市场（见图1-1）。

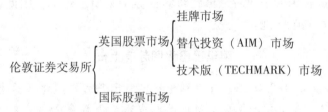

图1-1 伦敦证券交易所四个独立交易市场

四个独立交易市场中挂牌市场是英国伦敦证券交易市场中最主要的市场（Main Market or Official List），也叫主板市场或官方市场，其上市要求比较严格，具体如下：

第一，公司一般须有3年的经营记录，并须呈报最近3年的总审计账目。如果没有3年经营记录，某些科技产业公司、投资实体、矿产公司及承担重大基建项目的公司，只要能满足伦敦证券交易所上市细则中的有关标准，亦可上市。

第二，公司的经营管理层能显示出为其公司经营所承担的责任。

第三，公司呈报的财务报告一般必须按国际或英美现行的会计与审计标准编制，并按上述标准独立审计。

第四，公司在本国交易所的注册资本应超过 70 万英镑（截至 2018 年 8 月 8 日，1 英镑约等于 8.79 元人民币，下同），已至少有 25% 的股份为社会公众持有。实际上，公司通过伦敦证券交易所进行国际募股，其总股本一般要求不少于 2 500 万英镑。

第五，公司必须按伦敦证券交易所规范的要求（包括欧共体法令和 1986 年版金融服务法）编制上市说明书，发起人必须使用英语发布有关信息。

主板市场为企业提供了在欧洲最深厚、最广阔的资本市场进行融资的机会，高效的二级市场交易平台为流动性、有效的价格形成及交易延迟的最小化提供了最好的交易环境。对于企业而言，在伦敦上市就意味着开始同国际金融界建立起重要联系。

伦敦证券交易所是最早与中国证监会、上海证券交易所、深圳证券交易所签署合作备忘录的外国证券交易所。

【日本主板市场】

东京证券交易所发展的历史虽然不长，却是亚洲最大的证券交易所，与纽约华尔街和伦敦交易所比肩，是世界三大证券市场之一。东京证券交易所位于东京的日本桥，是日本经济的心脏所在。东京证券交易所的股票交易量最大，占日本全国交易量的 80% 以上。如果按上市的股票市场价格计算，东京证券交易所已超过伦敦证券交易所，成为仅次于纽约证券交易所的世界第二大证券市场。东京证券交易所是会员制的证券交易所，有资格成为交易所会员的只限于达到一定标准的证券公司。

在东京证券交易所上市的国内股票分为第一部和第二部两大类，第一部的上市要求要比第二部的要求高。新上市股票原则上先在交易所第二部上市交易，每一营业年度结束后考评各上市股票的实际成绩，据此作为划分部类的标准。反之，如果第一部上市的公司股票指标下降到低于第一部的上市标准，则有可能降至第二部。东京证券交易所根据企业的发展阶段对应外国企业开设了"外国部""Mothers"两个市场。企业根据公司的规模与企业形象可选任意一个市场。"Mothers"市场面向具有很高成长性的公司和国外新兴企业为对象，该板块相当于国际证券市场中的创业板市场。"外国部"则面向全球大型外国企业和业绩优良的企业。

外国公司到东京证券交易所上市的主要条件如下：

第一，对申请人历史及业绩方面的要求。公司在申请前的最近年度末必须为已设立的股份公司连续从业至少达 5 年以上，若是民营企业，则需有 5 年经营业绩，并且提交了东京证券交易所认为合适的财务文件，才可申请上市；公司提出上市申请前 1 年的公司净资产必须达到 100 亿日元（1 日元约等于 0.05 元人民币，下同）以上；公司最近 3 年的税前利润每年都要达到 20 亿日元以上。

第二，公司提出上市的前 1 年必须进行红利分配，而且要能显示公司今后具有良好的红利分配前景。

第三，公司的上市股数必须按超过以下标准交易单位区分的股数标准进行交易。2 000 万股的交易单位为 1 000（余下类推），1 000 万股为 500，200 万股为 100，100 万股为 50，20 万股为 10，2 万股为 1。

第四，公司股票如已在其他交易所上市且流通状况良好，上市时的公司股东人数必须达到 1 000 人以上；如仅在东京证券交易所上市，在日本国内的股东人数必须达到 2 000 人以上。

【新加坡主板市场】

新加坡证券交易所（SGX）成立于 1999 年 12 月 1 日，是由新加坡股票交易所及新加坡国际金融交易所合并而成。经过十几年的发展，新加坡证券交易所已成为亚洲仅次于东京、香港的第三大交易所。新加坡主板市场目前有 2 个主要的交易板块，即第一股市（主板市场，Mainboard）与自动报价股市（创业板市场，The Stock Exchange of Singapore Dealling and Automated Quotation System or SESDAQ）。不论是新加坡本地公司或外国公司都可以申请在第一股市或自动报价股市上市。新加坡证券交易所是亚太地区首家把拥有权和交易权分立，并把证券和衍生商品集于一体的综合交易所。新加坡证券交易所与澳大利亚股票交易所建立了全球首个证券交易联网，并且美国股票交易所最活跃的 5 只挂牌基金也可以在新加坡证券交易所交易。这使得新加坡交易所在吸引国际投资者及灵活地应对变化方面占据了优势。从 2010 年开始，我国的百度、网易、盛大、如家、携程、畅游等国内知名互联网企业陆续登陆新加坡证券交易所，中国铝业、中国移动、中国电信等这些国内行业巨头在新加坡证券交易所挂牌上市。

新加坡主板上市的公司，无论本地企业还是非本地企业，无论首次公开发行还是再次公开发行，只要满足以下三个条件中的一条即可（见表 1-2）：

表 1-2　　　　　　　　　新加坡证券交易所主板市场上市条件

项目	条件一	条件二	条件三
税前利润	过去 3 年的税前利润累计 750 万新加坡元（截至 2018 年 8 月 8 日，1 新加坡元约等于 5.01 元人民币，下同），每年至少 100 万新加坡元	过去 1~2 年的税前利润累计 1 000 万新加坡元	无要求
市值	无要求	无要求	首次公开发行最低 8 000 万新加坡元（以发行价计算）
公众持股比例	至少 1 000 名股东持有公司股份的 25%；如果市值大于 3 亿新加坡元，股东的持股比例可以降低至 12%~20%；对于再次公司发行的公司，必须在全球至少有 2 000 名股东持有公司股份的 25%。		
业务记录	3 年	无要求	无要求
持续管理时间	3 年	1 年或 2 年，视情况而定	无要求
持续性上市义务	是	是	是
如果公司在国外另一家公认的证券交易所上市，可不必遵守持续性义务有关规定			

以上上市要求中的每一条都适用于不同类型的公司。对于某些公司，如快速成长的短期高额盈利的高科技公司，或者快速成长的目前正在试图营利的高科技公司，只要满足以上条件，也可允许在主板市场上市。不论何种公司，主板上市前，都必须聘请承销经理进行辅导，而且承销经理有责任进行尽职调查，以确认该公司是否适合在主板市场上市。

【中国主板市场】

我国的主板市场指公司在上海证券交易所和深圳证券交易所的主板上市。主板市场对发行人要求标准较高，上市企业多为大型成熟企业，具有较大的资本规模与稳定的盈利能力。

上海证券交易所简称上证所，位于上海浦东新区，创立于1990年11月26日，是我国内地两所证券交易所之一，也是我国内地第一家证券交易所，是国际证监会组织、亚洲暨大洋洲交易所联合会、世界交易所联合会的成员。上海证券交易所开业初期以债券（包括国债、企业债券和金融债券）交易为主，同时进行股票交易，以后逐步过渡到债券和股票交易并重。经过多年的持续发展，上海证券市场已成为中国内地首屈一指的证券市场，上市公司数、上市股票数、市价总值、流通市值、证券成交总额、股票成交金额和国债成交金额等各项指标均居首位。截至2018年3月15日，上海证券交易所拥有1 425家上市公司，上市证券数11 614只，上市股票1 462只，总股本36 007.75亿股，总市值320 392.25亿元。

相关阅读：　　　　　　　　　沪港通

2014年4月10日，中国证券监督管理委员会和香港证券及期货事务监察委员会发布《中国证券监督管理委员会 香港证券及期货事务监察委员会联合公告》，决定原则上批准上海证券交易所、香港联合交易所有限公司、中国证券登记结算有限责任公司、香港中央结算有限公司开展沪港股票市场交易互联互通机制试点，简称沪港通。沪港两地投资者可以委托上海证券交易所会员或者香港联合交易所参与者，通过上海证券交易所或者香港联合交易所在对方所在地设立的证券交易服务公司，买卖规定范围内的对方交易所上市股票。沪港通包括沪股通和港股通两部分。

沪股通是指投资者委托香港联合交易所参与者，通过香港联合交易所证券交易服务公司，向上海证券交易所进行申报，买卖规定范围内的上海证券交易所上市股票。港股通是指投资者委托上海证券交易所会员，通过上海证券交易所证券交易服务公司，向香港联合交易所进行申报，买卖规定范围内的香港联合交易所上市股票。中国证券登记结算有限责任公司、香港中央结算有限公司相互成为对方的结算参与人，为沪港通提供相应的结算服务。

深圳证券交易所简称深交所，成立于1990年12月1日，以建设中国多层次资本市场体系为使命，全力支持中国中小企业发展，推进自主创新国家战略的实施。2004年

5月，深圳证券交易所中小企业板正式推出；2006年1月，中关村科技园区非上市公司股份报价转让试点工作启动；2009年10月，创业板正式启动，多层次资本市场体系架构基本确立。为筹备创业板，深圳证券交易所主板市场自2000年开始就停止新公司上市，当时上市公司514家，总股本为1 581亿股，大多集中在传统产业。近年来，深圳证券交易所通过并购重组、整体上市等方式，实现存量做优做强。截至2018年6月5日，深圳证券交易所主板市场有476家上市公司，总市值73 358.41亿元。

上海证券交易所和深圳主板市场具体的上市标准如下：

第一，实收资本。发行前股本总额不少于人民币3 000万元。

第二，营运记录。一般必须具备3年业务记录，发行人最近3年主要业务和管理层没有发生重大变化，实际控制人没有发生变更。

第三，盈利要求。最近3个会计年度净利润均为正数且累计超过人民币3 000万元，净利润以扣除非经常性损益前后较低者为计算依据；最近三个会计年度经营活动产生的现金流量净额累计超过人民币5 000万元或者最近3个会计年度营业收入累计超过人民币3亿元；最近一期不存在未弥补亏损；等等。

第四，最低公众持股数量。公众持股至少25%，如发行时股份总数超过4万股，这一比例可降低，但不得低于10%。

相关阅读： **中小企业板块市场**

2004年5月20日，深圳证券交易所正式推出了中小企业板块市场，其股票代码是以002开头的。中小企业板块市场是现有主板市场的一个组成部分，其发行上市条件与主板相同，中小板市场可以看作是创业板的一种过渡。中小企业板块是深圳证券交易所为了鼓励自主创新而专门设置的中小型公司聚集板块，板块内公司普遍具有收入增长快、盈利能力强、科技含量高的特点，股票的流动性好，交易活跃。中小企业板定位于为主营业务突出、具有成长性和科技含量的中小企业提供融资渠道和发展平台，促进中小企业快速成长和发展，是解决中小企业发展瓶颈的重要探索。进入中小企业板块交易的股票已经通过了中国证券发行审核委员会的审核，流通规模较小，以"小盘"为最突出的特征，上市后要遵循更为严格的规定，目的在于提高公司治理结构和规范运作水平，增强信息披露透明度，保护投资者权益。中小企业板是为创业板市场的设立积累监管经验及运作经验，有利于促进创业板市场的推出。2004年5月17日发布的《深圳证券交易所设立中小企业板块实施方案》提出紧抓"两个不变"和"四个独立"。

"两个不变"，即中小企业板块运行所遵循的法律、法规和部门规章，与主板市场相同；中小企业板块的上市公司符合主板市场的发行上市条件和信息披露要求。

"四个独立"，即中小企业板块是主板市场的组成部分，同时实行运行独立、监察独立、代码独立、指数独立。中小企业板块可以说是创业板的前身。

【中国香港特别行政区主板市场】

我国香港的证券交易历史悠久，早在 19 世纪香港开埠初期就已出现。我国香港的证券交易所可追溯到 1891 年香港经纪协会，该协会于 1914 年易名为香港经纪商会。1921 年，香港股份商会注册成立是香港第二间交易所。第二次世界大战结束后，上述两个机构于 1947 年合并，成为香港证券交易所。20 世纪 60 年代末，香港经济起飞，华资公司对上市集资的需求越来越大，促成更多被华资拥有和管理的交易所开业，远东交易所、金银证券交易所与九龙证券交易所先后创立。一个城市拥有 4 家交易所带来了行政与监管上的困难。在香港政府的压力下，4 家交易所合并势在必行。经过多年筹备，1986 年 4 月 2 日，4 家交易所正式合并，联合交易所开始运作，并成为香港唯一的证券交易所。香港联合交易所交易大堂设于香港交易广场，采用电脑辅助交易系统进行证券买卖。1986 年 9 月 22 日，香港联合交易所被接纳为国际证券交易所联合会的正式成员。

经历了多次"牛市"和"股灾"（如 1998 年亚洲金融风暴），香港证券市场渐趋成熟。1999 年，香港证券与期货市场进行全面改革，香港联合交易所与香港期货交易所实行股份化，并与香港中央结算有限公司合并，由单一控股公司香港交易及结算所有限公司拥有，当时香港联合交易所共有 570 家会员公司。2000 年 3 月，3 家机构完成合并，香港交易所于 2000 年 6 月 27 日以介绍形式在香港联合交易所上市。

香港联合交易所上市的基本条件如下：

第一，最低公众持股数量和业务记录要求。标准 1：市值少于 100 亿港元（截至 2018 年 8 月 8 日，1 港元约等于 0.87 元人民币，下同），公众持有股份至少为 25%。标准 2：市值在 100 亿港元以上，由交易所酌情决定，但一般不会低于 10% 或 10%~25%，每发行 100 万港元的股票，必须由不少于 3 人持有且每次发行的股票至少由 100 人持有。

第二，最低市值要求。上市时预期市值不得低于 1 亿港元。

第三，盈利要求。最近一年的收益不得低于 2 000 万港元且前两年累计的收益不得低于 3 000 万港元（上述盈利应扣除非日常业务所产生的收入与亏损）。

▷【实验任务 1】

以中国内地众多企业赴海外上市为例，选取 1~2 个案例，试比较不同国家或地区主板市场的上市标准、上市程序及发行制度安排等方面的区别，完成项目实验报告。

模块二　二板市场（创业板市场）

▷ 模块介绍

熟悉证券市场二板市场的含义，了解不同国家或地区二板市场的特点。

二板市场又称"第二板"，是与"第一板"相对应而存在的概念，也称为"创业板"。证券交易所设立"第二板"，是为了将一些公司的状况如营业期限、股本大小、盈利能力、股权分散程度等与"第一板"区别开来。例如，在日本东京证券交易所"第一板"上市要求上市股份在 2 000 万股以上，前 10 位大股东（或特殊利益者）持股数在 70% 以下，股东人数要求在 3 000 人或 3 000 人以上。在"第二板"上市（如发行人在东京注册）则上市股份仅要求 400 万股以上，前 10 位大股东持股数在 80% 以下，股东人数在 800 人以上即可。一般来说，"第二板"的上市标准与条件比"第一板"要低一些，旨在为那些一时不符合"第一板"上市要求但具有高成长性的中小型企业和高科技企业等开辟直接融资渠道。

从全球范围看，先后产生了 47 个创业板市场，最近 5 年平均每年"诞生"2.6 个创业板市场。这些市场覆盖了全球主要经济实体和产业集中地区。全球国内生产总值居前 10 位的国家全部设立了创业板市场。就 2002—2007 年的发展情况来看，90% 以上的创业板市场已经走出了网络股泡沫破裂的阴影，经受住了股市大幅波动的考验，实现了稳步发展。其中，美国纳斯达克、韩国科斯达克的发展最为良好，成为全球发展最为成功的创业板市场，我国于 2009 年在深圳证券交易所正式设立了创业板市场。

【美国纳斯达克市场】

美国纳斯达克市场全称为全美证券商协会自动报价系统（National Association of Securities Dealers Automated Quotations，NASDAQ），是美国证券交易委员会为规范场外交易（Over The Counter，OTC）而建立，于 1971 年 2 月 8 日正式开始运作。作为全球第一个电子交易市场，纳斯达克市场没有集中交易场所或交易大厅，有的是利用先进的通信设备（如通过计算机网络）进行证券交易的无形市场。纳斯达克股票市场是世界上主要的股票市场中成长速度最快的市场，而且是首家电子化的股票市场。每天在美国市场上换手的股票中有超过半数的交易是在纳斯达克市场上进行的，有将近 5 400 家公司的证券在这个市场上挂牌。纳斯达克市场在传统的交易方式上通过应用当今先进的技术和信息——计算机和电信技术使它在全球股票市场独树一帜。代表着世界上最大的几家证券公司的 519 位券商被称作做市商，他们在纳斯达克市场上提供了 6 万个竞买和竞卖价格。这些大范围的活动由一个庞大的计算机网络进行处理，向遍布 52 个国家和地区的投资者显示其中的最优报价。纳斯达克市场的特点是收集和发布场外交易非上市股票的证券商报价。纳斯达克市场现已成为全球第二大的证券交易市场。

纳斯达克市场的上市公司涵盖所有新技术行业，包括软件、计算机、电信、生物技术、零售和批发贸易等。世人瞩目的微软公司便是通过纳斯达克市场上市并获得成功的。

美国创业板市场上市条件和标准（满足其一即可）如下：

标准一：

（1）股东权益达 1 500 万美元；

（2）最近一个财政年度或者最近 3 年中的两年中拥有 100 万美元的税前收入；

（3）有 110 万的公众持股量；

（4）公众持股的价值达 800 万美元；

（5）每股买价至少为 5 美元；

（6）至少有 400 个持 100 股以上的股东；

（7）有 3 个做市商；

（8）须满足公司治理要求。

标准二：

（1）股东权益达 3 000 万美元；

（2）有 110 万的公众持股量；

（3）公众持股的市场价值达 1 800 万美元；

（4）每股买价至少为 5 美元；

（5）至少有 400 个持 100 股以上的股东；

（6）有 3 个做市商；

（7）有两年的营运历史；

（8）须满足公司治理要求。

标准三：

（1）市场总值为 7 500 万美元或者资产总额与收益总额达 7 500 万美元；

（2）有 110 万的公众持股量；

（3）公众持股的市场价值至少达到 2 000 万美元；

（4）每股买价至少为 5 美元；

（5）至少有 400 个持 100 股以上的股东；

（6）有 4 个做市商；

（7）须满足公司治理要求。

任何一家在纳斯达克市场上市的公司如果在连续 30 个交易日内，其股价低于 1 美元，公司将会收到来自纳斯达克专业分析员 90 天期限的警告。警告期内，公司必须拿出一个拯救方案以挽回 1 美元以下的局势。如果公司在 90 天的警告期内仍旧无法改变现状，即公司无法在其间有连续 10 个交易日把股价带回到 1 美元以上，公司就会被从纳斯达克市场摘牌。摘牌之后，公司将会被转换到透明度较低的场外交易（Over The Counter，OTC）市场交易。而场外交易市场上的股票交易量要小于纳斯达克全国市场，由于交易不活跃，买卖经纪业务会比纳斯达克全国市场困难，所以摘牌本身等于宣告公司失去了从资本市场融资的功能，只能等待被其他投资者和公司收购。

纳斯达克市场在市场技术方面具有很强的实力，采用高效的"电子交易系统"

（ECNs），在全世界共安装了50万台计算机终端，向世界各个角落的交易商、基金经理和经纪人传送5 000多种证券的全面报价和最新交易信息。但是这些终端机并不能直接用于证券交易，如果美国以外的证券经纪人和交易商要进行交易，一般要通过计算机终端取得市场信息，然后用电话通知在美国的全国证券交易商协会会员公司进行有关交易。由于采用电脑化交易系统，纳斯达克市场的管理与运作成本低、效率高，同时也增加了市场的公开性、流动性与有效性。

纳斯达克市场拥有自己的做市商制度（Market Maker），他们是一些独立的股票交易商，为投资者承担某一只股票的买进和卖出。这一制度安排对于那些市值较低、交易次数较少的股票尤为重要。这些做市商由美国全国证券交易商协会的会员担任，每一只在纳斯达克市场上市的股票，至少要有两个以上的做市商为其股票报价；一些规模较大、交易较为活跃的股票的做市商往往能达到40~45家。平均来说，非美国公司股票的做市商数目约为11家。在整个纳斯达克市场中，大约有500多个市场做市商，其中在主板上活跃的做市商有11个。这些做市商包括世界顶尖级的投资银行。纳斯达克市场现在试图通过这种做市商制度使上市公司的股票能够在最优的价位成交，同时又保障投资者的利益。因此，做市商又称为造市商。

在纳斯达克市场，造市商既可买卖股票，又可保荐股票。换句话说，造市商可对自己担任造市商的公司进行研究，就该公司的股票发表研究报告并提出推荐意见。造市商必须在成交后90秒内向全国证券交易商协会当局报告在市场上完成每一笔的交易。买卖数量和价格的交易信息随即转发到世界各地的计算机终端。这些交易报告的资料作为日后全国证券交易商协会审计的基础。

【英国 AIM 市场】

英国的创业板，即AIM（Alternative Investment Market）市场是伦敦证券交易所专为中小型成长企业提供融资支持的全球性资本市场。该市场是伦敦证券交易所于1995年推出的专门为小规模、新成立和成长型的公司服务的市场，是继美国纳斯达克市场之后欧洲设立的第一个"第二板"性质的股票市场，附属于伦敦证券交易所，又具有相对独立性。

该市场是由伦敦证券交易所自己设立并监管，上市公司不必经过英国上市监管局审批，只需伦敦证券交易所审批即可，大大缩短了上市时间。在伦敦证券交易所中企业自启动上市流程到完成上市通常只需4~6个月，交易所通过保荐人完成对上市企业的质量控制和上市适宜性的审核，整个上市过程快捷而透明，完全取决于公司的商业决策和保荐人的工作进度，不受其他因素的干扰，公司对整个过程控制程度高，可预见性强。

英国的创业板市场对公司上市没有任何的预设门槛，无盈利、销售额、资产规模等财务指标要求；无最小融资规模的要求；无须业绩记录，创立初期的企业也可以上市；无公共持股最低比例要求；可以采用多种上市方式，如配售、公开发行、挂牌等，面向所有企业开放。终身保荐人制度，由交易所授权保荐人为企业作保荐，进行质量控制和上市适宜性审核，企业可以自由选择和更换保荐人。

相比其他创业板市场，英国创业板市场最突出的特点就是融资能力非常强，如果将其列为独立的证券交易所，按新股融资额排名，该市场是世界第六大金融市场。该市场的上市后再融资能力较强，2007 年再融资额与整个主板市场再融资额相当。英国创业板市场向任何国家的任何企业开放，普通股、优先股及企业债券都可以上市。

【日本创业板市场】

佳斯达克（JASDAQ）市场是日本最大的创业板市场，也是日本迄今为止发展最成功的创业板。佳斯达克市场成立于 1998 年，是日本模仿美国纳斯达克市场在场外交易市场基础上建立的。建立之初主要是面对日本国内的风险企业和一些高科技企业。2004 年 12 月，日本佳斯达克市场升为证券交易所。

在日本，公司上市的条件由各证券交易所确定。各证券交易所中不同市场的上市条件又各有不同，以下是两个主要创业板市场的公司上市条件。

东京证券交易所创业板上市条件如下：

（1）上市时公开募集或出售超过 1 000 交易单位的股票数。

（2）国内新股东 300 人。

（3）公司市价总额 1 000 万美元。

（4）预期增长的业务将带来销售额。

（5）经审计的最近 2 年的财务报告无保留意见且无虚假记载。

佳斯达克（JASDAQ）证券交易所上市条件如下：

（1）在有利润的情况下，上市日的市价总额为 10 亿日元以上；在没有利润的情况下，上市日的市价总额为 50 亿日元以上。

（2）净资产额为 2 亿日元以上。

（3）公司上市时的股票数为 1 万单位时，股东在 300 人以上；公司上市时的股票数为 1 万~2 万单位时，股东在 400 人以上；公司上市时的股票数为 2 万单位以上时，股东在 500 人以上。

（4）有 500 单位以上的股票作为新股发行并且上市交易。

（5）在最近 2 个营业年度中财务报告等无虚假记载。

【新加坡 SESDAQ 市场】

1987 年，新加坡建立了 SESDAQ 市场（新加坡股票交易所自动报价市场），其设立的目的就是使那些具有良好发展前景的新加坡中小型公司能筹集资金以支持其业务的扩展。该市场的上市条件如下：

第一，无最低注册资本要求。

第二，有 3 年或以上连续、活跃的经营纪录，并不要求一定有盈利，但会计师报告不能有重大保留意见，有效期为 6 个月。

第三，公众持股至少为 50 万股或发行缴足股本的 15%（以较高者为准），有至少 500 个公众股东。

第四，所持业务在新加坡的公司，须有两名独立董事；业务不在新加坡的控股公司，有两名常住新加坡的独立董事，一位全职在新加坡的执行董事，并且每季开一次会议。

新加坡证券交易所定期对新加坡股票交易所自动报价市场向主交易板的转移进行考察。已符合主交易板上市资格的公司需向交易所递交书面申请，之后即可转至主交易板上市。

【中国创业板市场】

2009年10月创业板正式登录深圳证券交易所，其上市门槛远低于主板市场，如表1-3所示：

表1-3   中国创业板与主板上市条件比较

板块	总股本	发行人关键门槛
创业板	首次公开募股（IPO）后总股本不得少于3 000万元	发行人应当主要经营一种业务 最近两年连续盈利，最近两年净利润累计不少于1 000万元，并且持续增长或者最近一年盈利，净利润不少于500万元，最近一年营业收入不少于5 000万元，最近两年营业收入增长率均不低于30% 发行前净资产不少于2 000万元
主板或中小板	发行前股本总额不少于人民币3 000万元 发行后股本总额不少于人民币5 000万元	最近3个会计年度净利润均为正且累计超过人民币3 000万元 最近3个会计年度经营活动产生的现金流量净额累计超过人民币5 000万元或者最近3个会计年度营业收入累计超过人民币3亿元 最近一期期末无形资产占净资产的比例不高于20% 最近一期期末不存在未弥补亏损

相关阅读：   **十年风雨——创业板推进时间表**

1998年1月，国务院总理李鹏主持召开国家科技领导小组第四次会议，会议决定由国家科委组织有关部门研究建立高新技术企业的风险投资机制总体方案，进行试点。

1998年8月，中国证监会主席周正庆视察深圳证券交易所，提出要充分发挥证券市场功能，支持科技成果转化为生产力，促进高科技企业发展，在证券市场形成高科技板块。

1998年12月，国家计划发展委员会向国务院提出"尽早研究设立创业板块股票市场问题"，国务院要求证监会提出研究意见。

1999年1月，深圳证券交易所向中国证监会正式呈送《深圳证券交易所关于进行成长板市场的方案研究的立项报告》，并附送实施方案。

1999年3月，中国证监会第一次明确提出"可以考虑在沪深证券交易所内设立科技企业板块"。

2000年4月，证监会向国务院报送《关于支持高新技术企业发展设立二板市场有关问题的请示》。

2000 年 5 月，国务院原则同意证监会关于设立二板市场的意见，并定名为创业板。

2000 年 10 月，深圳证券交易所停发新股，筹建创业板。

2001 年 11 月，从 2000 年下半年开始，以纳斯达克为代表，以高科技企业为主要投资对象的全球各股票市场开始单边下跌行情，科技网络股泡沫破灭，国际市场哀鸿遍野。证券监管层认为股市尚未成熟，需先整顿主板，创业板计划搁置。

2002 年 8 月，《中华人民共和国中小企业促进法》出台。同时，成思危提出创业板"三步走"建议，中小板作为创业板的过渡。

2003 年 10 月，党的十六届三中全会通过《中共中央关于完善社会主义市场经济体制若干问题的决定》，明确提出：建立多层次资本市场体系，完善资本市场结构，丰富资本市场品种，推进风险投资和创业板市场建设。

2004 年 1 月 31 日，国务院发布《关于推进资本市场改革开放和稳定发展的若干意见》指出：建立满足不同类型企业融资需求的多层次资本市场体系，分步推进创业板市场建设，完善风险投资机制，拓展中小企业融资渠道。

2004 年 5 月 17 日，经国务院批准，中国证监会正式批复深圳证券交易所设立中小企业板市场。这个在主板市场框架内相对独立运行，并逐步推进制度创新的新市场的诞生，标志着分步推进创业板市场建设迈出实质性步伐。2004 年 6 月有 8 只新股在中小板上市。

2006 年下半年，证监会主席尚福林表示适时推出创业板。

2007 年 1 月 17 日，证监会表示争取上半年推出创业板。

2007 年 8 月 22 日，《创业板发行上市管理办法（草案）》获得国务院批准。

2007 年 12 月 4 日，证监会主席尚福林表示推进以创业板为重点的多层次市场条件已经比较成熟，并首次详细披露创业板的市场定位与制度设计。

2008 年 2 月 27 日，证监会发布《创业板发行规则草案》内部征求意见稿。

2008 年 3 月 5 日，国务院总理温家宝在政府工作报告中指出，优化资本市场结构，促进股票市场稳定健康发展，着力提高上市公司质量，维护公开公平公正的市场秩序，建立创业板市场，加快发展债券市场，稳步发展期货市场。

2008 年 3 月 17 日，证监会主席尚福林在全国证券期货监管工作会议上表示，2008 年将加快推出创业板，积极发展公司债券市场，力争多层次市场体系建设取得突破，完善制度体系与配套规则，争取在 2008 年上半年推出创业板。

2008 年 3 月 22 日，证监会正式发布《首次公开发行股票并在创业板上市管理办法》，就创业板规则和创业板发行管理办法向社会公开征求意见。

2008 年 5 月 15 日，证监会副主席姚刚表示《首次公开发行股票并在创业板上市管理办法》正在准备之中，创业板待时机成熟就会推出。

2008 年 5 月 22 日，深圳证券交易所上市推广部副总监邹雄表示，深圳证券交易所正在研究提高创业板的交易门槛，限制小投资者进入。

2008 年 12 月 13 日，国务院发布《关于当前金融促进经济发展的若干意见》，提出适时推出创业板。

2008 年 12 月 2 日，证监会主席尚福林表示，为支持中小企业发展，特别是缓解中小企业融资难的问题，将适时推出创业板。

2009 年 3 月 31 日，证监会正式公布《首次公开发行股票并在创业板上市管理办法》，该办法自 2009 年 5 月 1 日起实施。

2009 年 5 月 8 日，深圳证券交易所发布《深圳证券交易所创业板股票上市规则（征求意见稿）》，向社会公开征求意见。

2009 年 5 月 14 日，证监会就修改《证券发行上市保荐业务管理办法》和《中国证券监督管理委员会发行审核委员会办法》公开征求意见。

2009 年 6 月 5 日，深圳证券交易所正式发布《深圳证券交易所创业板股票上市规则》，该规则从 2009 年 7 月 1 日起实施。

2009 年 7 月 2 日，深圳证券交易所正式发布《创业板市场投资者适当性管理实施办法》，该办法自 2009 年 7 月 15 日起施行。

2009 年 7 月 20 日，证监会决定自 2009 年 7 月 26 日起受理创业板发行上市申请。

2009 年 8 月 14 日，创业板第一届发审委正式成立，中国证监会主席尚福林表示，这标志着创业板发行工作即将正式启动。

2009 年 8 月 19 日，深圳证券交易所宣布，拟于 2009 年 9 月 19 日和 10 月 10 日举行两次全国范围的创业板全网测试。2009 年 10 月 23 日创业板正式启动，首批共 28 家公司挂牌。

【中国香港特别行政区创业板市场】

成立于 1999 年的中国香港创业板市场是主板市场以外的一个完全独立的新的股票市场，与主板市场具有同等的地位，不是一个低于主板或与之配套的市场，在上市条件、交易方式、监管方法和内容上都与主板市场有很大差别，宗旨是为新兴有增长潜力的企业提供一个筹集资金的渠道。

我国香港创业板的主要上市规定如下：

第一，不设盈利要求。

第二，保荐人及其持续聘任期。新上市申请人须聘任一名创业板保荐人为其呈交上市申请，聘任期须持续一段固定期间，涵盖至少在公司上市该年的财政年度余下的时间以及其后两个完整的财政年度。

第三，可接受的司法管辖地区。新申请人必须依据中国香港、中国内地、百慕大群岛或开曼群岛的法例注册成立。

第四，经营历史。新申请人须证明公司在紧接递交上市申请前具有至少 24 个月的活跃业务纪录。

第五，最低公众持股量。对于市值不超过 40 亿港元的公司，其最低公众持股量为 25%，涉及金额须达 3 000 万港元。对于市值超过 40 亿港元的公司，其最低公众持股量为以下较高者：由公众持有的证券的市值相等于 10 亿港元（在上市时决定）的百分比或 20%。新申请人必须于上市时有公众股东不少于 100 人。如新申请人能符合 12 个月活跃业务纪录的要求，新申请人必须于上市时有公众股东不少于 300 人。

创业板接纳各行业中具有增长潜力的公司上市，规模大小均可。其中，科技行业公司是优先考虑的对象。

▭▷【实验任务 2】

试分析中国企业去美国纳斯达克上市的原因，比较国内创业板市场与国外创业板市场在上市条件、上市规则、上市制度等方面有何区别，完成项目实验报告。

模块三　三板、四板市场

▭▷ 模块介绍

了解三板、四板市场的内容，了解三板、四板市场的特点。

前面的一板、二板市场都是场内市场，而三板、四板市场都是场外市场，都定位于为成长性、创新性中小企业提供股份转让和融资服务。

【中国的"新三板"和"四板"市场】

我国三板市场的正式名称是"代办股份转让系统"，于 2001 年 7 月 16 日正式开办，经中国证券业协会批准由具有代办非上市公司股份转让业务资格的证券公司采用电子交易方式，为非上市公司提供的特别转让服务，其服务对象为中小型高新技术企业。作为中国多层次证券市场体系的一部分，三板市场一方面为退市后的上市公司股份提供继续流通的场所，另一方面也解决了原全国证券交易自动报价系统（STAQ）、全国证券交易系统（NET）历史遗留的数家公司法人股的流通问题。2006 年，中关村科技园区非上市股份公司进入代办转让系统进行股份报价转让，称为"新三板"。2012 年 9 月，试点 6 年的"新三板"正式扩容，"新三板"的试点范围除原来的北京中关村科技园区外，新增上海张江高新产业开发区、武汉东湖高新技术产业开发区、天津滨海高新区。2013 年 1 月 16 日，全国中小企业股份转让系统正式揭牌运营，与主板、中小板、创业板形成了明确的分工，旨在为处于初创期、盈利水平不高的中小企业提供资本市场服务。

2014 年 5 月 19 日，全国中小企业股份转让系统证券交易和登记结算系统正式上线，支持挂牌公司股票的协议转让、"两网"及退市公司股票的集合竞价转让等功能。"新三板"挂牌的公司股票由此实现了协议转让。2014 年 8 月，"新三板"市场正式引入做市商制度，由于"新三板"挂牌的多是科技型中小企业，做市商制度能够让这些难以定价的高科技、成长型企业通过交易价格来决定融资价格，保证了市场即时性和活跃性，自 2014 年 8 月做市商制度正式推出以来，"新三板"挂牌企业数量剧增。同时证监会发布《关于支持深圳资本市场改革创新的若干意见》，强调积极研究制订方案，推动在深圳证券交易所创业板设立专门的层次，允许符合一定条件尚未盈利的互联网和科技创新企业在全国中小企业股份转让系统挂牌满 12 个月后到创业板发行上市。"新三板"的挂牌企业过去仅面向高新技术开发区内的高新技术企业，目前已突破国家高新区限制，扩容至所有符合"新三板"条件的企业。

四板市场的定位是区域性股权交易市场，是我国多层次资本市场的重要环节和有机组成部分。区域性股权交易中心被定位为替创业板和"新三板"（非上市股份报价转让系统）输送"血液"的四板市场。该市场具有提供股权融资和股权交易两大功能，主要交易对象是非上市股份公司的股权和有限公司的股权，倾向于高科技企业。股权交易中心的模式为不采取做市商和连续交易制度，而是采取类似于大宗商品交易的协商定价和国有股权拍卖招标的竞价方式，交易对象主要以大型企业、私募股权投资等机构投资者为主。

相关阅读： 湖北四板市场迎来 2015 年首批挂牌企业

2015 年 1 月 28 日，京山县首批 5 家企业在武汉股权托管交易中心挂牌，成为该中心第 11 个县域板块，这也是湖北四板市场 2015 年首批挂牌企业。

这 5 家企业分别是湖北杰美机械股份有限公司、湖北永兴食品股份有限公司、京山双菁农业发展股份有限公司、湖北京源山生物科技股份有限公司、湖北汇澄茶油股份有限公司，都是当地的重点农业、林业龙头企业和科技型企业。

截至 28 日，武汉股权托管交易中心"企业展示板"已展示各类企业 1 835 家；共托管登记省内企业 630 家，托管总股本 267.05 亿股；挂牌交易企业 356 家，挂牌总股本 72.47 亿股，总市值 538.15 亿元；共成交 10.49 亿股，成交总金额 15.04 亿元；累计为 127 家公司开展股权融资业务 223 笔，实现融资总金额 111.97 亿元，有效拓宽了中小企业融资渠道。

（资料来源：胡楠，许惟迪. 湖北四板市场迎来 2015 年首批挂牌企业. http://finance.chinanews.com/stock/2015/01-30/7019977.shtml）

【美国 OTCBB 市场】

OTCBB 全称是场外电子柜台交易市场（Over the Counter Bulletin Board，OTCBB），成立于 1990 年，是纳斯达克（NASDAQ）的管理者——全美证券商协会（NASD）管理的柜台证券交易实时报价服务系统。一般而言，任何未在美国全国市场上市或登记的证券，包括在美国全国、地方或国外发行的股票、认股权证、证券组合、美国存托凭证等都可以在 OTCBB 市场上报价交易。OTCBB 采取了一种上市方式和门槛更为灵活的机制，对企业没有任何规模或盈利要求，只要有 3 名以上做市商愿为该证券做市，就可向全美证券商协会申请挂牌。

　　从功能上说，OTCBB 板块是没有融资功能的，只是一个过渡的板块，因为 OTCBB 板块不能发新股。OTCBB 板块存在的价值就是给众多"摘牌公司"一个搁置的地方，在那里进行资产重组，或者收购，也可以进行私募。有些公司通过自己改造升级，重新把业绩做上去，升级到主板；有些不行的公司就另外找大股东，通过注入资产把业绩提升到能升级到主板的地步。挂牌后的企业按季度向美国证券交易委员会（SEC）提交报表，即可在 OTCBB 上市流通。达到一定条件后，更可直接升入纳斯达克小型资本市场或纳斯达克全国市场。这使得许多公司选择先在 OTCBB 上市，获得最初的发展资金，通过一段时间的积累，达到纳斯达克或纽约证券交易所的挂牌要求后再"升板"。其中，微软公司和思科公司就是这种模式最成功的代表。但是由于 OTCBB 面向的是小企业，因此形成了发行证券数量少、价格低、流通性差、风险大的显著特点。目前，OTCBB 上有 3 300 多家挂牌企业，其中不乏几美分的"垃圾股票"和"空壳公司"，股价不到 1 美元的"壳"公司有近 1 200 多家。

▷【实验任务 3】

　　（1）对比中国与美国证券市场的层次结构，分析其区别。

　　（2）试了解我国"新三板"上市条件、投资者要求及湖北省"新三板"上市公司的基本情况。

项目二 证券交易品种

本项目主要介绍国内证券市场中主要的证券交易品种及其特点。

▷ **项目目标**

（1）了解股票的概念、特点和类型。

（2）了解债券的概念、特点和类型。

（3）了解基金的概念、特点和类型。

模块一 股票的基础知识

▷ **模块介绍**

掌握证券交易品种股票的概念、特点及主要类型。

【股票的概念】

股票是一种有价证券，是股份公司在筹集资本时向出资人发行的股份凭证，代表着其持有者（即股东）对股份公司的所有权，是股份公司为筹集资金而发行给股东作为持股凭证并借以取得股息和红利的一种有价证券。每股股票都代表股东对企业拥有一个基本单位的所有权。股票可以转让、买卖或作价抵押，是资金市场的主要长期信用工具。

【股票的特点】

1. 收益性

收益性是股票的基本特征，持有股票的目的就在于获取收益。

2. 风险性

股票价格会随着公司的盈利水平、市场利率、宏观经济状况、政治局势等各种因素的影响而变化，如果股票价格下跌，股票持有人会因股票贬值而蒙受损失，股票的风险与收益成正相关关系。

3. 流通性

股票作为一种资本证券，是一种灵活有效的集资工具和有价证券，可以在证券市场上通过自由买卖、自由转让进行流通。

4. 非返还性

股票一旦发售，持有者不能把股票退回给公司，只能通过在证券市场上出售而收回本金。股份公司可以回购甚至全部回购已发行的股票。

5. 参与性

参与性是指股票持有人有权参与公司重大决策。

【股票的类型】

1. 按股东享受的权利不同，股票可以分为普通股与优先股

普通股构成公司资本的基础，是股票的一种基本形式。普通股是指在公司的经营管理、盈利、财产分配上享有普通权利的股份，代表满足所有债权偿付要求和优先股股东的收益权与求偿权的要求后对企业盈利和剩余财产的索取权。现上海证券交易所和深圳证券交易所进行交易的股票都是普通股。

优先股是指依照《中华人民共和国公司法》的规定，在一般规定的普通种类股份之外，另行规定的其他种类股份，其股份持有人优先于普通股股东分配公司利润和剩余财产，但参与公司决策管理等权利受到限制。优先股股东可以按照约定的票面股息率，优先于普通股股东分配公司利润。

2. 根据股票的上市地点和所面对的投资者不同，我国上市公司的股票有 A 股、B 股、H 股、N 股和 S 股等

A 股称为人民币普通股票，是由我国境内的公司发行，供境内机构、组织或个人（不含我国台、港、澳投资者）以人民币认购和交易的普通股股票。

B 股称为人民币特种股票，是以人民币标明面值，以外币认购和买卖，在境内（上海、深圳）证券交易所上市交易的。其中，沪市挂牌 B 股以美元计价，深市 B 股以港元计价。B 股公司的注册地和上市地都在境内。B 股不是实物股票，实行"T+3"交割制度，参与投资者为我国香港、澳门、台湾地区的居民和外国人，持有合法外汇存款的大陆居民也可投资。2001 年之前投资者限制为境外人士，2001 年之后我国开放境内个人居民可以投资 B 股。投资者如需买卖沪、深证券交易所 B 股，应事先开立 B 股账户。深圳证券交易所 B 股资金账户最低金额为 7 800 港元，上海证券交易所 B 股资金账户最低金额为 1 000 美元，没有规定上限。境内个人投资者可在任何一家经批准经营 B 股业务的证券公司和信托投资公司及其分支机构进行 B 股开户及交易。

H 股，即注册地在内地、上市地在香港的外资股。香港的英文名是"Hong Kong"，取其首字母，在港上市外资股就称为 H 股。依此类推，纽约的第一个英文字母是 N，新加坡的第一个英文字母是 S，纽约和新加坡上市的股票就分别称为 N 股和 S 股。

⇨ 【实验任务 1】

证券情景模拟设计

场景：证券公司营业部。

学生角色：3 人一组，1 人为客户，2 人为客户经理。

客户身份：某单位女性职员，40 岁左右，对股票知识了解程度一般。

情景内容：客户来到证券公司营业部，咨询有关股票投资事宜。

情景设计如下：

客户经理："您好（行鞠躬礼），请问有什么可以帮到你的？"

客户："你好，关于股票投资方面我有一些疑惑想请你解答一下。"

客户经理："好的，您有哪些疑问呢？"

客户："我在书上看到股票有一个特点是非返还性，不太理解这是什么意思？"

客户经理："_____。"

客户："那股票的收益性表现在哪些方面呢？"

客户经理："_____。"

客户："我听别人说到 B 股投资，B 股和 A 股有什么区别吗？"

客户经理："_____。"

客户："那我能投资 B 股吗？有没有什么要求？"

客户经理："_____。"

客户："最近开的沪港通是怎么回事？我能投资吗？"

客户经理："_____。"

模块二　债券的基础知识

⇨ 模块介绍

掌握证券交易品种债券的概念、特点及主要类型。

【债券的概念】

债券（Bond）是政府、金融机构、工商企业等机构直接向社会借债筹措资金时，向投资者发行，并且承诺按一定利率支付利息并按约定条件偿还本金的债权债务凭证。债券的本质是债的证明书，具有法律效力。债券购买者与发行者之间是一种债权债务关系，债券发行人即债务人，投资者（或债券持有人）即债权人。

【债券的特点】

1. 偿还性

债券一般都规定有偿还期限，发行人必须按约定条件偿还本金并支付利息。

2. 流通性

债券一般都可以在流通市场上自由转让。

3. 安全性

与股票相比，债券通常规定有固定的利率。债券与企业绩效没有直接联系，收益比较稳定，风险比较小。此外，在企业破产时，债券持有者享有优先于股票持有者对企业剩余资产的索取权。

4. 收益性

债券的收益性主要表现在两个方面，一方面是投资债券可以给投资者定期或不定期地带来利息收入；另一方面是投资者可以利用债券价格的变动，买卖债券赚取差额。

【债券的类型】

1. 按发行主体的不同，债券可划分为政府债券、金融债券和公司债券

政府债券是政府为筹集资金而发行的债券。政府债券主要包括国债、地方政府债券等，其中最主要的是国债。国债因其信誉好、利率优、风险小而被称为"金边债券"。

金融债券是由银行和非银行金融机构发行的债券。在我国，目前金融债券主要由国家开发银行、进出口银行等政策性银行发行，金融机构一般具有雄厚的资金实力，信用度较高，因此金融债券往往有良好的信誉。

在国外，没有企业债和公司债的划分，统称为公司债。在我国，企业债券是按照《企业债券管理条例》规定发行与交易、由国家发展和改革委员会监督管理的债券，在实际中其发债主体为中央政府部门所属机构、国有独资企业或国有控股企业，因此这种企业债券在很大程度上体现了政府信用。公司债券管理机构为中国证券监督管理委员会，发债主体为按照《中华人民共和国公司法》设立的公司法人，在实践中，其发行主体为上市公司，其信用保障是发债公司的资产质量、经营状况、盈利水平和持续盈利能力等。公司债券在证券登记结算公司统一登记托管，可申请在证券交易所上市交易，其信用风险一般高于企业债券。2008年4月15日起施行的《银行间债券市场非金融企业债务融资工具管理办法》进一步促进了企业债券在银行间债券市场的发行，企业债券和公司债券成为我国商业银行越来越重要的投资对象。

2. 按债券形态的不同，债券可划分为实物债券、凭证式国债和记账式债券

实物债券是一种具有标准格式实物券面的债券。实物债券与无实物票券相对应，简单地说就是发给你的债券是纸质的而非电脑里的数字。在实物债券的券面上，一般印制了债券面额、债券利率、债券期限、债券发行人全称、还本付息方式等各种债券票面要素。实物债券不记名，不挂失，可上市流通。实物债券是一般意义上的债券，很多国家通过法律或者法规对实物债券的格式予以明确规定。实物债券由于其发行成

本较高，未来将会被逐步取消。

凭证式国债是指国家采取不印刷实物券，而用填制"国库券收款凭证"的方式发行的国债。我国从1994年开始发行凭证式国债。凭证式国债具有类似储蓄而又优于储蓄的特点，通常被称为"储蓄式国债"，是以储蓄为目的的个人投资者理想的投资方式。凭证式国债从购买之日起计息，可记名，可挂失，但不能上市流通。凭证式国债与储蓄类似，但利息比储蓄高。凭证式国债只能提前兑取，不可流通转让，提前兑取还要支付手续费。

记账式债券是指没有实物形态的票券，以电脑记账方式记录债权，通过证券交易所的交易系统发行和交易。我国近年来通过沪、深圳证券交易所的交易系统发行和交易的记账式国债就是这方面的实例。如果投资者进行记账式债券的买卖，就必须在证券交易所设立账户。因此，记账式国债又称无纸化国债。记账式国债购买后可以随时在证券市场上转让，流动性较强，就像买卖股票一样。当然，中途转让除可获得应得的利息外，还可以获得一定的价差收益，这种国债有付息债券与零息债券两种。付息债券按票面发行，每年付息一次或多次，零息债券折价发行，到期按票面金额兑付，中间不再计息。由于记账式国债发行和交易均为无纸化，因此交易效率高、成本低。

3. 按付息方式不同，债券可划分为零息债券、定息债券、浮息债券

零息债券，也叫贴现债券，是指债券券面上不附有息票，在票面上不规定利率，发行时按规定的折扣率，以低于债券面值的价格发行，到期按面值支付本息的债券。从利息支付方式来看，贴现国债以低于面额的价格发行，可以看成是利息预付，因而又可称为利息预付债券、贴水债券，是期限比较短的折现债券。

定息债券即固定利率债券，是将利率印在票面上并按期向债券持有人支付利息的债券。该利率不随市场利率的变化而调整，因而固定利率债券可以较好地防范通货紧缩风险。

浮息债券即浮动利率债券，其息票率随市场利率变动而调整。因为浮动利率债券的利率同当前市场利率挂钩，而当前市场利率又考虑到了通货膨胀率的影响，所以浮动利率债券可以较好地抵制通货膨胀风险。浮动利率债券的利率通常根据市场基准利率加上一定的利差来确定。浮动利率债券通常都是中长期债券。

➡【实验任务2】

证券情景模拟设计1

场景：证券公司营业部。

学生角色：3人一组，1人为客户，2人为客户经理。

客户身份：从未进入证券市场，对市场基本知识了解较少。

情景内容：客户来到商业银行柜台前咨询有关债券事宜。

情景设计如下：

客户："你好，我想问一下什么是凭证式国债？"

客户经理："凭证式国债是指国家采取不印刷实物券，而用填制'国库券收款凭证'的方式发行的国债。"

客户："这种国债有什么特点呢?"

客户经理:"_____。"

客户："那记账式国债又是什么呢?"

客户经理:"_____。"

客户："既然都是国债,那两者之间有什么区别呢?"

客户经理:"_____。"

客户："我明白了,谢谢您的解答,我明白了很多这方面的知识。"

客户经理:"不用客气,这都是我们应该做的。"

证券情景模拟设计 2

场景：证券公司营业部。

学生角色：3 人一组,1 人为客户,2 人为客户经理。学生及时查询最新的债券发行情况,表述时要求口齿清楚,详尽准确,进行必要的分析计算,为客户提供参考。

客户身份及需求：一位年龄大约为 50 岁的女士走进证券公司营业部,询问有关债券投资收益的问题,提出以下问题：

第一,现有一笔钱,想投资近期发行的债券,想了解一下近期发行债券的有关信息。

第二,想知道个人是否可以投资除国债之外的其他债券品种。

第三,如果最近发行的债券个人投资者都可以购买的话,投资哪个比较合适?

要求：请客户经理轮流为这位女士解答上述问题。由教师根据回答问题的准确性和完整性进行评价。

模块三　基金的基础知识

▷ 模块介绍

掌握证券交易品种基金的概念、特点及主要类型。

【基金的概念】

投资基金是一种信托投资方式,集中了投资者众多分散资金而交由专门的投资管理机构进行范围广泛的投资与管理以获取资金增值的过程,而投资者按出资的比例享受收益并承担风险。证券投资基金的投资对象是资本市场上的上市股票和债券,货币市场上的短期票据和银行同业拆借及金融期货、黄金、期权交易和不动产等,有时还包括虽未上市但具有发展潜力的公司债券和股权。

【基金的特点】

1. 集合投资

基金将零散的资金巧妙地汇集起来，交给专业机构投资于各种金融工具，以谋取资产的增值。在我国，每份基金单位面值为人民币 1 元，投资者可以根据自己的财力，多买或少买基金单位，从而解决了中小投资者"钱不多、入市难"的问题。

2. 组合投资、分散风险

基金可以实现资产组合多样化，分散投资于多种证券。多元化经营一方面可以借助庞大的资金量和投资者众多的优势使每个投资者面临的投资风险变小，另一方面又利用不同的投资对象之间的互补性，达到分散投资风险的目的。

3. 专家管理

基金实行专家管理制度，这些基金管理人专业知识丰富，具有丰富的证券投资和其他项目投资经验，能够为投资者提供专业化的服务，大大简化了投资环节。

【基金的类型】

1. 根据基金单位是否可增加或赎回，基金可分为开放式基金和封闭式基金

开放式基金是指在设立基金时，基金的规模不固定，投资者可以随时认购基金受益单位，也可以随时向基金公司或银行等中介机构提出赎回基金单位的一种基金。例如，我国首只开放式基金"华安创新"，首次发行 50 亿份基金单位，设立时间为 2001年，没有存续期，而首次发行的 50 亿份基金单位也会在"开放"后随时变动，如可能因为投资赎回而减少，或者因为投资者申购或选择"分红再投资"而增加。

封闭式基金是指在设立基金单位时，规定基金的封闭期限及固定基金发行规模，在封闭期内投资者不能向基金管理公司提出赎回，有固定的存续期，一般在证券交易场所上市交易，投资者只能通过二级市场买卖基金单位。例如，在深圳证券交易所上市的基金开元，于 1998 年设立，发行额为 20 亿基金份额，封闭期为 15 年。也就是说，基金开元从 1998 年开始运作期限为 20 年，运作额度为 20 亿元。在此期限内，投资者不能要求退回资金，基金也不能增加新的份额。封闭式基金在公开上市 3 年后也可以转为开放式基金，从目前基金的发展趋势来看，开放式基金的发展较快。

2. 根据组织形态的不同，基金可分为公司型基金和契约型基金

契约型基金又称单位信托基金，是指把投资者、管理人、托管人三者作为当事人，通过签订基金契约的形式发行受益凭证而设立的一种基金。契约型基金由专门的投资机构共同出资组建一家基金管理公司，基金管理公司作为委托人通过与受托人签订"信托契约"的形式发行受益凭证来募集社会上的闲散资金。契约型基金由基金投资者、基金管理人、基金托管人之间签署的基金合同而设立，基金管理公司负责基金的管理运作，基金托管人作为基金资产的名义持有人，负责基金资产的保管和处置，对基金管理人的运作实行监督。

公司型基金是根据《中华人民共和国公司法》的规定，以发行股份的方式募集资金而组成的公司形态的基金。认购基金股份的投资者即公司股东，公司股东凭其持有

的股份依法享有投资收益。公司型基金本身就是一个公司，以营利为目的，主要投资于有价证券的投资机构。公司型基金通过发行股份来筹集资金，投资者购买公司股份而成为公司股东，再由股东大会选举出董事会、监事会，然后由董事会委托专门的投资管理机构进行公司资金的投资运作。投资者购买了该公司的股票，就成为该公司的股东，凭股票领取股息或红利，分享投资所获得的收益。公司型基金在形式上类似于一般股份公司，但不同于一般股份公司的是，公司型基金委托基金管理公司作为专业的财务顾问或管理公司来经营与管理基金资产。

3. 基金的其他分类

根据投资对象的不同，基金可分为股票基金、债券基金、混合基金、货币市场基金等。股票基金是指以股票为投资对象的投资基金，通常股票投资比重占60%以上。债券基金是指以债券为投资对象的投资基金，通常债券投资比重占80%以上。混合基金是指股票和债券投资比率介于以上两类基金之间可以灵活调控的投资基金。货币市场基金是指以国库券、大额银行可转让存单、商业票据、公司债券等货币市场短期有价证券为投资对象的投资基金。相对而言，股票基金的风险较大，混合基金次之，债券基金风险较低，货币市场基金风险最低。

根据投资理念的不同，基金可分为主动型基金和被动型基金。主动型基金是指力图取得超越基准组合表现的基金。被动型基金一般选取特定指数作为追踪对象，因此通常又被称为指数基金。

根据投资目标的不同，基金可分为成长型基金、收入型基金和平衡型基金。成长型基金的基金管理人通常将基金资产投资于信用度较高、有长期成长前景或长期盈余的所谓成长公司的股票。收入型基金主要投资于可带来现金收入的有价证券，以获取当期的最大收入为目的。平衡型基金将资产分别投资于两种不同特性的证券上，并在以取得收入为目的的债券及优先股和以资本增值为目的的普通股之间进行平衡。这种基金一般将25%~50%的资产投资于债券及优先股，其余的投资于普通股。平衡型基金的特点是风险比较低，缺点是成长的潜力不大。

相关阅读：
QFII 证券投资基金

QFII（Qualified Foreign Institutional Investors）是合格的境外机构投资者的简称，QFII机制是指外国专业投资机构到境内投资的资格认定制度。作为一种过渡性制度安排，QFII制度是在资本项目尚未完全开放的国家和地区实现有序、稳妥开放证券市场的特殊通道。韩国、印度、巴西和我国台湾地区等市场的经验表明，在货币未自由兑换时，QFII不失为一种通过稳健资本市场来引进外资的方式。在该制度下，QFII将被允许把一定额度的外汇资金汇入并兑换为当地货币，通过严格监督管理的专门账户投资当地证券市场，包括股息及买卖价差等在内各种资本所得经审核后可转换为外汇汇出，实际上就是对外资有限度地开放本国的证券市场。

QFII是一国在货币没有实现完全可自由兑换、资本项目尚未开放的情况下，有限制地引进外资、开放资本市场的一项过渡性的制度。这种制度要求外国投资者若要进入一国证券市场，必须符合一定的条件，得到该国有关部门的审批通过后汇入一定额度的外汇资金，并转换为当地货币，通过严格监管的专门账户投资当地证券市场。QFII制度的实质是一种有创意的资本管制。在这一机制下，任何打算投资境内资本市场的人士必须分别通过合格机构进行证券买卖，以便政府进行外汇监管和宏观调控，目的是减少资本流动尤其是短期"游资"对国内经济和证券市场的冲击。通过 QFII 制度，管理层可以对外资进入进行必要的限制和引导，使之与本国的经济发展和证券市场发展相适应，控制外来资本对本国经济独立性的影响，抑制境外投机性"游资"对本国经济的冲击，推动资本市场国际化，促进资本市场健康发展。

目前我国对 QFII 有以下特定的要求：

其一，合格机构资格认定的问题。考核标准包括注册资本数量、财务状况、经营期限、是否有违规违纪记录等，目的在于选择具有较高资信和实力、无不良营业记录的机构投资者。

其二，对合格机构汇出和汇入资金的监控问题。一般有两种不同的手段：一种是采取强制方法，规定资金汇出与汇入的时间与额度；另一种是用税收手段，对不同的资金汇入与汇出时间与额度征收不同的税，从而限制外资、外汇的流动。

其三，合格机构的投资范围和额度限制问题。投资范围限制主要对机构所进入的市场类型及行业进行限制。投资额度包括两方面：一方面是指进入境内市场的最高资金额度和单个投资者的最高投资数额（有时也包括最低投资数额）；另一方面是合格机构投资于单只股票的最高比例。

相关阅读： 　　　　　　　　　余额宝

余额宝是 2013 年 6 月 13 日由阿里巴巴集团支付宝推出的线上存款业务。余额宝服务是将基金公司的基金直销系统内置到支付宝网站中，用户将资金转入余额宝，实际上是进行货币基金的购买，相应资金均由基金公司进行管理。余额宝的收益也不是"利息"，而是用户购买货币基金的收益，用户如果选择使用余额宝内的资金进行购物支付，则相当于赎回货币基金。整个流程就与支付宝充值、提现或购物支付一样简单。所以说余额宝本质上是支付宝为个人用户推出的通过余额进行基金支付的服务。把资金转入余额宝即为向基金公司等机构购买相应理财产品。余额宝首期支持的是天弘基金管理公司旗下的"增利宝"货币基金。该货币基金主要用于投资国债、银行存款等安全性高、收益稳定的有价证券。2013 年 11 月 14 日，余额宝规模已突破 1 000 亿元，成为中国基金史上首只规模突破千亿元的基金。

▷【实验任务 3】

证券情景模拟设计

场景： 证券公司营业部。

学生角色： 3 人一组，1 人为客户，2 人为客户经理。

客户身份： 一位年龄为 40 多岁的客户来到证券公司营业部，计划选择基金投资，但不知哪一类基金适合自己，向客户经理咨询适合的基金类型。

情景内容： 客户来到证券公司营业部，咨询有关基金投资事宜。

情景设计如下：

客户经理："您好（行鞠躬礼），请问有什么可以帮到你的？"

客户："你好，我想买些基金，但不知买哪一类基金比较好？你能帮我说说吗？"

客户经理："好的，基金是一种有价证券投资，投资者选择基金投资，目的是使自己的资产保值和增值，但同时伴随着风险，因此您必须要弄清自己预期的收益和能承担的风险状况。"

客户："那怎么才能知道自己的风险承受能力有多大呢？"

客户经理："＿＿＿＿＿＿＿＿＿＿＿＿＿＿＿＿＿＿＿＿＿＿。"

客户："都有哪些类型的基金呢？各自的风险与收益如何？"

客户经理："＿＿＿＿＿＿＿＿＿＿＿＿＿＿＿＿＿＿＿＿＿＿。"

客户："我自己每月收入也不多，上有老下有小，投资还是保险一些比较好，那你看我适合投资哪一类的基金呢？"

客户经理："＿＿＿＿＿＿＿＿＿＿＿＿＿＿＿，你可以选择债券型和货币型基金。"

客户：这两种基金有什么特点呢？

客户经理："＿＿＿＿＿＿＿＿＿＿＿＿＿＿＿＿＿＿＿＿＿＿。"

客户："谢谢。"

客户经理："不客气，再见！"

项目三　股票行情软件的应用

本项目通过运行已下载的软件，查询行情；通过介绍软件的主要功能和使用技巧，帮助我们筛选和分析证券。

▭▷ **项目目标**

（1）掌握行情软件的安装运行。

（2）掌握利用行情软件进行大盘和个股行情的查询。

（3）熟悉软件的主菜单，能够找到上证指数、深证指数、板块分析、综合排名等内容。

（4）掌握软件的参数设置和使用技巧，使软件更符合个人操作习惯，提高操作速度。

模块一　证券软件的安装运行

▭▷ **模块介绍**

熟悉市场主要的证券行情软件，了解各自特点，选择符合个人要求的软件。

活动1：主要证券行情软件

［活动目标］

熟悉目前市场上比较普及的证券行情软件。

目前，证券行情软件比较普及，一类是各大证券公司开发的独立证券行情和交易软件，另一类是一些专业金融企业专门针对证券客户投资需要而开发的专业证券行情软件，如目前影响比较大的几款免费证券行情软件有大智慧软件、钱龙软件、同花顺软件、通达信软件等。

【大智慧软件】

大智慧软件（见图 3-1）使用简单，功能强大，在涵盖主流的分析功能和选股功能基础上，又推出了星空图、散户线、龙虎看盘等高级分析功能，由万国测评专业机构专门支持，资讯精良专业。大智慧软件的模拟炒股功能为股民提供了精练技艺和学习交流的场所，该软件目前也推出了专业高端服务。

图 3-1 大智慧行情软件

【钱龙软件】

钱龙软件（见图 3-2）涵盖了沪、深、港三地市场，包括股票、基金、指数期货、权证，集行情、资讯、委托于一体，全面满足不同用户的投资需求。该软件快速、安全、专业、精准、易用，并支持部分高端服务。

图 3-2 钱龙软件

【同花顺软件】

同花顺软件（见图 3-3）支持各类金融产品，可以免费查看全球指数。该软件不仅支持股票、权证、基金买卖，还支持外汇、港股、期货等各类金融产品买卖，是国内首款免费查看全球指数的网上交易软件。该软件同时强化了社区互动，拥有国内人气最活跃的 C2C（个人与个人电子商务）淘股堂，加入上海证券交易所 LEVEL-2 中提示主力资金进出的核心指标"主力买卖"，有助于降低股市风险。该软件的独家闪电下单功能，比普通下单快 3~5 秒。

图 3-3 同花顺软件

【通达信软件】

通达信软件（见图 3-4）拥有更快的速度，上海行情比普通行情快 3~5 秒，深圳行情比普通行情快 2~5 秒。该软件的逐行成交明细，提示真实的、精确到秒的逐行成交明细，比传统的快照成交明细更加完整，显示委托卖盘十档信息和委托买盘十档信息，为投资者提供更多信息，使投资者对盘中买卖变化情况了解更清楚。该软件具有简洁清晰的画面和流畅快捷的操作，其画面元素简单，风格统一，操作流畅，可以提供丰富的快捷键操作。

图 3-4 通达信软件

【证券公司独立行情软件】

很多证券公司网站都提供免费的、能支持网络传输证券交易即时行情信息的证券交易软件下载服务，投资者可以根据自己的喜好选择一个合适的证券公司网站，下载免费的证券软件。证券软件包括网上交易软件和行情软件：网上交易软件应根据开户证券公司来进行选择，而行情分析软件可以根据个人习惯来进行选择。

活动 2：证券行情软件下载安装运行

[活动目标]

掌握在相关官方网站下载并安装证券行情软件的方法。

【软件下载】

下面以国信证券公司的证券软件为例，介绍如何下载和安装证券软件，具体操作步骤如下：

第一步，进入国信证券网站（http://www.guosen.com.cn/gxzq/index.jsp）。点击"软件下载"（见图3-5）。

图 3-5　国信证券公司网站主页

第二步，选择要下载的软件类型，点击下载（见图3-6）。

软件名称	描述	版本	下载/安装
金太阳网上交易专业版6.47	本软件MD5码：3F734C83F0AB2FD2A9C29BA01632B88E	6.47	
金太阳网上交易繁体版	支持动态令牌，短信口令，ukey方式登录、支持v8版本交易所有功能、支持港股行情显示	无	
国信证券股指期货仿真交易V6.27版	股指期货仿真交易通达信客户端 ①支持股指期货仿真交易；②不支持股票交易；③支持股票、股指仿真行情	V6.27	
金太阳网上交易新疆专用版	金太阳网上交易新疆专用版	1.0	
国信证券汇点个股期权专业投资系统	国信证券汇点个股期权专业投资系统	4.5.1.2	
通达信期权通旗网上交易	通达信期权通旗网上交易	1.07	
金闪电期货快速交易系统	金闪电期货快速交易系统	1.0	
金闪电期货快速交易系统(仿真)	金闪电期货快速交易系统(仿真)	1.0	

图 3-6　选择下载的软件类型

第三步，将文件下载到电脑指定目录中。

【软件安装】

将下载的软件安装到指定目录。

第一步，下载完成后，直接双击图标（见图 3-7），出现如图 3-8 所示界面，点击"开始安装"。

图 3-7　已下载的国信软件

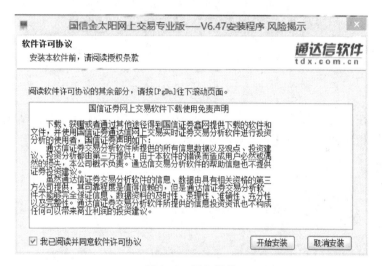

图 3-8　运行软件

第二步，根据提示将软件安装到指定目录，如图 3-9 所示：

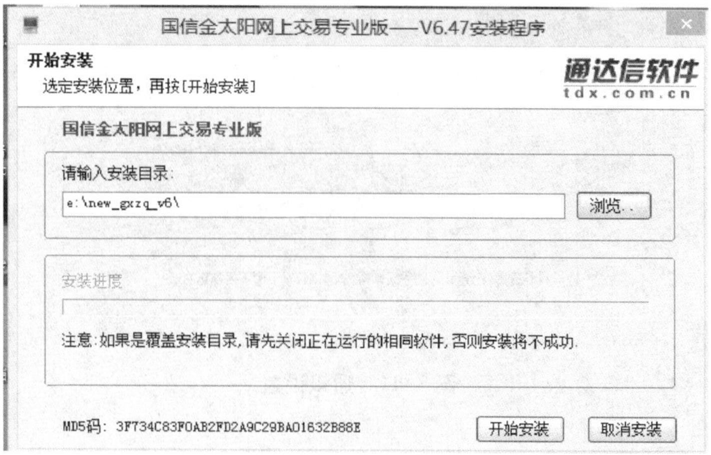

图 3-9　安装到指定目录

单击"开始安装"系统会自动将软件安装到指定的目录，安装完毕后，即可使用。

【软件运行】

第一步，双击   图标，出现如图 3-10 所示的对话框，单击"独立行情"。

图 3-10　软件运行界面

第二步，在"通讯设置"对话框中（见图 3-11），选择相应的行情主站和资讯主站，即可链接相应的主站，进入证券实时行情（见图 3-12）。

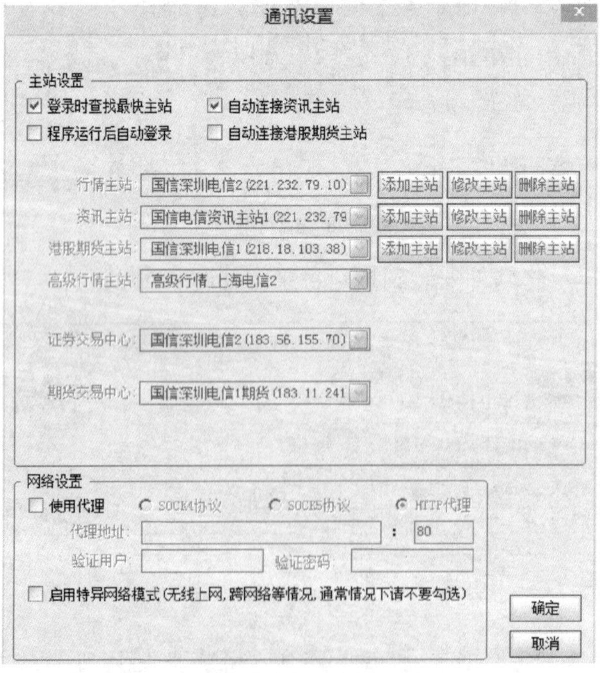

图 3-11　通讯设置

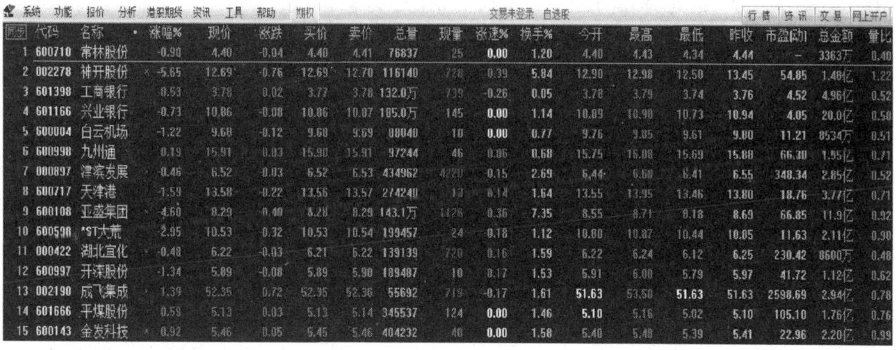

图 3-12 证券实时行情

模块二 证券行情软件的主要菜单及功能

⇨ 模块介绍

熟悉证券行情软件的主要菜单及功能。

活动 1：软件菜单介绍

[活动目标]

熟悉软件的主要功能菜单内容。

【主要功能菜单】

打开行情分析软件，工具栏会出现系统、功能、报价、分析、资讯、工具和帮助等栏目及其下拉菜单，如图 3-13 所示。通过这些下拉菜单功能的使用，我们能够更有效地选择和分析证券。

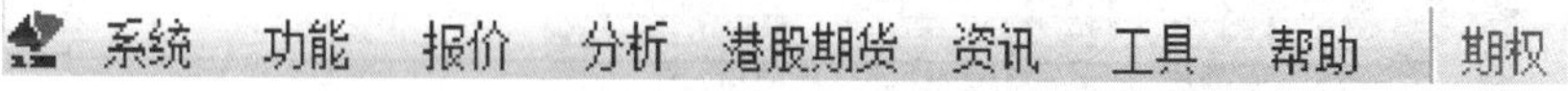

图 3-13 软件功能菜单

系统菜单主要包含了投资品种的选择和数据导出及维护等系统功能。

功能菜单主要涵盖了对证券分析的几个功能，包括即时分析、技术分析和基本资料等。

报价菜单从几个不同角度对证券进行报价，包括股票排名、综合排名以及热门板块等功能。

分析菜单涵盖了对证券交易明细分析的功能，包括分时走势、分时成交量等功能。

资讯菜单可以为投资者提供证券分析的相关资料。

工具菜单为投资者提供了行情分析所需要的系统工具，包括功能树、画线工具等工具。

帮助菜单主要提供了软件使用的帮助功能。

活动2：软件菜单功能

[活动目标]

熟悉软件的各大菜单主要功能，能够利用软件分析大盘走势、证券的排名及报价等，帮助证券分析。

【大盘分析】

大盘走势的分析是个股投资的基础，利用软件中的大盘走势分析工具，可以为投资者提供判断依据。如图3-14所示，在分析菜单中选择大盘走势，可以看到上证180走势、上证综指走势、深圳100走势、深证成份走势等两市所有大盘指标，点击以后可以进入。

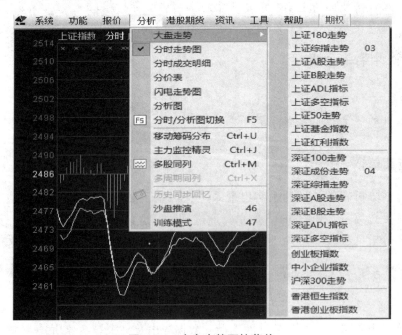

图3-14　大盘走势下拉菜单

【股票的排名及品种选择】

证券的选择需要结合基本面分析和技术分析来进行，而目前行情软件中自带的一些证券的分类和排名功能则可以为证券投资分析带来便利。

【系统菜单】

如图 3-15 所示，在系统下拉菜单中选择"选择品种"，即出现如图 3-16 所示的对话框，通过该对话框，可以按照股票中的分类，根据地区、行业、概念等方面来将所有股票进行分类查看，有利于投资者进行比较和选择。点击对话框上方的对应分类，在对话框右边即可出现相应的分类，如图 3-16 中选择行业版块，在左边选项中选择煤炭行业，在对话框的右边即会出现所有煤炭行业的股票，点击选择其中一只股票即可出现该股的分时走势图。

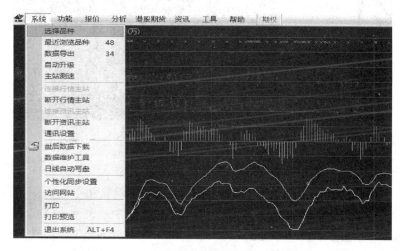

图 3-15　系统菜单的选择品种下拉菜单

图 3-16　煤炭行业板块的全部股票

【功能菜单】

功能菜单中提供了选股器的功能，投资者可以根据自己的需求输入选股条件，系统即会自动搜索符合条件的股票，为投资者节省了时间和精力。如图 3-17 所示，在功能菜单中选择选股器，可以看到系统提供了五种选股方法。

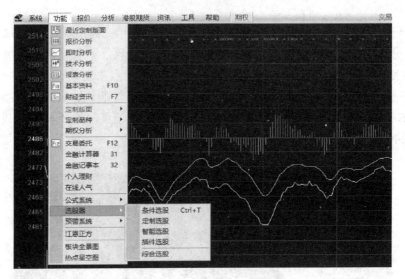

图 3-17　功能菜单中的"选股器"

以条件选股为例，点击条件选股，弹出对话框（见图 3-18），条件选股公式下拉菜单中提供了选股条件，包括连涨天数、连跌天数、早晨之星等。例如，选择连涨天数，并在对话框左侧计算参数中输入天数和周期，如条件为 3 天、日线，然后点击加入条件，则在选股条件列表中即会出现"UPN（3）R"的字样，即代表连涨 3 个日线。条件可以根据个人需要添加多个，在对话框中还可以选择条件选股的时间段，即在预想的时间进行条件选股，点击历史阶段选股，输入时间段即可。

最后点击执行选股，系统会自动搜索符合条件的所有股票，如需将搜索到的股票放入条件板块中，则可以点击选股入自选板块。如图 3-18 中选"UPN（3）"且"MSTAR（）"条件，点击选股入板块后，如图 3-19 所示：

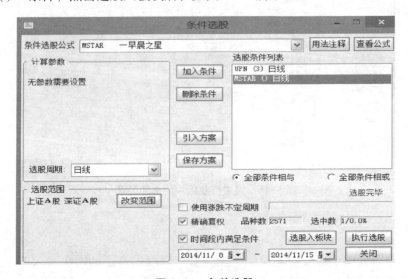

图 3-18　条件选股

图 3-19 将选股结果加入自选股板块

【报价菜单】

如图 3-20 所示，点击报价菜单，可以看到深沪分类、栏目排名、综合排名以及热门板块分析等选项。

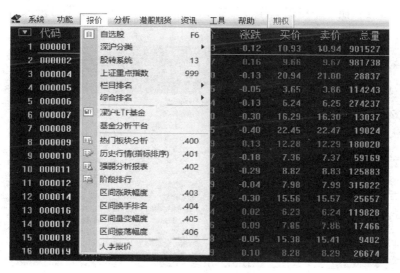

图 3-20 报价菜单下拉菜单

1. 深沪分类

点击深沪分类，可以看到如图 3-21 所示的沪、深两市所有证券的分类，分别点击进入即可，为投资者提供了证券最基础的分类的功能。

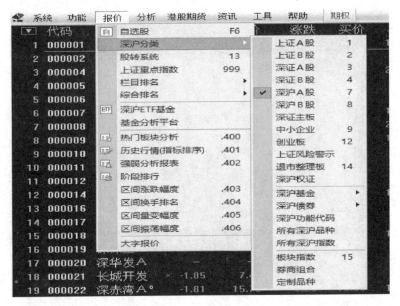

图 3-21　深沪分类

2. 栏目排名

如图 3-22 所示，报价菜单选项中的栏目排名提供了丰富的排名，如今日涨幅排名、成交量排名、换手率排名、净资产排名等，点击各个子选项即可进入。

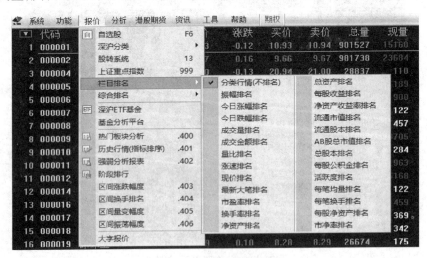

图 3-22　栏目排名

3. 综合排名

如图 3-23 所示，报价菜单选项下的综合排名则是综合了股票排名功能，在同个页面显示了多个证券排名，以上证 A 股为例，点击综合排名选项下上证 A 股，出现图 3-24 所示对话框，综合显示了对上证 A 股的涨幅排名、跌幅排名、振幅排名等九类排名，点击股票即可进入其分时走势图。综合排名功能为投资者查看证券的排名提供了更多的便利。

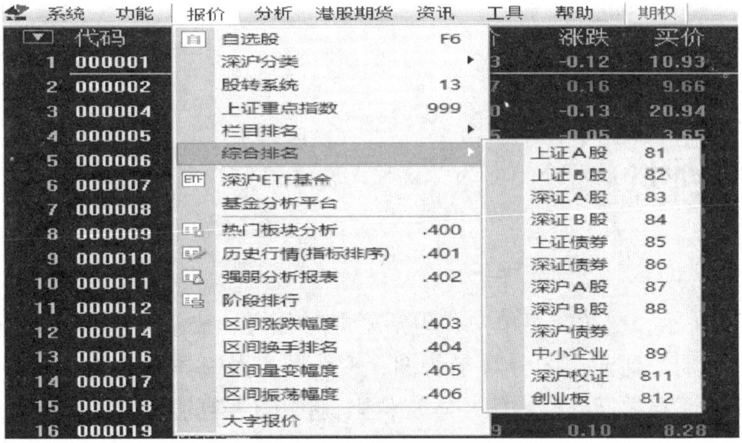

图 3-23　综合排名

综合排名　上证A股

今日涨幅排名			5分钟涨速排名			今日委比前排名		
合锻股份	9.87	10.03	九龙山	5.73	2.69	中电电机	45.94	100.00
中科曙光	13.50	10.02	江泉实业	10.76	1.51	石英股份	24.10	100.00
外高桥	32.86	10.01	天科股份	14.91	1.50	宁波精达	16.42	100.00
中电电机	45.94	10.01	华远地产	3.98	1.27	中科曙光	13.50	100.00
石英股份	24.10	10.00	骆驼股份	13.88	1.24	合锻股份	9.87	100.00
陕西黑猫	17.28	9.99	国旅联合	8.68	1.17	陕西黑猫	17.28	100.00
今日跌幅排名			**5分钟跌速排名**			**今日委比后排名**		
长白山	16.90	-10.01	保税科技	13.70	-1.01	万盛股份	30.45	-100.00
中材节能	16.82	-10.01	禾丰牧业	15.82	-1.00	长白山	16.90	-100.00
川仪股份	17.82	-10.00	海润光伏	8.25	-0.96	川仪股份	17.82	-100.00
万盛股份	30.45	-9.99	迪康药业	6.21	-0.96	中材节能	16.82	-100.00
兰石重装	18.32	-9.98	设计股份	65.61	-0.77	兰石重装	18.32	-100.00
节能风电	11.56	-9.83	中国人寿	16.98	-0.76	大元股份	17.01	-95.08
今日量比排名			**今日振幅排名**			**今日总金额排名**		
陕西黑猫	17.28	11.09	禾丰牧业	15.82	15.66	中信证券	15.38	67.4亿元
山东钢铁	2.73	4.76	山东钢铁	2.73	13.88	包钢股份	3.07	38.0亿元
中电电机	45.94	4.53	广船国际	28.11	12.43	海通证券	12.15	36.0亿元
香溢融通	10.32	4.25	东方电缆	26.72	11.87	中国平安	44.53	34.7亿元
瑞茂通	12.43	3.97	南纺股份	10.19	11.86	伊利股份	25.48	27.7亿元
上实发展	9.62	3.96	界龙实业	17.56	11.60	兴业证券	8.27	21.9亿元

图 3-24　综合排名——上证 A 股

4. 热门板块

如图 3-25 所示，在报价菜单中点击热门板块，即可看到图 3-26 所示的系统对所有板块自动进行的以均涨幅、权涨幅等指标为标准的排名，投资者可根据个人判断来选择板块。

热门板块分析—所有板块 今日:2014-11-14(五) 点右键操作

	板块名称	均涨幅%↓	权涨幅%	总成交	领涨股票	涨股比	市场比%	换手率%	市盈(动)
1	条件股	3.82	3.82	15.6亿	锌业股份	1/1	0.45	16.21	123.83
2	自选股	3.82	3.82	15.6亿	锌业股份	1/1	0.45	16.21	123.83
3	船舶	2.44	2.53	36.6亿	广船国际	6/8	1.07	1.57	84.77
4	智能家居	1.26	2.55	46.7亿	同方股份	17/25	1.36	2.97	19.30
5	地热能	1.13	2.41	27.5亿	同方股份	5/13	0.80	3.73	46.68
6	矿物制品	1.09	1.11	14.0亿	石英股份	6/12	0.41	2.19	55.52
7	石墨烯	1.02	0.86	39.2亿	龙星化工	20/28	1.14	2.19	46.70
8	电信运营	0.91	-0.01	26.0亿	二六三	5/6	0.76	1.35	22.78
9	锂电池	0.87	0.47	93.7亿	路翔股份	36/66	2.73	2.01	109.32
10	日用化工	0.79	1.93	9.22亿	上海家化	4/8	0.27	1.41	63.70

图 3-25　热门板块

活动3：个股分析

[活动目标]

利用软件，分析个股的分时走势、分时成交量，基本面等资料。

【功能菜单】

如图 3-26 所示，在功能菜单中，包括了即时分析、技术分析和基本资料选项。点击进入，即可分别看到证券的分时走势图、K 线图以及基本资料等，可以利用即时分析和技术分析对证券进行分析，而基本资料则提供了证券的基本信息。

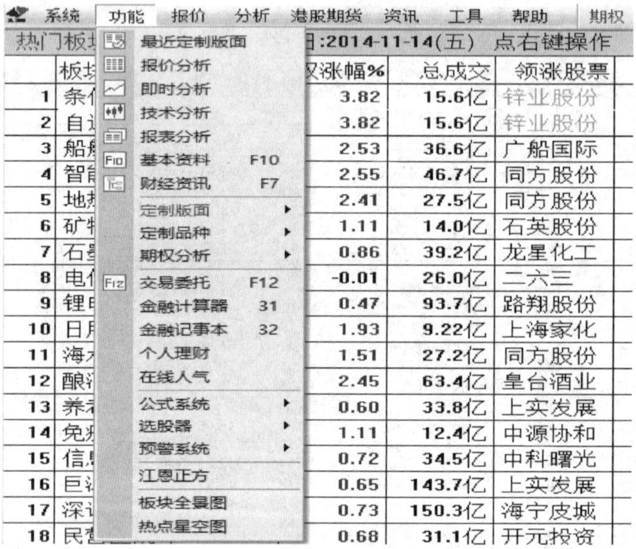

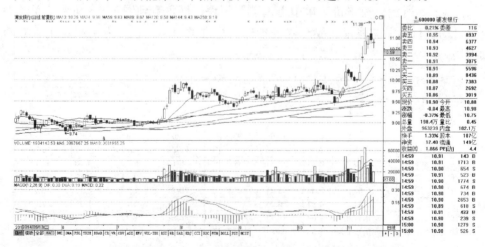

图 3-26　功能菜单

如图 3-27 所示，在功能菜单中点击技术分析，即可进入个股 K 线图。

图 3-27　个股 K 线图

如图 3-28 所示，在基本资料页面，可以看到包括财务分析、经营分析、分红扩股等在内的所有证券的基本信息，为投资者提供分析依据。

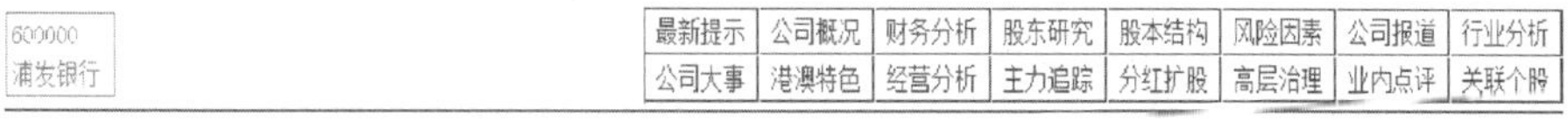

图 3-28　个股基本资料

【分析菜单】

在图 3-29 中我们可以看到在分析菜单中提供了证券的分时走势图、分时成交明细、分价表等功能，点击即可进入相应的页面（见图 3-30）。

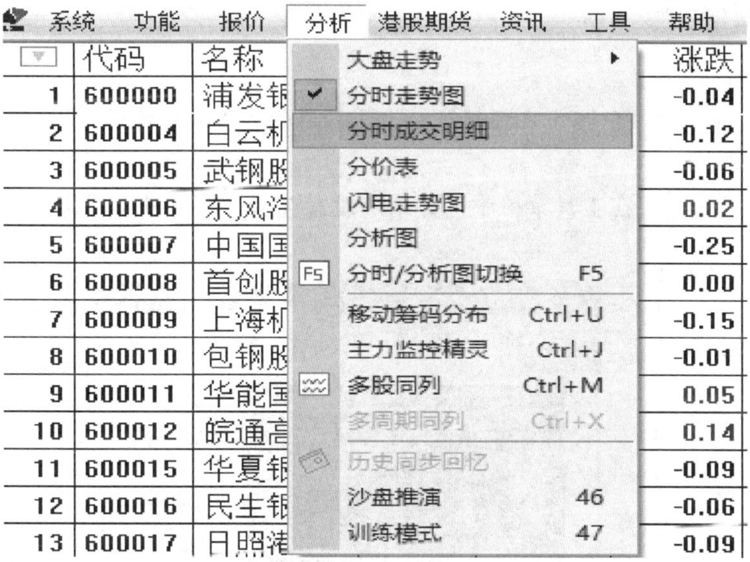

图 3-29　分析菜单

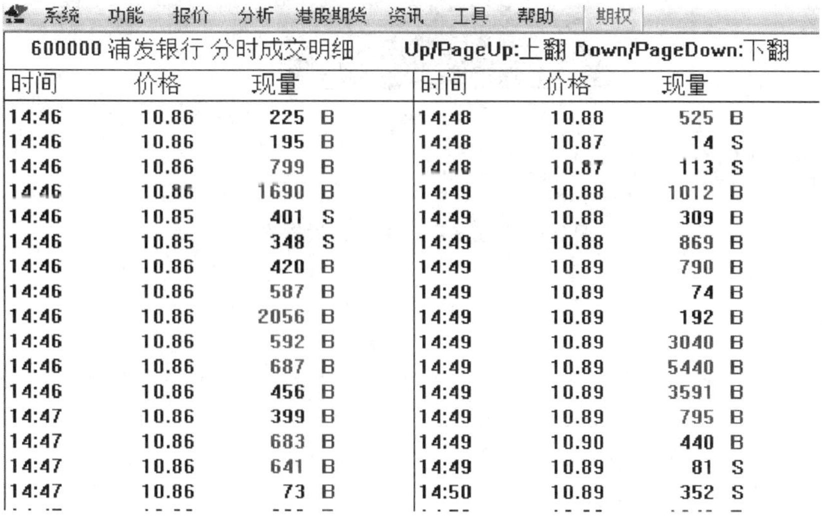

时间	价格	现量		时间	价格	现量	
14:46	10.86	225	B	14:48	10.88	525	B
14:46	10.86	195	B	14:48	10.87	14	S
14:46	10.86	799	B	14:48	10.87	113	S
14:46	10.86	1690	B	14:49	10.88	1012	B
14:46	10.85	401	S	14:49	10.88	309	B
14:46	10.85	348	S	14:49	10.88	869	B
14:46	10.86	420	B	14:49	10.89	790	B
14:46	10.86	587	B	14:49	10.89	74	B
14:46	10.86	2056	B	14:49	10.89	192	B
14:46	10.86	592	B	14:49	10.89	3040	B
14:46	10.86	687	B	14:49	10.89	5440	B
14:46	10.86	456	B	14:49	10.89	3591	B
14:47	10.86	399	B	14:49	10.89	795	B
14:47	10.86	683	B	14:49	10.90	440	B
14:47	10.86	641	B	14:49	10.89	81	S
14:47	10.86	73	B	14:50	10.89	352	S

图 3-30　分时成交明细

模块三　证券软件的使用技巧

▱▷ 模块介绍

掌握软件的参数设置和使用技巧，使软件更符合个人操作习惯，提高操作速度。

活动1：系统设置

[活动目标]

对系统的主要参数依据个人习惯进行设置，以便日后熟练操作。

如图3-31所示，在工具菜单中选择系统设置选项，即可进入系统设置对话框。

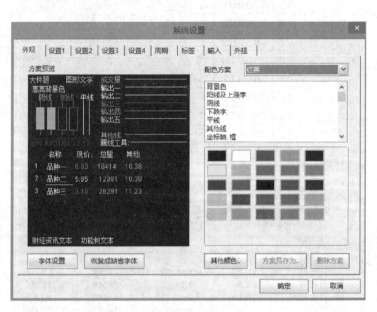

图3-31　工具菜单的系统设置界面

【外观设置】

对软件的外观进行设置，包括字体、颜色等，使之符合个人使用习惯。如图3-31所示，在此右上角中，可以通过更改配色方案来选择软件中背景色，坐标轴、框等的颜色，还可以通过点击右下角的其他颜色键来选择其他颜色。

【标签设置】

标签设置可以调整不同板块证券的顺序，从而改变软件中行情表的分类，如图3-32

和图 3-33 所示：

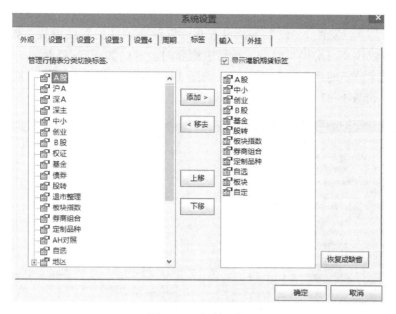

图 3-32 标签设置

	代码	名称	涨幅%	现价	涨跌	买价	卖价	总量	现量
1	600000	浦发银行	× -0.37	10.90	-0.04	10.90	10.91	198.4万	526
2	600004	白云机场	-1.22	9.68	-0.12	9.68	9.69	88040	10
3	600005	武钢股份	× -2.17	2.71	-0.06	2.70	2.71	100.9万	89
4	600006	东风汽车	0.38	5.26	0.02	5.26	5.27	175626	300
5	600007	中国国贸	-1.96	12.49	-0.25	12.48	12.49	46932	10
6	600008	首创股份	× 0.00	7.20	0.00	7.20	7.21	118919	84
7	600009	上海机场	× -0.87	17.05	-0.15	17.04	17.05	214387	29
8	600010	包钢股份	× -0.32	3.07	-0.01	3.06	3.07	1217万	2105
9	600011	华能国际	× 0.76	6.61	0.05	6.60	6.61	382114	20
10	600012	皖通高速	2.70	5.32	0.14	5.32	5.33	80279	116
11	600015	华夏银行	× -1.00	8.93	-0.09	8.92	8.93	826844	99
12	600016	民生银行	× -0.88	6.77	-0.06	6.77	6.78	218.7万	6084
13	600017	日照港	-2.23	3.94	-0.09	3.93	3.94	455763	8
14	600018	上港集团	× 0.00	5.30	0.00	—	—	0	0
15	600019	宝钢股份	× -1.64	4.79	-0.08	4.78	4.79	947899	50
16	600020	中原高速	-1.25	3.16	-0.04	3.15	3.16	110095	783
17	600021	上海电力	1.23	6.58	0.08	6.58	6.59	556355	111
18	600022	山东钢铁	× -2.85	2.73	-0.08	2.73	2.74	436.0万	1137
19	600023	浙能电力	-2.17	5.86	-0.13	5.85	5.86	341087	10
20	600026	中海发展	-3.02	6.11	-0.19	6.10	6.11	182415	10
21	600027	华电国际	× 0.21	4.68	0.01	4.67	4.68	745760	17
22	600028	中国石化	× -1.32	5.24	-0.07	5.24	5.25	111.4万	416
23	600029	南方航空	× -2.93	3.64	-0.11	3.64	3.65	126.2万	571
24	600030	中信证券	× 2.12	15.38	0.32	15.38	15.39	442.4万	3367
25	600031	三一重工	× 0.00	6.26	0.00	6.25	6.26	442621	61
26	600033	福建高速	-1.88	3.13	-0.06	3.12	3.13	381535	10
27	600035	楚天高速	3.43	3.92	0.13	3.91	3.92	190980	20
28	600036	招商银行	× -0.46	10.92	-0.05	10.91	10.93	885592	149

图 3-33 标签设置结果

【其他设置】

对话框设置1、设置2、设置3及设置4可以改变软件的其他设置。如图3-34所示，设置1可以改变自动换页时间、行情表刷新时间等。如图3-35所示，设置2可以改变软件中技术分析时所用的各项指标；如图3-36所示，设置3可以设置汇率、界面等各项参数；如图3-37所示，设置4可以改变上证、深证等各项指数。

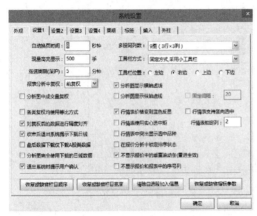

图 3-34 设置 1

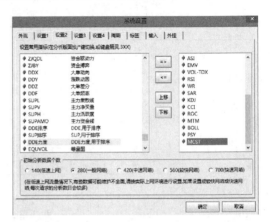

图 3-35 设置 2

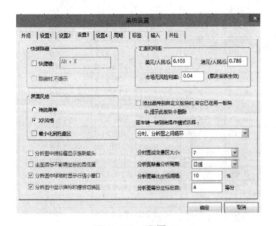

图 3-36 设置 3

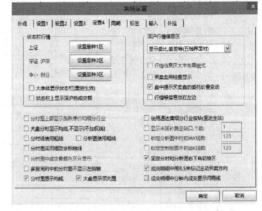

图 3-37 设置 4

活动 2：技术分析参数设置

[活动目标]

根据个人习惯，设置 K 线和其他技术分析参数。

在 K 线图中右键点击均线，可以更改指标参数设置，如图 3-38 所示。选择调整指数参数，出现指标公式参数调整对话框（见图 3-39）。

图 3-38　均线参数的设置

用户可根据自己的需要调整周期及设定参数值，常用的有 5 日、10 日、20 日、30日、60 日等多种均线设置方法。如果需要将日 K 线的中的 60 日均线改为 120 日，在指标公式参数调整中选择第四条 K 线，并在对话框中输入相应数字进行修改即可。如果要恢复为系统初始设置值，则点击恢复缺省即可，如图 3-39 所示：

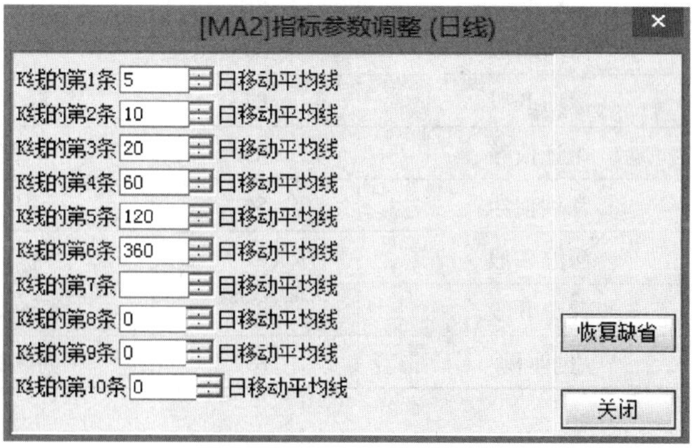

图 3-39　均线参数的调整

活动 3：快捷键与板块设置

[活动目标]

快捷键和板块的设置与使用可以使操作更加快捷。

【功能键和快捷键】

功能键和快捷键的掌握和使用有助于更快速准确地使用软件。用户可以使用该系统的支持功能键和快捷键如表 3-1 和表 3-2 所示。

表 3-1 系统的主要功能键

快捷键	功能	快捷键	功能
F1	每笔成交明细	F10	个股资料
F2	分价表	F11	个人理财
F3	上证领先指标	F12	网上交易
F4	深证领先指标	CTRL+F4	关闭当前子窗口
F5	类型切换	ALT+F4	退出系统
F6	自选股		
F7	公告新闻		
F8	分析图中切换周期		
F9	委托下单		

表 3-2 软件主要快捷键

快捷键	功能	快捷键	功能
1	上证 A 股	81	沪 A 综合排名
2	上证 B 股	82	沪 B 综合排名
3	深圳 A 股	83	深 A 综合排名
4	深圳 B 股	84	深 B 综合排名
5	上证债券	85	沪债综合排名
6	深圳债券	86	深债综合排名
7	深沪 A 股	87	深沪 A 综合排名
8	深沪 B 股	88	深沪 B 综合排名
9	创业板	89	创业板综合排名

【板块设置】

设置自选股和条件股板块可以筛查和快速查询所关注的证券。点击工具菜单中用户板块设置，即可对软件中的板块设置进行更改，其中包括自选股的添加、删除和条件股，如图 3-40 所示。

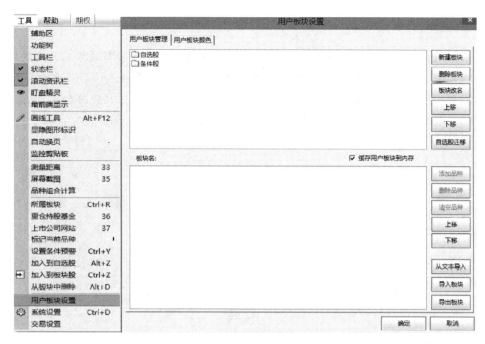

图 3-40　用户板块设置

可以根据用户使用的需要，按个人需要建立自己的板块，以便日后分析时使用方便，如图 3-41 所示。选择新建板块，输入板块名称和板块简称即可，为新建板块添加或删除股票。

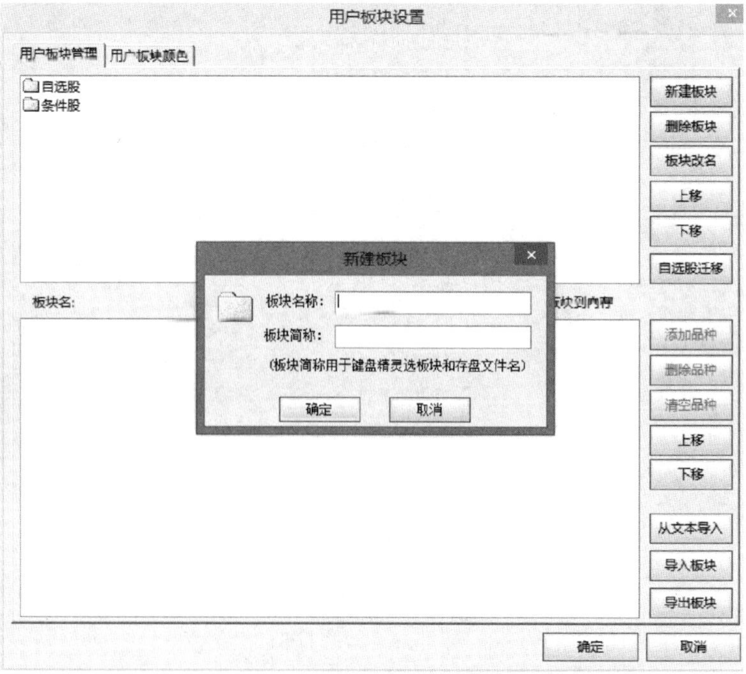

图 3-41　新建板块

▱⟹【实验任务】

（1）打开行情软件，找出今天沪、深两市涨幅前三名的股票与跌幅前三名的股票。

（2）找出沪、深两市分别属于"金融行业""商业百货行业""资产重组""新能源"概念的所有股票，并将这四个板块中涨幅和跌幅最高的前三只股票加入自选股中。

（3）将日 K 线图中的移动平均线参数重新设置为 20、40、60、120。

项目四 股票行情的看盘与分析

本项目主要是介绍如何利用软件分析证券行情。我们通过指数分析，把握行情整体情况；通过个股行情分析，把握个股投资机会；根据各类排名和板块的分析，进一步分析市场热点，把握资金流向；结合国际市场与 A 股市场的联动关系，研判 A 股市场走势。

➡ 项目目标

（1）掌握 A 股市场的主要指数，能够对指数进行分析。
（2）掌握个股分时图和 K 线图，能够对个股投资机会进行分析。
（3）掌握行情排名的基本操作，能够进行各类行情排名分析和板块分析。
（4）熟悉国际证券市场的主要指数，能够进行联动分析。

模块一 股票价格指数分析

➡ 模块介绍

熟悉市场上重要的指数，能够进行股票价格指数的分时图和 K 线图的分析。

活动 1：股票价格指数的编制方法

[活动目标]
熟悉目前市场上股票价格指数的概念和指数类型。

【股票价格指数的概念】

股票价格指数即股票指数，是由证券交易所或金融服务机构编制的表明股票价格变动的一种供参考的指示数字。由于股票价格起伏无常，投资者必然面临市场价格风险。对于具体某一只股票的价格变化，投资者容易了解，而对于多只股票的价格变化，要逐一了解，既不容易，也不胜其烦。为了适应这种情况和需要，一些金融服务机构就利用自己的业务知识和熟悉市场的优势，编制出股票价格指数，公开发布，作为市场价格变动的指标。投资者据此就可以检验自己投资的效果，并用以预测股票市场的走向。同时，相关金融机构、政府部门等也以此为参考指标，来观察、预测社会政治、经济的发展形势（见图4-1）。

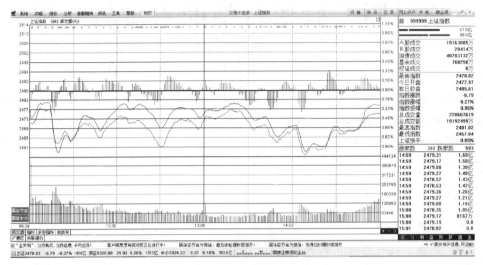

图4-1　上证综指分时图

股票价格指数是运用统计学中的指数方法编制而成的，反映股市总体价格或某类股价变动和走势的指标。计算股价平均数或指数时经常考虑以下四点：第一，样本股票必须具有典型性、普通性，因此选择样本股票应综合考虑其行业分布、市场影响力、股票等级、适当数量等因素；第二，计算方法应具有高度的适应性，能对不断变化的股市行情做出相应的调整或修正，使股票价格指数或平均数有较好的敏感性；第三，要有科学的计算依据和手段，计算依据的口径必须统一，一般均以收盘价为计算依据，但随着计算频率的增加，有的以每小时价格甚至更短的时间价格计算；第四，基期应有较好的均衡性和代表性。

【股票价格指数的编制方法】

编制股票价格指数，通常以某年某月某日为基期，以这个基期的股票价格对应为基期指数值，通常是100或1 000，用以后各时期的股票价格和基期价格比较，计算出升降的百分比，就是该时期的股票价格指数。投资者根据指数的升降，可以判断出股票价格的变动趋势。为了能实时向投资者反映股市的动向，所有的股市几乎都是在股价变化的同时即时公布股票价格指数。

计算股票价格指数，要考虑以下三个因素：一是抽样，即在众多股票中抽取少数具有代表性的成份股；二是加权，按单价或总值加权平均或不加权平均；三是计算程序，计算算术平均数、几何平均数或兼顾价格与总值。由于上市股票种类繁多，计算全部上市股票的价格平均数或指数的工作是艰巨而复杂的，因此人们常常从上市股票中选择若干种富有代表性的样本股票，并计算这些样本股票的价格平均数或指数，用以表示整个市场的股票价格总趋势及涨跌幅度。样本股票必须具有典型性、普通性，为此选择样本应综合考虑其行业分布、市场影响力、股票等级、适当数量等因素。

目前股票价格指数的计算方法主要如下：

1. 简单的算术股票价格指数法

算术股票价格指数法是以某交易日为基期，将采集样品股票数的倒数乘以各采集样品股票报告期价格与基期价格的比之和，再乘以基期的指数值，计算公式为：

算术股票价格指数＝1÷采集样品股票数×∑（报告期价格÷基期价格）×基期指数值

例4-1：某股票市场选取 A、B、C 三种股票为样本，基期价格分别是 10 元、4 元、6 元，报告期价格分别为 26 元、20 元、12 元，基期指数值假定为 100。

该股市平均股票价格指数＝1÷3×（26÷10＋20÷4＋12÷6）×100＝320

计算结果说明报告期股价比基期上升了 220 点。

这种算法简单，计算结果能粗略地说明股价变动的方向和程度，但由于它没有考虑不同的股票在市场中的地位、影响力对股价总水平的影响不同，计算的数值又容易受发行量或交易量较少的股票的价格变动影响，所以难以全面真实地反映股价的长期动态和股票的真实动向。

2. 加权平均法

加权平均法就是在计算股价平均值时，不仅考虑到每只股票的价格，还要根据每只股票对市场影响的大小，对平均值进行调整。实践中，一般是以股票的发行数量或成交量作为市场影响参考因素，纳入指数计算，称为权数。通常权数可以是交易量，也可以是发行量，而大多以发行量为上市股票的权数来计算股票价格指数，计算公式为：

报告期股票价格指数＝（报告期市价总值÷基期市价总值）×基期指数值

在例4-1中，假设 A、B、C 三只股票的发行量分别为 1 000 万股、500 万股、2 000 万股，基期指数值假定为 100。

$$加权平均法算出的股票价格指数 = \frac{26×1\ 000+20×500+12×2\ 000}{10×1\ 000+4×500+6×2\ 000}×100 = 250$$

计算结果说明报告期股价比基期上升了 150 点，比前面上升 220 点结果更为准确、更符合客观实际。

世上大多数国家的股票价格指数是采用加权平均法计算的，如美国标准·普尔指数、巴黎证券交易所指数、德国商业银行指数、意大利商业银行股票价格指数、多伦多 300 种股票价格指数及东京股票交易所指数等。

活动 2：市场主要价格指数

［活动目标］

熟悉目前我国和世界证券市场上主要的股票价格指数类型。

【我国主要股票价格指数】

1. 上证指数系列

1990—2010 年，上海证券交易所从最初的 8 只股票、22 只债券，发展为拥有 894

家上市公司、938 只股票、18 万亿元股票市值的股票市场，拥有 199 只政府债券、284 公司债券、25 只基金及回购、权证等交易品种，初步形成以大型蓝筹企业为主，大中小型企业共同发展的多层次蓝筹股市场，是全球增长最快的新兴证券市场。

为适应上海证券市场的发展格局，以上证综指、上证 50 指数、上证 180 指数、上证 380 指数，以及上证国债、企业债和上证基金指数为核心的上证指数体系，科学表征上海证券市场层次丰富、行业广泛、品种拓展的市场结构和变化特征，便于市场参与者的多维度分析，也增强样本企业知名度，引导市场资金的合理配置。同时上证指数体系衍生出的大量行业、主题、风格、策略指数，为市场提供更多、更专业的交易品种和投资方式，提高市场流动性和有效性。目前上证指数系列包括重点指数、成份指数、综合指数、行业指数、策略指数、风格指数、主题指数、基金指数、债券指数、定制指数、股息点指数共计 11 类 215 种指数（见表 4-1）。

表 4-1　　　　　　　　　　　上证重点指数系列

指数名称	指数代码	基准日期	基准点数（点）	成份股数量（只）	成份股总股本数（亿股）	相关收益指数
重点指数						
上证指数	000001	1990-12-19	100	1023	26 941.22	
上证180	000010	2002-06-28	3 299.06	180	19 137.64	上证180全收益 上证180净收益
上证380	000009	2003-12-31	1 000	380	4 824.21	上证380全收益 上证380净收益
上证50	000016	2003-12-31	1 000	50	13 058.86	上证50全收益 上证50净收益
上证100	000132	2003-12-31	1 000	100	927.6	上证100全收益 上证100净收益
上证150	000133	2003-12-31	1 000	150	715.95	上证150全收益 上证150净收益
国债指数	000012	2002-12-31	100	136	63455.4	
基金指数	000011	2000-05-08	1 000	65	649.21	
企债指数	000013	2002-12-31	100	1872	—	
B股指数	000003	1992-02-21	100	53	148.63	

截止日期：2014-11-14

上证综指是上海第一只反映市场整体走势的旗舰型指数，也是中国资本市场影响力最大的指数，包含 A 股、B 股等上海证券交易所全部上市股票，以总股本为权重加权计算，代表中国资本市场 20 多年的发展历程，是中国资本市场的象征。上证综合指数最初是中国工商银行上海分行信托投资公司静安证券业务部根据上海股市的实际情况，参考国外股价指标的生成方法编制而成的，于 1991 年 7 月 15 日公开发布。新上证综指发布以 2005 年 12 月 30 日为基日，以当日所有样本股票的市价总值为基期，基点为 100 点。"新综指"当前由沪市所有 G 股组成，实施股权分置改革的股票在方案实施后的第二个交易日纳入指数，指数以总股本加权计算。

上证 180 指数选择总市值和成交金额排名靠前的股票，按照中证一级行业的自由流通市值比例，分配和选取 180 只固定样本股票，以自由流通股本为权重加权计算。这些公司核心竞争力强、资产规模大、经营业绩好、产品品牌广为人知，是上海证券市场上最具代表性的大型蓝筹股票价格指数，是投资评价尺度和金融衍生产品标的的基础指数，于 2002 年 7 月发布。

上证 50 指数是在上证 180 指数的样本股中挑选规模最大、流动性最好的 50 只股票，反映最具市场影响力的一批龙头企业的状况，于 2004 年 1 月发布。

发布于 2010 年 11 月的上证 380 指数，代表了上海证券市场成长性好、盈利能力强的新兴蓝筹企业，这部分企业规模适中、具有成长为蓝筹企业的潜力，代表了国民经济发展战略方向和经济结构调整方向。上证 380 指数是在上证 180 指数之外的公司中，剔除亏损及近 5 年未分红送股公司，按中证二级行业的自由流通市值比例分配样本，在行业内选取规模、流动性、成长性和盈利能力综合排名靠前的 380 只样本股。

上证 50 指数、上证 180 指数集中于金融、能源、原材料和工业等传统行业，上证 380 指数则广泛分布于节能环保、新一代信息技术、生物、高端装备、新能源、新材料等新兴产业和消费领域，凸显了我国经济结构调整的方向。

上证国债指数以所有剩余期限在一年以上的固定利率国债为样本，按照发行量加权计算，以反映债券市场的整体变动状况。

上证企债指数以剩余期限在一年以上的非股权连接类企业债为样本，以发行量加权计算，反映了企业债市场的整体走势和收益状况。上证企债 30 指数选取流动性、发行规模等指标排名靠前的 30 只企业债，市场代表性好，可作为债券交易型开放式指数基金（ETF）的跟踪标的。

上证基金指数样本为所有在上海证券交易所上市的证券投资基金，反映基金价格的整体变动状况。

上证 50 指数、上证 180 指数和上证 380 指数是上海证券市场特大型、大型和中型蓝筹企业的代表，表现上海证券市场多层次蓝筹股市场的变化特征；上证债券类指数、上证基金指数反映上海证券交易所分层市场，与股票指数一同构成上证指数体系。

2. 深证指数系列

深证指数是指由深圳证券交易所编制的股票价格指数，该股票价格指数的计算方法基本与上证指数相同，其样本为所有在深圳证券交易所挂牌上市的股票，权数为股票的总股本。由于深证指数以所有挂牌的上市公司为样本，其代表性非常广泛，与深圳股市的行情同步发布，是股民和证券从业人员判断深圳股市股票价格变化趋势必不可少的参考依据。目前深证指数系列包括规模指数、行业指数、风格指数、主题指数、策略指数、定制指数、综合指数、基金指数、债券指数共计 9 大类 151 种指数（见表 4-2）。

表 4-2 深证重点指数系列

指数代码	指数名称	基日	基日指数(点)	起始计算日
399001	深证成份指数	1994-07-20	1 000	1995-01-23
399002	成份A股指数	1994-07-20	1 000	1995-01-23
399003	成份B股指数	1994-07-20	1 000	1995-01-23
399004	深证100指数	2002-12-31	1 000	2003-01-02
399005	中小板指数P	2005-06-07	1 000	2006-01-24
399006	创业板指数P	2010-05-31	1 000	2010-06-01
399007	深证300价格指数	2004-12-31	1 000	2009-11-04
399008	中小板300P	2010-03-19	1 000	2010-03-22
399009	深证200指数	2004-12-31	1 000	2011-09-01
399010	深证700指数	2004-12-31	1 000	2011-09-01

深证综合指数是深圳证券交易所从 1991 年 4 月 3 日开始编制并公开发表的一种股票价格指数，该指数规定 1991 年 4 月 3 日为基期，基期指数为 100 点。深证综合指数是以所有在深圳证券交易所上市的股票为计算范围，以发行量为权数的加权综合股票价格指数。

深证成份指数是深圳证券交易所编制的一种成份股指数，是从上市的所有股票中抽取具有市场代表性的 40 家上市公司的股票作为计算对象，并以流通股为权数计算得出的加权股票价格指数，综合反映了深圳证券交易所上市 A、B 股的股价走势。深证成份指数基期日为 1994 年 7 月 20 日，基期指数点为 1 000 点。

中小板指数基期日为 2005 年 6 月 7 日，基期指数点为 1 000 点。中小板 100 指数的初始成份股由前 100 只上市股票构成，此后需要对入围的股票进行排序选出成份股。选样指标为一段时期（一般为前 6 个月）平均流通市值的比重和平均成交金额的比重。中小板 100 指数实施定期调整，时间定于每年 1 月、7 月的一个交易日实施，通常在前一年的 12 月和当年的 6 月的第二个完整交易周的第一个交易日公布调整方案。

创业板指数是深圳证券交易所多层次指数体系的重要组成部分，定位于反映创业板股票价格的总体变动情况，并作为交易型开放式指数基金（ETF）和指数期货等指数衍生产品的标的。创业板指数的初始成份股为指数发布日已纳入深证综合指数计算的 78 只创业板股票，在创业板指数样本未满 100 只前，新上市创业板股票于其上市后第 11 个交易日纳入指数计算。当创业板指数的样本数量达到 100 只后，样本数量锁定不再增加，以后每季度进行一次样本股调整，实施时间为每年 1 月、4 月、7 月、10 月的第一个交易日。相对于深证成份指数和中小板指数等指数每半年调整一次样本股，创业板指数的调样频率提高了一倍，这是因为创业板市场和创业板公司的成长速度相对较快，每季度调整样本能更好地反映市场变化。

3. 中证系列指数

中证系列指数是由上海证券交易所和深圳证券交易所共同出资发起设立的专业从

事证券指数及指数衍生产品开发服务的中证指数公司发布的。其中，重点指数有沪深300指数、中证100指数、中证500指数。

由上海证券交易所和深圳证券交易所联合编制的沪深300指数于2005年4月8日正式发布，是从上海证券市场和深圳证券市场中选取300只A股作为样本，其中沪市有179只，深市有121只，以2004年12月31日为基期，基期点位为1 000点。样本选择标准为规模大、流动性好的股票。沪深300指数样本覆盖了沪、深两市六成左右的市值，具有良好的市场代表性。

中证100指数是从沪深300指数样本股中挑选规模最大的100只股票组成样本股，以综合反映沪、深证券市场中最具市场影响力的一批大市值公司的整体状况。

中证500指数是将样本空间内股票扣除沪深300指数样本股及最近一年日均总市值排名前300名的股票，剩余股票按照最近一年（新股为上市以来）的日均成交金额由高到低排名，剔除排名后20%的股票，然后将剩余股票按照日均总市值由高到低进行排名，选取排名在前500名的股票作为中证500指数样本股。中证500指数综合反映沪、深证券市场内小市值公司的整体状况。

4. 香港恒生指数

香港恒生指数是我国香港股票市场上历史最久、影响最大的股票价格指数，由香港恒生银行于1969年11月24日开始发布。香港恒生指数包括从香港500多家上市公司中挑选出来的33家有代表性且经济实力雄厚的大公司股票作为成份股，分为四大类，即4只金融业股票、6只公用事业股票、9只地产业股票和14只其他工商业（包括航空和酒店）股票。由于香港恒生指数所选择的基期适当，因此无论股票市场狂升或猛跌，还是处于正常交易水平，香港恒生指数基本上能反映整个股市的活动情况。

【世界主要股票价格指数】

1. 道·琼斯股票价格平均指数

道·琼斯股票价格平均指数（Dow Jones Industrial Average，DJIA，简称"道指"）是世界上历史最为悠久的股票价格指数，是由《华尔街日报》和道·琼斯公司创建者查尔斯·道创造的几种股票市场指数之一。他把这个指数用来测量美国股票市场上工业构成的发展水平，是最悠久的美国市场指数之一。1884年，道·琼斯公司的创始人查埋斯·道开始编制这一指数。最初的道·琼斯股票价格平均指数是根据11种具有代表性的铁路公司的股票，采用算术平均法进行计算编制而成，发表在查理斯·道自己编辑出版的《每日通讯》上。该指数的计算公式为：

股票价格平均数＝入选股票的价格之和÷入选股票的数量

道·琼斯股票价格平均指数最初的计算方法是用简单算术平均法求得，当遇到股票的除权除息时，股票价格指数将发生不连续的现象。1928年后，道·琼斯股票价格平均指数改用新的计算方法，即在计点的股票除权或除息时采用连接技术，以保证股票价格指数的连续，从而使股票价格指数得到了完善，并逐渐推广到全世界。道·琼斯股票价格平均指数包括美国30家最大、最知名的上市公司。由于补偿股票分割和其他调整的效果，道·琼斯股票价格平均指数当前只是加权平均数，并不代表成分股价值的平均数。目前，道·琼斯股票价格平均指数分为工业股票价格平均指数、运输业股票价格平均指数、公用事业股票价格平均指数、平均价格综合指数四组。

2. 标准·普尔股票价格指数

标准·普尔股票价格指数是美国最大的证券研究机构，即标准·普尔公司编制的股票价格指数。该公司于1923年开始编制发表股票价格指数，最初采选了230只股票，编制两种股票价格指数。到1957年，这一股票价格指数的范围扩大到500只股票，分成95种组合。其中，最重要的四种组合是工业股票组、铁路股票组、公用事业股票组和500种股票混合组。从1976年7月1日开始，这一股票价格指数的范围改为400只工业股票、20只运输业股票、40只公用事业股票和40只金融业股票。几十年来，标准·普尔股票价格指数的范围虽然有股票更替，但是始终保持为500只。

标准·普尔公司股票价格指数以1941—1943年抽样股票的平均市价为基期，以上市股票数为权数，按基期进行加权计算，其基点数为10。以目前的股票市场价格乘以股票市场上发行的股票数量为分子，用基期的股票市场价格乘以基期股票数为分母，相除之数再乘以10就是股票价格指数。

3. 纽约证券交易所股票价格指数

纽约证券交易所股票价格指数是由纽约证券交易所编制的股票价格指数。该指数产生于1966年6月，先是普通股股票价格指数，后来改为混合指数，包括在纽约证券交易所上市的1 500家公司的1 570只股票。具体计算方法是将这些股票按价格高低分开排列，分别计算工业股票、金融业股票、公用事业股票、运输业股票的价格指数，最大的和最广泛的是工业股票价格指数，由1 093只股票组成；金融业股票价格指数包括投资公司、储蓄贷款协会、分期付款融资公司、商业银行、保险公司和不动产公司的223只股票；运输业股票价格指数包括铁路、航空、轮船、汽车等公司的65只股票；公用事业股票价格指数则包括电话电报公司、煤气公司、电力公司和邮电公司的189只股票。

4. 日经平均股价指数

日经平均股价指数是由日本经济新闻社编制并公布的反映日本股票市场价格变动的股票价格平均数。该指数从1950年9月开始编制，最初根据在东京证券交易所第一市场上市的225家公司的股票算出修正平均股价，当时称为"东证修正平均股价"。1975年5月1日，日本经济新闻社向道·琼斯公司买进商标，采用美国道·琼斯公司的修正法计算，这种股票价格指数也就改称"日经道·琼斯平均股价指数"。1985年5月1日，在合同期满10年时，经两家商议，将这一指数名称改为"日经平均股价指数"。

按计算对象的采样数目不同，该指数主要分为两种：一种是日经225种平均股价指数。其所选样本均为在东京证券交易所第一市场上市的股票，样本选定后原则上不再更改。1981年定位制造业150家、建筑业10家、水产业3家、矿业3家、商业12家、路运及海运14家、金融保险业15家、不动产业3家、仓库业、电力和煤气4家、服务业5家。另一种是日经500种平均股价指数。

5. 伦敦《金融时报》股票价格指数

伦敦《金融时报》股票价格指数的全称是伦敦《金融时报》工商业普通股股票价格指数，是由英国《金融时报》公布发表的。该股票价格指数包括在英国工商业中挑选出来的具有代表性的 30 只公开挂牌的普通股股票。该股票价格指数以 1935 年 7 月 1 日为基期，基点为 100 点。该股票价格指数以能够及时显示伦敦股票市场情况而闻名于世。该股票价格指数分为三种：一是由 30 只股票组成的价格指数；二是由 100 只股票组成的价格指数；三是由 500 只股票组成的价格指数。

【查看国际股票指数行情】

目前，我们可以通过各大财经网站来查看世界主要证券市场的即时股票指数和行情。例如，进入东方财富网网站（http://www.eastmoney.com/，见图 4-2），在主页面中选择"全球股市"点击进入，即可选择查看世界各地区主要股票指数。

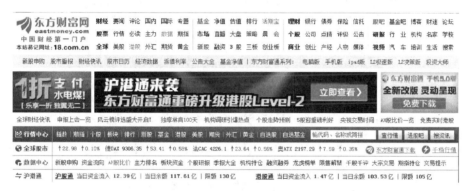

图 4-2　东方财富网网站

选择"美洲股市"，即显示美洲各主要指数（见图 4-3），然后点击具体某个指数类别如"道·琼斯指数"即查看其行情图形（见图 4-4）。

指数名称	最新价	涨跌额	涨跌幅	最高	最低	开盘	昨收	振幅	最新行情时间
道·琼斯指数	17647.75	13.01	0.07%	17675.07	17606.81	17631.85	17634.74	0.39%	11-18 05:15
标普500指数	2041.32	1.50	0.07%	2043.07	2034.46	2038.29	2039.82	0.42%	11-18 05:14
纳斯达克指数	4671.00	-17.54	-0.37%	4689.53	4655.20	4678.44	4688.54	0.73%	11-18 05:14
加拿大指数	14882.50	39.40	0.27%	14950.53	14825.86	14825.86	14843.10	0.84%	11-18 05:20
墨西哥指数	43372.01	-371.79	-0.85%	43762.13	43296.64	43759.67	43743.80	1.06%	11-15 04:59
巴西指数	51256.99	-515.41	-1.00%	52222.64	51047.00	51772.40	51772.40	2.27%	11-18 03:14

图 4-3　美洲股市行情

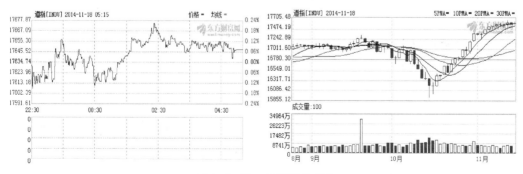

图 4-4　道·琼斯指数行情

【港股行情】

某些股票软件提供了港股行情的查看功能，如图 4-5 所示：

图 4-5   通达信行情软件的港股行情查看功能

目前很多 A 股上市公司同时在我国香港上市。在同股同价值的理念下，A 股的价格和 H 股的价格应该是一样的，但是事实上并不如此。我们可以关注两个市场价格的变化情况，发现投资机会。图 4-6 是部分 A 股和 H 股上市股票的比价。

	A股代码	A股名称		涨幅%	现价	换手%	H股代码	H股名称	H股涨幅%	H股现价	H股换手%	AH总市值	溢价(汇)	溢价率%
29	600196	复星医药		0.10	19.42	0.42	02196	复星医药	0.75	26.700	0.00	478.27亿	-1.566	-7.46
30	600332	白云山	×	-0.69	25.94	0.22	00874	白云山	-2.26	25.950	0.00	335.00亿	5.543	27.10
31	600362	江西铜业	×	-1.42	13.93	0.59	00358	江西铜业股份	-2.09	13.120	0.00	471.12亿	3.618	35.08
32	600377	宁沪高速		-1.28	6.17	0.11	00177	江苏宁沪高速公路	0.58	8.620	0.00	340.77亿	-0.605	-8.93
33	600548	深高速		-0.51	5.91	0.13	00548	深圳高速公路股份	-1.74	5.650	0.00	126.94亿	1.469	33.08
34	600585	海螺水泥		-1.70	17.33	0.40	00914	安徽海螺水泥股份	-0.60	24.700	0.00	1014.15亿	-2.084	-10.74
35	600600	青岛啤酒	×	-1.65	38.69	0.21	00168	青岛啤酒股份	0.46	54.450	0.00	625.93亿	-4.108	-9.60
36	600685	广船国际		1.87	28.40	1.76	00317	广州广船国际股份	-0.63	23.650	0.00	280.98亿	9.811	52.78
37	600688	上海石化		-0.84	3.53	0.49	00338	上海石油化工股份	-2.88	2.360	0.01	340.35亿	1.675	90.30
38	600775	南京熊猫		-0.87	11.40	0.41	00553	南京熊猫电子股份	-4.09	7.500	0.01	94.74亿	5.505	93.38

图 4-6   行情软件中 A 股和 H 股对价

活动 3：股票指数的分析

[活动目标]

掌握股票指数的分析方法。

【指数的分时图】

下面以上证综合指数为例，按 F3 或 03 进入上证综合指数。上证综合指数的样本股是全部上市股票，包括 A 股和 B 股，从总体上反映了上海证券交易所上市股票价格的变动情况。由于该指数的样本的广泛性和广大投资者的使用习惯，该指数是应用最广泛的指数。大多数投资者都根据这个指数来判断市场整体情况。

上证综合指数的分时图是每分钟的价格连线，反映当天的价格指数走势，如图 4-7 所示：

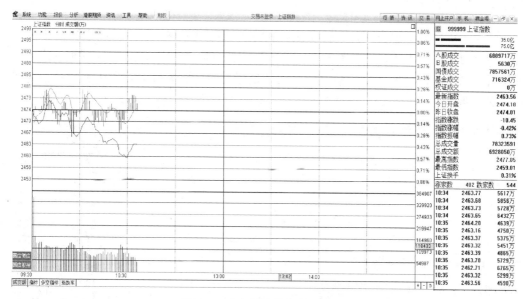

图 4-7　上证综合指数的分时图

第一，白色曲线。白色曲线表示大盘加权指数，即证券交易所常说的大盘实际指数（书中无法显示其色彩，请对照电脑中显示的相应图片，下同）。

第二，黄色曲线。黄色曲线表示大盘不含加权的指标，即不考虑股票盘子的大小，而将所有股票对指数的影响看作相同而计算出来的大盘指数，所以价格变动较大的股票对黄线的影响要大一些。

当上证指数上涨时，如白线在黄线的上方，说明大盘股的影响较大，盘子大的股票涨幅比盘子小的股票要大；反之，如黄线在白线的上方，说明小盘股的涨幅比大盘股要大。当上证指数下跌时，如黄线在白线的下方，说明大盘股的下跌幅度较小而小盘股的下跌幅度较大；反之，如白线在黄线的下方，说明大盘股的跌幅比小盘股要大。

第三，红绿柱线。在红白两条曲线附近有红绿柱状线，是反映大盘即时所有股票的买盘与卖盘在数量上的比率。红柱线的增长与缩短表示上涨买盘力量的增减，绿柱线的增长与缩短表示下跌卖盘力度的强弱。

第四，黄色柱线。黄色柱线在红白曲线图下方，表示每一分钟的成交量，单位是手。

第五，即时报价。最新指数表示当前的指数数值，还显示到目前时点的指数涨跌幅、成交量等信息。

第六，百分比表示的数轴坐标。

第七，绝对数字表示的数轴坐标。

第八，显示上涨家数和下跌家数。这个信息很重要，如果上涨家数要远远多于下跌家数，那么整个市场总体应该是上涨的，如果这时指数反而下跌，说明指数可能由于个别大盘股下跌导致。这一信息可以配合指数来判断市场的情况。

第九，即时成交显示。

【指数的 K 线分析】

仍以上证综合指数为例，上证综合指数的 K 线图可以用来反映一段时间的指数走势。根据分析周期不同，K 线图可以分为日 K 线图、周 K 线图、月 K 线图和每小时 K 线图等。通常我们分析日 K 线图，日 K 线图是每天用 1 根 K 线表示当天的行情，这些单 K 线由时间顺序从左到右排列，最右的是最近的交易日，如图 4-8 所示：

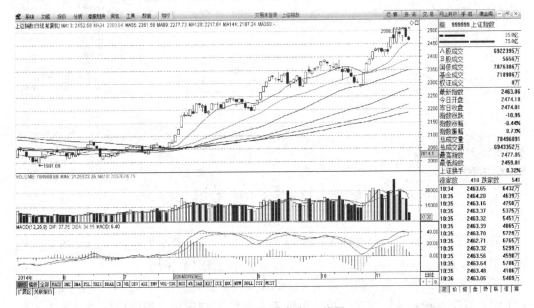

图 4-8 上证综合指数 K 线图

第一，K 线图。K 线图是由阴线和阳线组成的价格走势图。

第二，成交量。对应上面的 K 线图，表示当天的成交量，单位是手，柱子越高表示当天的交易量越大。

第三，技术指标线。可以运用多种技术指标来分析股票未来价格走势，在后面技术指标分析部分有详细介绍。

第四，价格均线。价格均线，即平均价格的连线。根据周期不同，价格均线可以分为 5 天、10 天、20 天、60 天等多条均线。

第五，当天即时价格信息。

第六，当天指数分时图。

【K 线图的操作】

"↑"键可以将 K 线图放大。

"↓"可以将 K 线图缩小。

"←"可以将 K 线图向左移动。

"→"可以将 K 线图向右移动。

十字光标移到某根 K 线，按 ENTER 键可以查看当天的分时图。

▣▷【实验任务 1】

（1）熟悉市场重要指数，并指出指数之间的区别。

（2）分析当前上证指数和深证指数的走势特征。

（3）从指数表现概括当前行情情况。

（4）完成项目实验报告。

模块二　行情排名与板块分析

▣▷ 模块介绍

掌握行情排名的基本操作，能够进行各类行情排名分析和板块分析。

活动 1：行情排名的基本操作

［活动目标］

熟悉各项排名的快捷操作。

【排名操作快捷键】

排名操作快捷键如表 4-3 所示：

表 4-3　　　　　　　　　　排名操作快捷键表

快捷键	功能
81+ENTER	沪市 A 股综合排名
82+ENTER	沪市 B 股综合排名
83+ENTER	深市 A 股综合排名
84+ENTER	深市 B 股综合排名
61+ENTER	沪市 A 股涨跌排名
62+ENTER	沪市 B 股涨跌排名
63+ENTER	深市 A 股涨跌排名
64+ENTER	深市 B 股涨跌排名
67+ENTER	沪深两市 A 股涨跌排名

活动 2：行情排名的基本操作

[活动目标]

熟悉各类行情排名并能进行分析。

【各类排名】

选择菜单"报价"，点击"栏目排名"即显示各类排名，如分类行情（不排名）、振幅排名、今日涨幅排名、今日跌幅排名等。我们可以根据需要选择当天的行情排名，如图 4-9 所示：

图 4-9　行情排名图

【涨跌幅排名】

涨跌幅排名基本查询方法如图 4-9 所示。涨幅排名即按股票的涨幅从高到低或从低到高排名，涨幅排名可以让我们知道目前的行情，从而对行情有更深入的了解（见图 4-10）。

	代码	名称	涨幅%▲	现价	涨跌	买价	卖价	总量	现量	涨速%	换手%	今开
1	600283	钱江水利	10.05	11.94	1.09	11.94	—	155975	11	0.00	5.47	11.64
2	600061	中纺投资	10.04	9.43	0.86	9.43	—	3394	1	0.00	0.08	9.43
3	603088	宁波精达	10.02	26.46	2.41	26.46	—	599	5	0.00	0.30	26.46
4	603011	合锻股份	10.02	15.92	1.45	15.92	—	3624	15	0.00	0.81	15.92
5	600635	大众公用	10.02	7.03	0.64	7.03	—	133.1万	109	0.00	8.09	6.34
6	603019	中科曙光	10.02	21.75	1.98	21.75	—	2494	10	0.00	0.33	21.75
7	603169	兰石重装	10.01	21.55	1.96	21.55	—	361720	45	0.00	36.17	20.27
8	601999	出版传媒	10.00	12.43	1.13	12.43	—	442014	50	0.00	8.02	11.40
9	601788	光大证券	10.00	14.19	1.29	14.19	—	134.6万	353	0.00	3.94	13.10
10	601377	兴业证券	10.00	9.24	0.84	9.24	—	469.8万	652	0.00	9.47	8.40
11	600999	招商证券	10.00	14.85	1.35	14.85	—	143.7万	10	0.00	3.08	13.51
12	601038	一拖股份	9.98	10.36	0.94	10.36	—	666680	45	0.00	44.45	9.68
13	600764	中电广通	9.98	10.36	0.94	10.36	—	123760	2	0.00	3.75	9.38
14	600185	格力地产	9.98	15.10	1.37	15.10	—	161544	1	0.00	2.80	13.68
15	600325	华发股份	9.97	10.59	0.96	10.98	10.59	790390	314	0.85	9.67	9.65
16	600415	小商品城	9.95	8.40	0.76	8.40	—	101.0万	58	0.00	3.71	7.60
17	601137	博威合金	9.29	23.17	1.97	23.19	23.20	104370	105	0.47	4.85	21.10
18	601555	东吴证券	9.08	15.26	1.27	15.25	15.27	128.4万	65	-0.06	10.51	13.92
19	600399	抚顺特钢	8.66	20.95	1.67	20.94	20.95	143623	21	-0.14	3.18	19.29
20	600825	新华传媒	8.53	13.61	1.07	13.59	13.60	869077	430	-0.07	8.32	12.61
21	600837	海通证券	8.24	12.61	0.96	12.61	12.62	410.3万	187	-0.15	5.07	11.65
22	600987	航民股份	8.21	9.23	0.70	9.23	9.23	348083	26	0.43	5.48	8.60
23	600162	香江控股	7.54	6.70	0.47	6.69	6.70	511206	151	0.00	6.66	6.21
24	600739	辽宁成大	7.23	17.80	1.20	17.79	17.80	129.3万	131	-1.11	9.47	16.56
25	600386	北巴传媒	7.10	12.50	0.83	12.52	12.53	200435	3	0.07	4.97	11.72
26	600088	中视传媒	6.68	22.21	1.39	22.22	22.23	140967	157	0.09	4.25	20.97
27	600030	中信证券	6.64	15.57	0.97	15.58	503.2万		150	-0.32	5.13	14.64
28	600266	北京城建	6.59	12.61	0.78	12.63	12.65	507527	197	0.39	4.76	11.82

图 4-10　上证 A 股涨幅排名

如果我们想知道某个行业如金融行业今天哪些公司涨得好，我们可以通过软件下面的"常规"栏目调出需要查看的行业，再点击"报价"菜单中股票分析中的"今日涨幅排名"，即可查看金融行业今天的所有股票的涨幅排名（见图4-11）。

	代码	名称	涨幅%	现价	涨跌	买价	卖价	总量	现量	涨速%	换手%	今开	最高	最低
1	000712	锦龙股份	×10.00	24.19	2.20	24.19	—	268636	2344	0.00	6.00	22.08	24.19	21.91
2	601788	光大证券	×10.00	14.19	1.29	14.19	—	134.6万	353	0.00	3.94	13.10	14.19	13.00
3	601377	兴业证券	×10.00	9.24	0.84	9.24	—	469.8万	652	0.00	9.47	8.40	9.24	8.27
4	600999	招商证券	×10.00	14.85	1.35	14.85	—	143.7万	10	0.00	3.08	13.51	14.85	13.41
5	601555	东吴证券	×9.08	15.26	1.27	15.25	15.27	128.4万	65	-0.06	10.51	13.92	15.39	13.73
6	600837	海通证券	×8.24	12.61	0.96	12.61	12.62	410.3万	187	-0.15	5.07	11.65	12.76	11.57
7	000686	东北证券	×7.99	12.97	0.96	12.97	12.98	128.4万	30944	-0.23	7.60	11.96	13.18	11.91
8	000728	国元证券	×7.89	20.24	1.48	20.23	20.24	967820	8188	-0.54	4.93	18.69	20.58	18.47
9	002673	西部证券	×7.42	18.68	1.29	18.68	18.69	450400	4868	-0.26	6.55	17.38	18.88	17.10
10	000783	长江证券	×7.25	8.43	0.57	8.42	8.43	312.7万	27958	0.00	6.59	7.85	8.48	7.82
11	002500	山西证券	×6.78	9.77	0.62	9.76	9.77	850128	6956	-0.40	3.54	9.13	9.95	9.08
12	600030	中信证券	×6.64	15.57	0.97	15.57	15.58	503.2万	150	-0.32	5.13	14.64	15.68	14.47
13	601099	太平洋	×6.54	8.14	0.50	8.12	8.13	244.2万	153	0.00	9.84	7.65	8.20	7.58
14	601336	新华保险	×6.45	31.67	1.92	31.63	31.64	322338	11	-1.00	2.93	29.57	32.13	29.19
15	600643	爱建股份	×6.37	13.70	0.82	13.68	13.69	768278	173	-0.21	9.39	12.70	13.85	12.62
16	601901	方正证券	×6.33	7.39	0.44	7.38	7.39	336.0万	1557	-0.26	5.51	6.95	7.47	6.90
17	600109	国金证券	×6.00	15.19	0.86	15.18	15.19	154.6万	10	0.26	5.97	14.29	15.30	14.07
18	000562	宏源证券	×5.48	15.77	0.82	15.77	15.78	130.4万	20403	0.06	3.71	14.95	15.95	14.86
19	000750	国海证券	×5.19	11.30	0.56	11.36	11.37	128.3万	17225	-0.17	6.36	10.79	11.46	10.71
20	601009	南京银行	×4.48	11.19	0.48	11.21	11.21	120.7万	50	-0.26	4.06	10.69	11.27	10.50
21		香溢融通	×4.39	10.71	0.45	10.72	10.73	359489	68	0.28	7.91	10.29	10.85	10.29
22	000563	陕国投A	×3.83	9.21	0.34	9.20	9.21	499694	11007	0.54	6.64	8.84	9.25	8.73
23	601628	中国人寿	×3.30	17.22	0.55	17.18	17.19	507013	21	-0.34	0.24	16.61	17.40	16.49
24	601601	中国太保	×3.03	21.09	0.62	21.09	21.10	497317	13	-0.28	0.79	20.48	21.17	20.16
25	002142	宁波银行	×3.01	11.30	0.33	11.30	11.31	431065	3126	0.00	1.50	10.98	11.33	10.85
26	600816	安信信托	×2.79	27.64	0.75	27.64	27.66	258882	68	0.10	5.70	26.75	27.67	26.50
27	601318	中国平安	×2.49	43.98	1.07	44.05	44.06	910045	332	0.06	1.90	42.80	44.21	42.40

金融(全) 银行业 保险业 证券期货业 金融信托业 基金业 其他金融业

证监会▲ 农业 采掘 食品 纺织 家具 造纸印刷 石化 电子 金属非金属 机械 医药 公用 建筑 交通 IT产业 商贸 金融 地产 服务 文化 综合

图4-11　金融行业涨幅排名

【综合排名】

综合排名基本查询方法如下：

按85可查看沪债的综合排名。

按86可查看深债的综合排名。

按89可查看中小企业板的综合排名。

按87可查看沪、深两市A股的综合排名（见图4-12）。

以沪、深A股的综合排名为例，综合排名主要显示沪、深A股股票当前行情的今日涨跌幅排名、今日振幅排名、5分钟涨跌幅排名、今日委比排名和今日总金额排名等。

用户通过今日涨跌幅排名，可以了解哪些股票有较好或较差的表现。

用户通过今日振幅排名，可以了解哪些股票的波动幅度较大，可引起注意。

用户通过5分钟涨跌幅排名，可以了解当前时间哪些股票有较大的波动，可引起注意。

用户通过今日委比排名，委比越大的说明买入委托数量要大于卖出委托数量，有利于股票的上涨，反之则不利于上涨。

用户通过今日总金额排名，可以了解哪些股票的交易金额较大，这些股票往往是热门的交易股票，可重点关注。

综合排名

综合排名 —— 沪、深A股

今日涨幅排名			5分钟涨速排名			今日委比前排名		
海亮股份	6.99	10.08	涪陵榨菜	29.50	3.76	兰石重装	21.55	100.00
钱江水利	11.94	10.05	中化岩土	13.36	3.33	宁波精达	26.46	100.00
中纺投资	9.43	10.04	新亚制程	18.17	3.12	中科曙光	21.75	100.00
深桑达A	12.83	10.03	荣丰控股	14.25	2.37	合锻股份	15.92	100.00
佳创视讯	11.74	10.03	云南盐化	20.93	2.25	出版传媒	12.43	100.00
宁波精达	26.46	10.02	华斯股份	15.99	2.04	光大证券	14.19	100.00
今日跌幅排名			5分钟跌速排名			今日委比后排名		
宝馨科技	14.60	-6.11	搜于特	15.50	-1.27	上汽集团	19.29	-95.58
欧比特	24.00	-4.42	新乡化纤	4.40	-1.12	华西能源	18.75	-93.83
萃华珠宝	45.08	-4.25	辽宁成大	17.80	-1.11	新亚制程	18.17	-93.11
飞乐股份	11.08	-3.99	华远地产	3.84	-1.03	鑫富药业	27.98	-92.88
狮头股份	8.94	-3.97	欧比特	24.00	-1.03	海默科技	29.18	-92.32
科隆精化	62.53	-3.95	新华保险	31.67	-1.00	荣丰控股	14.25	-92.29
今日量比排名			今日振幅排名			今日总金额排名		
深桑达A	12.83	17.30	北大医药	17.99	14.21	中信证券	15.57	76.2亿
九强生物	94.75	9.61	博威合金	23.17	12.22	海通证券	12.61	50.2亿
一拖股份	10.36	5.72	节能风电	13.14	12.15	兴业证券	9.24	41.2亿
汇冠股份	31.74	5.65	东吴证券	15.26	11.87	中国平安	43.98	39.4亿
奋达科技	30.90	5.60	沙钢股份	5.62	11.74	长江证券	8.43	25.7亿
风华高科	8.15	5.03	天龙集团	19.03	11.72	方正证券	7.39	24.2亿

图 4-12 沪、深 A 股综合排名

活动 3：板块分析

［活动目标］

熟悉板块在行情分析中的应用。

【板块分析】

股票市场的板块是指某类具有同类性质的股票集合，按照集合性质的不同，可以有很多板块的分类。比如按照行业分类，有金融板块、机械制造板块等；按照地域分类，有浙江板块、湖北板块等；按照股本大小分类，有大盘股、小盘股等；按照业绩分类，有绩优股、绩差股等；按照题材分类，有并购重组板块、循环经济板块等。

板块分析是依据股票二级市场情况的变化，对众多具有某种共同特征的个股进行归总，分析其共同的特点，并探讨其成为近期市场热点的可能性，从而确定是否进行投资。板块分析对于投资者及时把握市场热点具有实用价值，在不同的行情波段中，介入代表市场主流的强势板块对于二级市场获利具有重要意义。但是市场在同一阶段值得讨论的板块往往很多，某一板块能否成为市场热点有待具体分析，而且强势板块中的个股在行情启动初期往往联动性较好，可最后成为“黑马”的只是少数。因此，投资者在认清主流板块的同时，个股的选择就更为关键。由于对市场热点的分析方法多种多样，分析角度也各有差异，因此市场上的板块也非常多，投资者可以根据自己的投资需要，选择或发现具有投资价值的板块。

热门板块分析如图 4-13 所示。

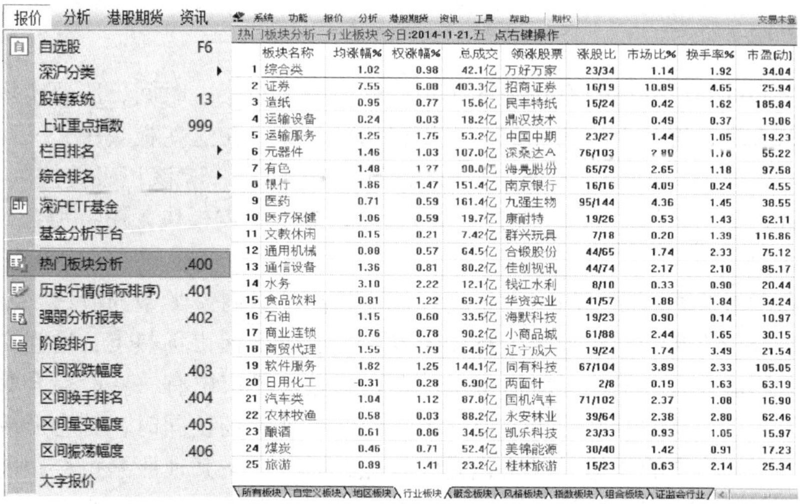

图 4-13 板块查询

【行业板块】

所谓行业板块，就是以行业作为标准进行归类的板块，如钢铁板块、通信板块、生物医药板块、高科技板块等。不同时期行业发展的状况会有所不同，国家的产业政策也会有所调整，二级市场在不同阶段也相应形成不同的行业板块热点。

【区域板块】

区域板块以上市公司所处的不同区域进行区分，并将处于同一区域的上市公司进行归总。例如，深圳本地股板块、上海浦东板块、山东板块、西部概念板块等。区域板块的形成是由于各地区经济发展状况不一样，政府部门对上市公司的态度及具体政策有差别，以及有时市场主力刻意营造等原因。因此，在一定时期某一地区上市公司的走势会显示出很强的联动性。最明显的例子莫过于在西部开发的国家战略决策下出现的"西部概念"板块。

【业绩板块】

区分业绩板块的标准是业绩的高低，如绩优股板块、垃圾股板块、ST 板块等。以业绩划分板块是非常重要的划分方法，无论怎样的市场热点，最终总要体现在上市公司的经营业绩上。推崇业绩是市场理性投资的出发点。业绩不断增长的个股理应受到追捧，这是选股的基本思路。因此，投资者应尽量购买绩优板块的股票，以确保投资风险小、收益大。

【题材板块】

题材板块通常特指由于某些突发事件或特有现象而使部分个股具有一些共同特征，如资产重组板块、灾后重建板块、反倾销板块、世界贸易组织板块等。市场要炒作就必须以各种题材做支撑，这已成了市场的规律。

【板块联动】

板块之间的股票往往会有较强的正关联性，导致在某一时间，股票市场某些板块有较突出的表现，这些板块往往成为人们追捧的对象。在这些板块中，又往往有领涨的股票，这些就是所谓的龙头股，是市场行情的风向标，应该积极关注。在软件中，我们可以选择"报价"，点击"热门板块分析"，显示各类板块，还特别会显示该板块中的领涨股票。

板块联动形成我国股市的一大景观。板块联动是指同一类型的股票常常同涨同跌的现象。掌握板块联动操作技巧，有助于发现并及时把握市场热点，增强交易的盈利性；有助于回避因板块整体下跌而带来的个股风险。股市中有一些股票会共同具备某种具有重大经济内涵的特殊性质，当这种共同性质被市场认同时，就会形成股市中的板块结构。当板块中的一两只股票领先大幅涨跌时，同类其他股票也会跟随涨跌。利用板块的这种联动效应，在某种股票成为大众追涨的对象时，及时购入联动性较好的同板块股票，是获取短线收入的一种重要方法。

板块联动是股票市场的独特现象，有着复杂的市场背景和技术背景，主要表现在以下几个方面：

第一，当国家的产业政策发生变化时，与此相关的产业将会因政策性的得失而发生市场波动。例如，国家对纺织业进行政策扶持，该行业板块的股票价格将因政策性利好上扬。但是这种上扬对各股的利好影响是不同的，表现在各只股票所持续的时间和力度有较大的差异性。有些股票仅仅昙花一现，而有些股票却能有一波上攻行情。反之，当遇政策性利空时，与此相关的板块将下跌。

突发性刺激的板块波动应采用短线操作，因为该波动持续时间较短；长期性刺激的板块波动应采用中线操作，因为该波动持续时间较长。在该板块启动之初，该板块各只股票的同步性最强，操作的安全性和盈利性较高；启动的时间越久，随着板块内各只股票的分化，操作的难度和风险加大。

第二，当某只股票基本面发生重大变化，领涨或领跌大盘时，该股所属的板块也将联动下跌或上涨，其中参与联动的有些股票鱼目混珠，只有极短暂的联动，便销声匿迹了。

最先启动行情的股票往往是该板块的领涨股票，对其操作的安全性和盈利性最好。当一个板块整体走强，往往会出现多只板块强势股，轮番领涨板块，应对这几只板块强势股予以重点关注。当出现领涨股票与板块走势相背离时，可初步判断该股是独立行情，与所属板块无关，应放弃对其所属板块相关个股的操作。

第三，板块联动心理造成板块联动，这就是板块的助涨助跌功能。板块联动的概念在股市中已深为投资者所熟悉和认同，当某只股票领涨大盘时，投资者相信该股相关板块也会联动上涨，于是纷纷杀入该板块，造成整个板块的整体上扬。当某只股票领跌大盘时，投资者相信与该股相关的板块也会联动下跌，于是纷纷抛售，造成该板块的整体下跌。

第四，板块联动具有延续性，一旦某板块行情起动，该板块所有个股将朝着行情方向持续运动，表现为当某板块起动上涨行情时，该板块各股将延续一段时间的上涨行情；当某板块起动下跌行情时，该板块将延续一段时间的下跌行情。

通常具有延续性的板块联动受基本面长期刺激，而基本面突发性刺激的板块联动不具有延续性的特点。延续性的板块联动应以中线策略进行个别股票操作，当延续性的板块形成阶段性反转时，该板块内的各只股票将整体反转，不可对其中的个别股票进行与板块趋势相悖的反向操作。

▷【实验任务 2】

（1）分析当前市场的综合排名，说明当天行情的特点。

（2）分析排名情况，说明当前哪些板块为热点板块，哪些板块为冷门板块。

（3）完成项目实验报告。

模块三 个股分析

▷模块介绍

熟悉个股的基本操作，能够根据个股分时图把握买卖时机，能够进行个股 K 线图的分析和个股资料查看。

活动 1：个股分析的基本操作

［活动目标］

熟悉个股分析的基本操作，如快捷键的应用。

【查看分时走势图】

方法一：在分析菜单中选中"分时走势图"（见图 4-14）。

方法二：在报价菜单中选定股票双击（见图 4-15）。

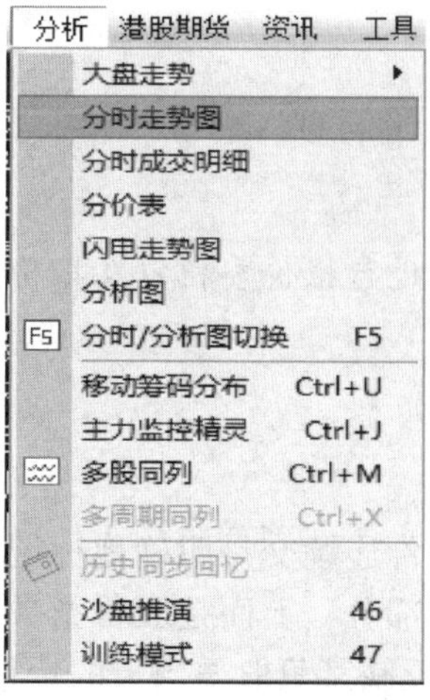

图 4-14 用分析功能查看分时走势图

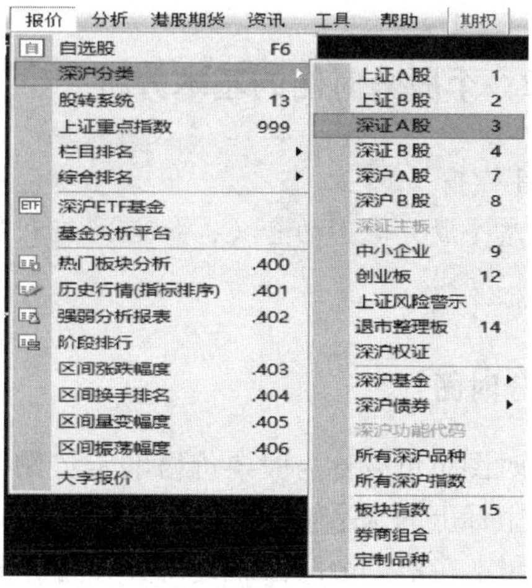

图 4-15 用报价功能查看分时走势图

方法三：直接输入股票代码或拼音简称或股票名称拼音的首个字母，按回车键（见图4-16）。

图4-16　输入股票代码或股票名称拼音查看分时走势图

【快捷键键盘功能】

软件中都会设定一些快捷键，方便投资者分析使用，如表4-4所示：

表4-4　　　　　　　　　　　　主要快捷键及功能

快捷键	功能
F0 或 01	切换到股票的成交明细表
F2 或 02	切换到股票的分价表
F3 或 03	切换到上证领先指标
F4 或 04	切换到深证领先指标
F5 或 05	个股分时走势图与K线图之间的切换
F10 或 10	切换到股票的基本面资料

活动2：个股分时图的基本分析

［活动目标］

熟悉个股分时图的含义，知道如何利用个股分时图进行报价委托以及报价时机的选择。

【个股分时图】

分时图也可以称为股票价格的走势图，它可以把股价连续交易明确地标记在坐标图上。坐标上的水平轴是股价开市的时间；纵轴分两个部分，上面是股价指数，下面是成交量。个股的分时图就是每分钟的价格连线，用来反映某只股票当天的价格走势，如图4-17所示。

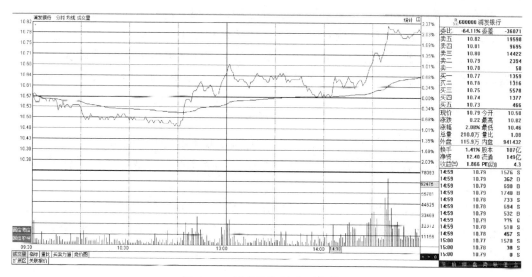

图 4-17　浦发银行的分时走势图

白线表示每分钟成交价格的连线。

黄线表示每分钟均价的连线。均价是从交易当天的开盘到正交易时刻的那一分钟末，成交总金额除以成交总股数得一个平均价。

每一根柱线表示每分钟的成交量。

委托盘显示，买一到买五按价格从高到低排序，右边黄色数字表示对应报价买入数量，单位为手，一手为 100 股，买一表示当前的最高买入股价。卖一到卖五按价格从低到高排序，右边黄色数字表示对应报价的卖出数量，单位为手，卖一表示当前的最低的卖出报价。

盘中即时交易信息，如目前的成交价格、涨跌幅、内盘外盘等。

即时成交信息显示最近几笔成交的价格和成交量。其中，标有 B 的表示是主动性买盘，成交量计算到外盘中；标有 S 的为主动性卖盘，成交量计算到内盘中。

【委比委差】

委比指某品种当日买卖量差额和总额的比值，是衡量某　时段买卖盘相对强度的指标（见图 4-18）。

委比=（委买手数-委卖手数）÷（委买手数+委卖手数）×100%

委买手数，即现在所有个股委托买入下三档的总数量。

委卖手数，即现在所有个股委托卖出上三档的总数量。

委比值的变化范围为-100%～100%，当委比值为-100%时，表示只有卖盘而没有买盘，说明市场的抛盘非常大；当委比值为100%时，表示只有买盘而没有卖盘，说明市场的买盘非常有力。当委比值为正值且委比数大，说明市场买盘强劲；当委比值为负值且负值大，说明市场抛盘较强。委比值从-100%～100%，说明买盘逐渐增强，卖盘逐渐减弱的一个过程；相反，委比值从100%～-100%，说明买盘逐渐减弱，卖盘逐渐增强的一个过程。

委差是指某品种当前买量之和减去卖量之和，反映买卖双方的力量对比。正数为买方较强，负数为抛压较重（见图4-18）。从某种程度上讲，委差是投资者意愿的体现，一定程度上反映了价格的发展方向。委差为正，价格上升的可能性就大，表明买盘踊跃，大盘上升的可能性大；反之，说明卖盘较多，下降的可能性大。

【内盘与外盘】

内盘是以买入价格成交的数量，即卖方主动以低于或等于当前买一、买二、买三等价格下单卖出股票时成交的数量，用绿色显示。内盘的多少显示了空方急于卖出的能量大小。

外盘是以卖出价格成交的数量，即买方主动以高于或等于当前卖一、卖二、卖三等价格下单买入股票时成交的数量，用红色显示。外盘的多少显示了多方急于买入的能量大小（见图4-18）。

R 300	600000 浦发银行	
委比	-64.11% 委差	-36071
卖五	10.82	19598
卖四	10.81	9695
卖三	10.80	14422
卖二	10.79	2394
卖一	10.78	58
买一	10.77	1359
买二	10.76	1316
买三	10.75	5578
买四	10.74	1377
买五	10.73	466
现价	10.79 今开	10.58
涨跌	0.22 最高	10.82
涨幅	2.08% 最低	10.46
总量	210.0万 量比	1.08
外盘	115.9万 内盘	941432

图 4-18　浦发银行的委比委差

内盘、外盘这两个数据大体可以用来判断买卖力量的强弱。若外盘数量大于内盘数量，表现买方力量较强；若内盘数量大于外盘数量，说明卖方力量较强。通过外盘、内盘数量的大小和比例，投资者通常可能发现主动性的买盘多还是主动性的抛盘多，并在很多时候可以发现庄家动向，是一个较有效的短线指标。但是投资者在使用外盘和内盘时，要注意结合股价在低位、中位和高位的成交情况及该股的总成交量情况。因为外盘、内盘的数量并不是在所有时间都有效，在许多时候外盘大，股价并不一定上涨；内盘大，股价也并不一定下跌。庄家可以利用外盘、内盘的数量来进行欺骗。在大量的实践中，我们发现如下情况：

第一，在股价经过了较长时间的数浪下跌，股价处于较低价位，成交量极度萎缩。此后，成交量温和放量，当日外盘数量增加，大于内盘数量，股价将可能上涨，此种情况较可靠。

第二，在股价经过了较长时间的数浪上涨，股价处于较高价位，成交量巨大，并不能再继续增加，当日内盘数量放大，大于外盘数量，股价将可能下跌。

第三，在股价阴跌过程中，时常会出现外盘大、内盘小的情况，此种情况并不表明股价一定会上涨，因为有些时候庄家用几笔抛单将股价打至较低位置，然后在卖一、卖二挂卖单，并自己买自己的卖单，造成股价暂时横盘或小幅上升。此时的外盘将明显大于内盘，使投资者认为庄家在吃货，而纷纷买入，结果次日股价继续下跌。

第四，在股价上涨过程中，时常会发现内盘大、外盘小的情况，此种情况并不表明股价一定会下跌，因为有些时候庄家用几笔买单将股价拉至一个相对的高位，然后在股价小跌后，在买一、买二挂买单，一些投资者认为股价会下跌，纷纷以叫买价卖出股票，而庄家分步挂单，将抛单通通接走。这种先拉高后低位挂买单的手法，常会显示内盘大、外盘小，达到欺骗投资者的目的，待接足筹码后迅速继续推高股价。

第五，股价已上涨了较大的涨幅，如某日外盘大量增加，但是股价却不涨，投资者要警惕庄家制造准备出货的假象。

第六，当股价已下跌了较大的幅度，如某日内盘大量增加，但是股价却不跌，投资者要警惕庄家制造假打压真吃货的假象。

【换手率】

换手率又叫周转率，是反映个股的交易状况是否活跃、衡量买卖盘流通程度的一个重要指标。换手率通常以某股的交易股数与总股本的百分比来表示。换手率的数值越大，不仅说明交易越活跃，还表明交易者之间换手的程度越充分。换手率在市场中是很重要的买卖参考指标。例如，某股票的总股本是 1 000 万股，在成交股数累积也达到 1 000 万股时，我们就说该股票的换手率是 100%，也就是说理论上该股的所有股票都被买（卖）了一遍。换手率越大，个股的动力也就越足。因此，换手率高的个股，其股价的活跃程度也高；反之，则是"冷门股"。我们在沪、深股市中常常可以见到一些被称为"死亡板块"的个股，停滞在某一价位上长期不动，一天成交只有寥寥不足 10 余万股甚至不足几万股，就属于这种情况。

股票的换手率越高，意味着该只股票的交易越活跃，人们购买该只股票的意愿越高，属于热门股；反之，股票的换手率越低，则表明该只股票关注的人越少，属于冷门股。

换手率高一般意味着股票流通性好，进出市场比较容易，不会出现想买买不到、想卖卖不出的现象，具有较强的变现能力。然而值得注意的是，换手率较高的股票，往往也是短线资金追逐的对象，投机性较强，股价起伏较大，风险也相对较大。

将换手率与股价走势相结合，可以对未来的股价做出一定的预测和判断。某只股票的换手率突然上升，成交量放大，可能意味着有投资者在大量买进，股价可能会随之上扬。如果某只股票持续上涨了一个时期后，换手率又迅速上升，则可能意味着一些获利者要套现，股价可能会下跌。

相对高位成交量突然放大，主力派发的意愿是很明显的，然而在高位放出量来也不是容易的事，一般伴随一些利好出台时才会放出成交量，主力才能顺利完成派发。这种例子是很多的。

新股上市之初换手率高是件很自然的事，一度也曾上演过"新股不败"的神话。然而随着市场的变化，新股上市后高开低走成为现实，显然已不能得出换手率高就一定能上涨的结论，但是换手率高是支持股价上涨的一个重要因素。

底部放量的股票，其换手率高，表明新资金介入的迹象较为明显，未来的上涨空间相对较大，越是底部换手充分，上行中的抛压越轻。此外，目前市场的特点是局部反弹行情，换手率高有望成为强势股，强势股就代表了市场的热点，因此有必要对其加以重点关注。

活动3：个股K线分析

[活动目标]

熟悉个股K线图的含义及运用。

【个股K线图】

如图4-19所示，个股的K线图和大盘的K线图类似，主要图形界面有K线、均线、成交量、技术指标图形、即时成交显示等。个股的K线图是反映股票中长期走势的价格图形，而股票即时图是当天股票价格的趋势反映，两者可以用F5来切换。我们可以K线图来判断股票未来的价格走势，主要利用技术指标分析、图形形态分析等技术，详见项目六证券投资技术分析。

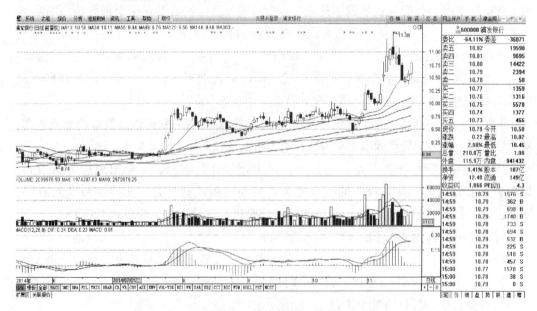

图4-19　浦发银行K线图

活动 4：个股基本资料查询

［活动目标］

熟悉个股基本面资料的查询与简单分析。

【个股基本资料查询】

利用软件的功能，按 F10 查看股票的基本资料，这些基本资料是我们了解股票的便捷途径。我们买入一只股票前，一定要了解该股票的基本情况，比如这个公司是做什么业务的、历年来业绩如何、发展前景如何、股本结构如何、财务情况好不好等，所以查看基本资料很重要（见图 4-20）。

系统　功能　报价　分析　港股期货　资讯　工具　帮助	期权	交易未登录　浦发银行
	最新提示　公司概况　财务分析　股东研究	股本结构　风险因素　公司报道　行业分析
	公司大事　港澳特色　经营分析　主力追踪	分红扩股　高层治理　业内点评　关联个股

☆财务分析☆ ◇000000 浦发银行 更新日期：2014-11-12◇ 港澳资讯 灵通v6.0
★本栏包括【1.财务指标】【2.报表摘要】【3.环比分析】★

【1.财务指标】
【主要财务指标】

财务指标	2014-09-30	2013-12-31	2012-12-31	2011-12-31
审计意见	未经审计	标准无保留意见	标准无保留意见	标准无保留意见
净利润(万元)	3479900.00	4092200.00	3418600.00	2728600.00
净利润增长率(%)	16.7047	19.7040	25.2877	42.2835
加权净资产收益率(%)	15.9200	21.5300	20.9500	20.0700
资产负债比率(%)	94.0733	94.3690	94.2888	94.4298
净利润现金含量(%)	143.8806	753.6435	270.8068	695.5142
基本每股收益(元)	1.8660	2.1940	1.8330	1.4630
每股收益-扣除(元)	1.8520	2.1660	1.8090	1.4500
每股收益-摊薄(元)	1.8656	2.1938	1.8327	1.4628
每股资本公积金(元)	3.2508	3.2508	3.1930	3.1921
每股未分配利润(元)	3.5429	3.3794	2.6261	1.6184
每股净资产(元)	12.4020	10.9570	9.5160	7.9819
每股经营现金流量(元)	2.6840	16.5340	4.9630	10.1739
经营活动现金净流量增长率(%)	-81.6215	233.1310	-51.2177	3546.1(P)

图 4-20　浦发银行的个股资料财务分析

▭➡【实验任务 3】

（1）以某只股票为例，分析其分时图走势，并说明买卖时机。

（2）分析个股当前 K 线图的走势特征。

（3）查看个股的基本资料，列举重要的信息。

（4）完成项目实验报告。

项目五　证券投资基本面分析

证券投资基本面分析是通过对影响证券市场基本经济因素的分析来观测经济变量的变化对证券市场的影响。投资者根据经济学、统计学、金融学、投资学等学科的基本原理对影响证券价值和价格的各种因素进行分析。本项目主要从宏观分析、行业分析和公司分析三方面着手，以评估证券的投资价值，判断证券的合理价位。

⇨ 项目目标

（1）掌握证券投资宏观分析的基本方法，能对相关证券品种进行宏观分析操作。

（2）掌握证券投资中观分析的基本方法，能对相关证券品种进行中观分析操作。

（3）掌握证券投资微观分析的基本方法，能对相关证券品种进行微观分析操作。

模块一　证券投资宏观分析

⇨ 模块介绍

掌握宏观经济分析的各种基本变量，分析它们的变动对证券投资的影响。

活动 1：经济运行基本变量分析

[活动目标]

了解国内生产总值、国民收入、经济周期、失业率、通货膨胀、通货紧缩等主要宏观经济变量，能根据它们的变动对证券投资做出相应的判断。

【国内生产总值】

国内生产总值（GDP）是在一国领土范围内本国和外国居民在一定时期内所生产的、以市场价格表示的产品和劳务的总和。GDP 增长率通常被用来衡量一个国家的经济增长速度，也称为经济增长率，是反映一定时期一国经济发展水平变化程度的动态指标，也是反映一个国家经济是否具有活力的基本指标。

GDP 的变动与股票市场的变动联系密切，并且股票市场的变化早于 GDP 的变化。

当 GDP 持续稳定增长时，总需求与总供给的协调和经济结构的合理使上市公司利润增加、业绩较好、分红增加、生产规模进一步扩大，从而使上市公司的股票或债券升值，促使人们普遍看好上市公司，对价格上升产生预期，于是证券投资的供求也发生变化，需求大于供给，促使证券价格上升。同时，随着 GDP 的持续增长，国民收入和个人收入不断得到提高，收入增加以及人们对经济形势形成良好的预期刺激投资积极性提高，使得股票投资的需求增加，从而促使股票价格上涨；反之则下降。因此，当投资者预期宏观经济转好时，会大量购买股票，推高股票指数；当投资者预期宏观经济面临衰退时，会大量抛售股票，导致股票指数下跌。如图 5-1 所示，我们可以看出 2007 年全球金融危机前后上证指数的走势，2005—2008 年期间是我国经济高速增长时期，GDP增长速度曾经达到 11.4%，从 2008 年经济开始回落，GDP 运行速度持续下滑，对应的上证指数也出现了从 2005 年年末一直到 2007 年年末的持续上行，从 2008 年开始上证指数开始回落，进入下降通道。

图 5-1　2007 年全球金融危机前后上证指数走势图（2005—2014 年）

【国民收入】

国民收入水平和国民收入分配结构及其变动对证券市场有较大的影响。当人均国民收入水平上升时，说明宏观经济运行情况良好，证券市场的前景被看好；当国民收入分配向企业和个人倾斜时，说明企业的投资能力、居民的投资与消费能力都将提高，这将促进经济的进一步增长，有利于上市公司的发展，增加证券市场的资金供给。当人均国民收入水平下降或者企业和居民个人的国民收入分配比重降低时，效果则相反。

【经济周期】

经济运行状态从来就不是静止不动的，会依次经历复苏、繁荣、衰退、萧条四个阶段，接下来又是经济重新复苏，进入一个新的经济周期。股票市场综合了人们对于经济形势的预期，这种预期必然反映到投资者的投资行为中，从而影响股票市场的价格。股价反映的是对经济形势的预期，其表现领先于经济的实际表现。

经济周期表现为扩张与收缩的交替出现，扩张至高峰期表现为经济繁荣，收缩至低谷期表现为经济萧条。在萧条期，证券市场的交易量缩小；当萧条接近尾声时，证券价格缓缓上升；当经济日渐复苏时，证券价格已升至一定水平。在繁荣期，证券交易量扩大，证券价格在顶端波动；当繁荣接近尾声时，有远见的投资者已卖出证券；当越来越多的投资者感到繁荣即将结束时，证券价格已进入下降通道。

【失业率】

证券市场的投资不论是机构投资还是个体投资，都是社会大众化的投资。就业状况的好坏不仅反映了经济状况，而且对证券市场资金供给的增减变化有密切关系。在经济增长初期，人们的就业收入用于支付个人消费，之后人们手中积累了一定的多余货币而投资于证券，随之证券市场发达兴旺。在经济繁荣期，就业率高，收入普遍增长，证券市场资金不断流入推高股价，而投资者因财富效应增加消费信贷，银行业甘愿承担授信品质低的信贷风险。当一些有远见的获利者抛售股票离场时，证券指数下跌，大多数人会补仓推动股价上扬，但后续资金乏力，证券指数终究跌落下来。随着投资者损失加重，消费投资减少，就业机会下降，经济危机爆发，人们斩仓出逃。接着持续的经济衰退，失业率上升，证券市值大幅下降，证券指数运行在一个长期的下跌趋势中。

【通货膨胀】

通货膨胀早期，表现为温和的、慢速的、需求拉上的状态，人们有货币幻觉，企业家因涨价、盈利增加而追加投资，就业率随之提高，收入随之增长，消费者投资于证券市场的资金增加。通货膨胀中期表现为结构性为主的混合需求拉动和成本推进的状态，一些部门的产品价格经过结构性投资变动价格上涨快，影响到证券品种之间价格发生结构性调整。在严重的通货膨胀下，货币大幅贬值，人们相应地抽取证券市场上的资金，购置房产等保值商品。投资收益下降，经济衰退，资金离场，证券价格进一步下跌，因此长期通货膨胀时期经济衰退，证券价格下跌，从而抵消了早期通货膨胀对证券投资的积极效应。

【通货紧缩】

通货紧缩是物价水平普遍持续下降的经济现象。物价水平下跌提高了货币购买力，但商品销售减少，企业收入减少，投资也减少。通货紧缩初期，由于货币购买力提高，消费投资会有所增加，证券市场的兴旺是短暂的，随着就业机会的减少，公众预期收入减少，消费投资低迷，从而使证券市场也陷入低迷。

相关阅读：　　　　　　　　　**如何获取权威的宏观经济数据？**

　　目前，国家统计局作为官方机构，负责组织实施农林牧渔业、工业、建筑业、批发和零售业、住宿和餐饮业、房地产业等各行业的统计调查，收集、汇总、整理和提供有关调查的统计数据，综合整理和提供地质勘查、旅游、交通运输、邮政、教育、卫生、社会保障、公用事业等全国性基本统计数据。国家统计局负责组织实施能源、投资、消费、价格、收入、科技、人口、劳动力、社会发展基本情况和环境基本状况等统计调查，收集、汇总、整理和提供有关调查的统计数据，综合整理和提供资源、房屋、对外贸易、对外经济等全国性基本统计数据。组织各地区、各部门的经济、社会、科技和资源环境统计调查，统一核定、管理、公布全国性基本统计资料，并且定期发布全国国民经济和社会发展情况的统计信息。

　　我们可以进入国家统计局官方主页（http://www.stats.gov.cn/），在"统计数据"栏目中根据需要查询相关宏观经济数据。

活动2：经济政策分析

[活动目标]

　　根据货币政策、财政政策的相关内容，能对证券投资做出相应判断。

【货币政策】

　　货币政策工具又称货币政策手段，是指中央银行通过调控中介指标，为实现货币政策目标所采用的政策手段。货币政策工具可分为一般性政策工具和选择性政策工具，具体有以下几种：

　　1. 存贷款基准利率

　　基准利率是金融市场上具有普遍参照作用的利率。在我国，利率分为三种：一是中国人民银行对商业银行及其他金融机构的存贷款利率，即基准利率；二是商业银行对企业和个人的存贷款利率；二是金融同业拆借市场利率。其中，基准利率是核心，在整个金融市场和利率体系中处于关键地位，其变化决定了其他各种利率的变化。

相关阅读：　　　　　**央行决定下调存贷款基准利率0.25个百分点**

　　中国人民银行决定，自2015年3月1日起下调金融机构人民币贷款和存款基准利率。金融机构一年期贷款基准利率下调0.25个百分点至5.35%；一年期存款基准利率下调0.25个百分点至2.5%，同时结合推进利率市场化改革，将金融机构存款利率浮动区间的上限由存款基准利率的1.2倍调整为1.3倍；其他各档次存贷款基准利率及个人住房公积金存贷款利率相应调整。

　　（资料来源：央行决定下调存贷款基准利率0.25个百分点[EB/OL]. http://finance.ifeng.com/a/20150228/13520531_0.shtml）

一般来说，利率的变动与证券的价格会呈反方向波动，如果利率下降，证券投资的价值则高于银行存款利息，人们将会从银行提取存款入市投资证券，获得两者之间的收益差价。同时上市公司融资成本下降，扩大投资经营，促使了证券投资价值的提高，而预期效应将会推高股价背离内在价值。反之则反是。

2002—2015 年历次调整利率对 A 股的影响如表 5-1 所示：

表 5-1　　　　　　　　　2002—2015 年利率调整与股市表现

数据上调时间	存款基准利率			贷款基准利率			消息公布次日指数涨跌	
	调整前	调整后	调整幅度	调整前	调整后	调整幅度	上海	深圳
2015年3月1日	2.75%	2.5%	-0.25%	5.6%	5.35%	-0.25%		
2014年11月22日	3.00%	2.75%	-0.25%	6.00%	5.6%	-0.4%		
2012年7月6日	3.25%	3.00%	-0.25%	6.31%	6.00%	-0.31%	1.01%	2.95%
2012年6月8日	3.50%	3.25%	-0.25%	6.56%	6.31%	-0.25%	-0.51%	-0.50%
2011年7月7日	3.25%	3.50%	0.25%	6.31%	6.56%	0.25%	-0.58%	-0.26%
2011年4月6日	3.00%	3.25%	0.25%	6.06%	6.31%	0.25%	0.22%	1.18%
2011年2月9日	2.75%	3.00%	0.25%	5.81%	6.06%	0.25%	-0.89%	-1.53%
2010年12月26日	2.50%	2.75%	0.25%	5.56%	5.81%	0.25%	-1.90%	-2.02%
2010年10月20日	2.25%	2.50%	0.25%	5.31%	5.56%	0.25%	0.07%	1.23%
2008年12月23日	2.52%	2.25%	-0.27%	5.58%	5.31%	-0.27%	-4.55%	-4.69%
2008年11月27日	3.60%	2.52%	-1.08%	6.66%	5.58%	-1.08%	1.05%	2.29%
2008年10月30日	3.87%	3.60%	-0.27%	6.93%	6.66%	-0.27%	2.55%	1.91%
2008年10月9日	4.14%	3.87%	-0.27%	7.20%	6.93%	-0.27%	-0.84%	-2.40%
2008年9月16日	4.14%	4.14%	0.00%	7.47%	7.20%	-0.27%	-4.47%	-0.89%
2007年12月21日	3.87%	4.14%	0.27%	7.29%	7.47%	0.18%	1.15%	1.10%
2007年9月15日	3.60%	3.87%	0.27%	7.02%	7.29%	0.27%	2.06%	1.54%
2007年8月22日	3.33%	3.60%	0.27%	6.84%	7.02%	0.18%	0.50%	2.80%
2007年7月21日	3.06%	3.33%	0.27%	6.57%	6.84%	0.27%	3.81%	5.38%
2007年5月19日	2.79%	3.06%	0.27%	6.39%	6.57%	0.18%	1.04%	2.54%
2007年3月18日	2.52%	2.79%	0.27%	6.12%	6.39%	0.27%	2.87%	1.59%
2006年8月19日	2.25%	2.52%	0.27%	5.85%	6.12%	0.27%	0.20%	0.20%
2006年4月28日	2.25%	2.25%	0.00%	5.58%	5.85%	0.27%	1.66%	0.21%
2004年10月29日	1.98%	2.25%	0.27%	5.31%	5.58%	0.27%	-1.58%	-2.31%
2002年2月21日	2.25%	1.98%	-0.27%	5.85%	5.31%	-0.54%	1.57%	1.40%

2. 存款准备金政策

存款准备金政策是指商业银行等金融机构依法按其吸收存款的一定比率向中央银行上缴存款准备金，用于保证储户提现、资金清算和中央银行控制货币量供给的政策。存款准备金率的高低决定着商业银行可供贷款资金规模的大小。中国金融机构存款准备金比率调整情况如表5-2所示：

表5-2　　中国金融机构存款准备金比率（2008年9月至2014年）调整一览

时间	调整前	调整后	调整幅度
2014年6月16日	对符合审慎经营要求且"三农"和小微企业贷款达到一定比例的商业银行（不含2014年4月25日已下调过准备金率的机构）下调人民币存款准备金率0.5个百分点。下调后的存款准备金率为20%　　此外，为鼓励财务公司、金融租赁公司和汽车金融公司发挥好提高企业资金运用效率及扩大消费等作用，下调其人民币存款准备金率0.5个百分点		
2014年4月25日	下调县域农村商业银行（以下称农商行）人民币存款准备金率2个百分点，下调县域农村合作银行（以下称农合行）人民币存款准备金率0.5个百分点。调整后县域农商行、农合行分别执行16%和14%的准备金率，其中一定比例存款投放当地考核达标的县域农商行、农合行分别执行15%和13%的准备金率		
2012年5月18日	20.5%	20%	下调0.5个百分点
2012年2月24日	21%	20.5%	下调0.5个百分点
2011年12月5日	21.5%	21%	下调0.5个百分点
2011年6月20日	21%	21.5%	上调0.5个百分点
2011年5月18日	20.5%	21%	上调0.5个百分点
2011年4月21日	20%	20.5%	上调0.5个百分点
2011年3月25日	19.5%	20%	上调0.5个百分点
2011年2月24日	19%	19.5%	上调0.5个百分点
2011年1月20日	18.5%	19%	上调0.5个百分点
2010年12月20日	18%	18.5%	上调0.5个百分点
2010年11月29日	17.5%	18%	上调0.5个百分点
2010年11月16日	17%	17.5%	上调0.5个百分点
2010年5月10日	16.5%	17%	上调0.5个百分点
注：此次上调农村信用社等小型金融机构除外			
2010年2月25日	16%	16.5%	上调0.5个百分点
注：此次上调农村信用社等小型金融机构除外			
2010年1月12日	15.5%	16%	上调0.5个百分点
注：此次上调农村信用社等小型金融机构除外			
2008年12月25日	16%	15.5%	下调0.5个百分点
2008年12月5日	17%	16%	下调1个百分点
2008年10月15日	17.5%	17%	下调0.5个百分点
2008年9月25日	17.5%	16.5%	下调0.5个百分点

当中央银行提高法定存款准备金率时，商业银行可运用的资金减少，贷款能力下降，货币乘数变小，市场货币量便会相应减少。因此，在通货膨胀时，中央银行可提高法定准备金率；反之，则降低法定准备金率。

相关阅读：　　　　　　　　　什么是定向降准？

定向降准就是针对某金融领域或金融行业进行的一次央行货币政策调整，目的是降低存款准备金率。2014年4月25日，央行下调县域农村商业银行人民币存款准备金率2个百分点，下调县域农村合作银行人民币存款准备金率0.5个百分点。紧接着6月26日，央行再次对符合审慎经营要求且"三农"和小微企业贷款达到一定比例的商业银行下调人民币存款准备金率0.5个百分点，下调后的存款准备金率为20%。此外，为鼓励财务公司、金融租赁公司和汽车金融公司发挥好提高企业资金运用效率及扩大消费等作用，下调其人民币存款准备金率0.5个百分点。由此可见，6月26日的定向降准较前次导向更为明确、范围更为扩大、标准更为具体。

此次央行对降准的金融机构提出了限定条件，即"三农"和小微企业贷款达到一定比例。2013年新增涉农贷款占全部新增贷款比例超过50%，且2013年年末涉农贷款余额占全部贷款余额比例超过30%；或者2013年新增小微贷款占全部新增贷款比例超过50%，且2013年年末小微贷款余额占全部贷款余额比例超过30%。按此标准，此次定向降准覆盖大约2/3的城市商业银行、80%的非县域农商行和90%的非县域农合行。此外，为鼓励财务公司、金融租赁公司和汽车金融公司发挥好提高企业资金运用效率及扩大消费等作用，也下调其人民币存款准备金率0.5个百分点。此次定向降低准备金率就是要鼓励商业银行等金融机构将资金更多地配置到实体经济中需要支持的领域，确保货币政策向实体经济的传导渠道更加顺畅。此举主要目的在于配合结构调整的需求，缓解经济下行压力，对"三农"和小微企业这两类实体经济中的薄弱环节进行政策倾斜，将释放的资金投向"三农"和小微企业等国民经济重点领域和薄弱环节，促进信贷结构优化，本质为货币政策的预调微调。

3. 再贴现政策

再贴现政策是指中央银行对商业银行用持有的未到期票据向中央银行再贴现的政策规定。再贴现率水平的确定主要着眼于短期，中央银行根据市场资金供求状况调整再贴现率，能够影响商业银行资金借入的成本，进而影响商业银行对社会的信用量，从而调节货币供给总量。中央银行对再贴现资格条件的规定则着眼于长期，可以起到抑制或扶持作用，并改变资金流向。

4. 公开市场业务

公开市场业务是指中央银行在金融市场上公开买卖有价证券，以此来调节市场货币量的政策行为。当中央银行认为应该增加货币供给量时，就在金融市场上买进有价证券（主要是政府债券）；反之就出售所持有的有价证券。

如果中央银行采取降低准备金率与再贴现率和公开市场买进的政策，则能够增加商业银行的储备头寸，从而使企业顺利地获得银行的贷款，贷款数额也得以增加。通常那些能得到银行贷款支持的企业或行业，经济效益就会显著提高，促使证券价格上扬。反之，中央银行采取紧缩的货币政策会促使银行减少新的贷款，收回旧的贷款，从而使上市公司的效益下降，证券价格下跌。在宽松的货币政策下，银行贷款政策宽松，个人和企业的融资成本降低，大量增加了流入证券市场的资金，交易量的增加使证券价格上升。反之，在从紧的货币政策下效果相反。

【货币政策对证券市场的影响】

货币政策分为宽松的货币政策、从紧的货币政策和中性的货币政策。总体来说，从紧的货币政策使过热的经济受到控制，证券市场将走弱；宽松的货币政策则刺激经济发展，证券市场将走强。

在从紧的货币政策下，将减少货币供应量，提高利率，加强信贷控制。如果市场物价上涨，需求过度，经济过度繁荣，秩序混乱，被认为社会总需求大于总供给，这时中央银行就会采取从紧的货币政策以减少总需求。

在宽松的货币政策下，将增加货币供应量，降低利率，放松信贷控制。如果市场产品销售不畅，经济运转困难，资金短缺，设备闲置，被认为是社会总需求小于总供给，这时中央银行就会采取宽松的货币政策以增加总需求。

【财政政策】

财政政策是政府依据客观经济规律制定的指导财政工作和处理财政关系的一系列方针、准则和措施的总称。

1. 国家预算

国家预算收支的规模与平衡可影响社会供求总量的平衡。国家预算支出的方向可调节总供求的结构平衡。如果财政扩大支出，则会扩大社会总需求，刺激投资，增加就业。一些受政府购买和公共支出增加影响的行业在财政政策中获益，刺激了证券价格的上涨。例如，我国一些交通、能源等行业从政府购买和公共支出增加中受益匪浅，从而使其证券价格上涨。

2. 税收政策

"区别对待"与"公平税负"对不同产业、行业、个人起着调节的作用。减税政策可刺激行业投资的扩大，使企业利润增加和就业增加，从而促使证券价格上涨。

3. 国债发行

国债发行可调节国民收入的使用结构和产业结构，既可弥补财政赤字又可实现宏观调控，但大量的国债发行吸引了社会广泛的游资而导致资金供求的失衡，从而使证券价格下跌。反之，国债的偿还会使货币供给增加，促使证券行情走高。

总之，政府的预算、税收政策与国债发行对整个国民经济的调控都应适度，确保总供给与总需求的平衡。

【财政政策对证券市场的影响】

财政政策分为宽松的财政政策、从紧的财政政策和中性的财政政策。总体来说，从紧的财政政策使过热的经济受到控制，证券市场将走弱；宽松的财政政策则刺激经济发展，证券市场将走强。财政政策的运作主要是发挥"相机抉择"作用，具体有以下几种情况：

第一，当社会总需求不足时，单纯使用宽松的财政政策，通过扩大支出、增加赤字，以扩大社会总需求，也可以采取扩大税收减免范围、增加财政补贴等政策，刺激微观经济主体的投资需求，证券价格将上涨。

第二，当社会总供给不足时，单纯使用从紧的财政政策，通过减少赤字、增加公开市场上出售国债的数量以及减少财政补贴等政策，压缩社会总需求，证券价格将下跌。

第三，当社会总供给大于社会总需求时，可以搭配运用"松""紧"政策，一方面通过增加赤字、扩大支出等政策刺激总需求增长；另一方面采取扩大税收、调高税率等措施抑制微观经济主体的供给。如果支出的总量效应大于税收的紧缩效应，那么对证券价格的上扬会起到推动作用。

第四，当社会总供给小于社会总需求时，可以搭配运用"松""紧"政策，一方面通过压缩支出、减少赤字等政策缩小社会总需求；另一方面采取扩大税收减免、减少税收等措施刺激微观经济主体增加供给。如果支出的压缩效应大于税收的紧缩效应，那么证券价格将下跌。

【其他政策】

除了我们前面所说的财政政策和货币政策之外，还有一些非经济因素会引起证券市场的强烈振荡，有时甚至会引起证券价格暴涨或暴跌，具体如下：

1. 政治因素

国际国内的政局稳定与否，会直接影响证券市场价格波动和资金数量的变化。当一国政坛发生一些重大的政治事件，且这些事件的发生出乎人们的意料之外，证券市场就会发生剧烈的振荡。在大多数情况下，这种振荡往往先跌后涨。如历史上发生的斯大林去世和里根被刺事件都一度发生股市的恐慌性抛盘和证券价格的暴跌，但随后迅速回升。我国改革开放总设计师邓小平同志去世讣告发表的当天，我国股市的开盘指数几乎跌停（当时的跌停板跌幅为10%），但迅速反弹并一路向上攀升。这种情况表明投资者因重大事件而形成对政治经济走势的悲观预期，但这种预期心理往往会在瞬息间发生逆向，使得证券市场价格由暴跌转为暴涨。我国的情况正是人们很快从邓小平同志去世的悲痛中镇静了下来，相信以江泽民同志为首的党中央能一如既往地贯彻改革开放路线，保持我国政治经济乃至证券市场发展的稳定。

2. 战争因素和自然因素

无论是小规模的局部战争或是大规模的世界大战，都会使投资者感到恐慌，从而导致证券市场价格的大幅度下滑，任何会引起国际政局的不稳定和人类财富破坏的战争，都会被证券市场视为重大"利空"。例如，发生在中东地区的两伊战争、以色列和阿拉伯国家的战争、英阿的马岛战争以及近年来发生的科索沃战争、伊拉克战争等，都引起相关国家和地区股市的下挫。

　　自然灾害因素如同战争一样，也会造成巨大的经济损失，破坏正常的经济秩序，导致上市公司收益的大幅下滑。同时，为降低和弥补灾害的损失，国家和企业难免超预算支出。不过，自然灾害引发的证券市场动荡一般只影响受灾国和地区的证券市场，而不会波及全球证券市场。有时因为受灾国和地区需求扩大的刺激，非受灾国和地区的生产经营规模也会扩大，收益相应增加，推动证券市场价格攀升。同时，受灾国和地区的上市公司也会因为进入灾后复兴阶段而收益增加，尤其是与生产生活恢复密切相关的建筑材料、药品行业等相关上市公司的股票会率先受到投资者的追捧，其股价会有明显的上升。

　　地震对股市的影响如表5-3所示：

表5-3　　　　　　　　　　　　地震对股市的影响

事件	股市反映	影响
1994年1月17日美国洛杉矶地震	当天道·琼斯工业指数微涨0.08%。第二天平盘，随后10天收出了8根阳线，指数涨幅为2.8%	震后股市进入震荡整理阶段
1995年1月17日日本阪神大地震	日经225指数从19 241点开始一直下行，至1月23日17 785点止跌，期间经历了4个交易日，下跌幅度为7.6%。之后日经指数又短期内出现比较大的数日反弹，最终受大地震对经济金融面的影响后期继续下跌，期间著名的巴林银行也因此受累破产	日本阪神大地震之后4个交易日的大跌过程中，下跌幅度居前的是银行、地产、阪神地区的机械类个股，比如住友信托银行下跌了17%。对应的上涨股票寥寥无几，只有大成建设等几家灾后重建概念股表现强劲，武田药品工业等医药类个股相对跌幅较小
1999年9月21日中国台湾大地震	地震发生后，股市暂停交易，直至9月27日复牌交易，台湾加权指数从9月20日的8 016点开始下挫，到9月30日报收于7 599点，期间经历了5个交易日的下跌震荡，累计下跌为5.2%	在大盘下跌过程中出现正收益的个股主要表现为灾后重建概念股和大灾受益股。比如水泥、钢铁、建材等企业均取得正收益，同时大毅科技等半导体行业由于我国台湾半导体行业在全球市场中占有较大比重，因此虽然产量受损，但是股价却随着芯片价格上涨而飙升。对应的下跌个股主要集中在银行、地产、保险、电脑下游组装企业等
2004年12月26日印尼地震海啸	12月29日泰国股指下跌1.5%，领跌亚洲股市。新加坡海峡指数下跌0.22%。日经指数下跌0.03%。韩国、中国台湾、印尼股指分别下跌了0.3%、0.6%和0.5%	舆论偏向于认为重大自然灾害对资本市场的影响具有短期性。一般经历一段时间的恐慌和调整后，可以回到下跌前的位置
2008年5月12日中国汶川大地震	地震发生当天，股市尾盘出现跳水，次日开盘低开100多点，但随后几天指数震荡反弹，反映了地震对股市影响的短暂性	从我国的历次经验看，重大的自然灾害一般都会在短期内会导致股市下跌，特别是部分直接受损的行业和上市公司。另外，在救灾和灾后重建的过程中，一些行业与公司还会获得一定的新增需求，提升短期内的业绩，形成股市短期内的投资热点，如水泥、医药板块

⚟【实验任务1】

（1）根据所学内容，分析当前的宏观经济形势，看看与股票市场之间有什么关系。

（2）完成项目实验报告。

模块二　证券投资行业分析

⚟模块介绍

掌握行业经济分析的基本内容及其对证券投资的影响。

活动1：行业分析方法

[活动目标]

掌握行业市场结构、行业周期等分析方法，根据行业的发展前景对证券投资进行相应的判断。

【行业分析】

行业分析是指根据经济学原理，综合应用统计学、计量经济学等分析工具对行业经济的运行状况、产品生产与销售、消费、技术、行业竞争力、市场竞争格局、行业政策等行业要素进行深入的分析，从而发现行业运行的内在经济规律，进而进一步预测未来行业发展的趋势。行业分析是介于宏观经济分析与微观经济分析之间的中观层次的分析。

【行业市场结构类型分析】

行业的市场结构随该行业中企业的数量、产品的性质、价格的制定和其他一些因素的变化而变化。根据市场结构、企业数量、产品差别程度、控制价格能力、新企业进入的难易程度以及典型行业等要素，可以将所有行业进行大致划分，具体如表5-4所示：

表5-4　　　　　　　　　　行业市场结构类型

市场结构	企业数量	产品差别程度	控制价格能力	新企业进入的难易程度	典型行业
完全竞争	很多	均质或相同	没有	很容易	农业、商业
垄断竞争	较多	有一定差别	较低	较容易	轻工行业
寡头垄断	少数	同一或微小区别	较高	不容易	重工行业
完全垄断	一个	独特产品	很高	不可能	公用事业、邮电通信业

1. 完全竞争型

完全竞争型是指整个市场上有许多生产者生产同质产品，新企业可以自由地进出该行业，消费者可以自由地选择同类任何商品；商品价格的制定由市场来决定，生产者拼命压低成本，保证质量，以此来保住市场份额，提高盈利水平；生产资料可以完全流动，不存在垄断或人为的阻隔，因而是同质的、无差别的。完全竞争型的市场多出现于初级产品市场，其基本特征是产品价格完全由市场决定，典型行业为农业、商业。

2. 垄断竞争型

垄断竞争型是指市场上众厂商生产和提供同种但不同质的产品。垄断竞争型与完全竞争型的市场类型相比较，尽管生产资料上可以流动，但是由于产品的品质上存在差异，生产者力图保住自己的信誉，创立自己的品牌，在价格上就有了一定的控制能力，以区别于其他同类产品。此种行业市场类型多现于制成品市场上。在市场价格方面，品牌企业有一定的影响力。

3. 寡头垄断型

寡头垄断型是指绝大部分市场份额由少数生产者占据，另外较小的一部分市场由其他企业来补充，产品的价格制定则由寡头企业来决定。寡头企业的价格政策及经营方式的变动，直接领导着其他企业的相应变化。当然，寡头企业不是固定不变的，会随着企业实力的变化而变化。这种行业市场类型，多现于资本密集型和技术密集型企业，寡头企业的价格决定能力强。

4. 完全垄断型

完全垄断型是指独家经营某种特殊产品。比如政府控制的铁路、邮电、公用事业等行业，或是私人和企业经营的经国家政府授权特许的专营权或专利技术产品。由于这类行业市场类型没有竞争对手，又没有其他替代品，因此在价格决定上，垄断者就可以根据市场的供求制定理想的价格，在产品上也有一定的自由度。这种垄断只是相对的，因为同时要受到反垄断法和政府管制的约束。不过一般来说，这种行业类型的企业投资风险小、利润稳定，具有较好的投资前景。这类行业市场类型多现于公用事业（如发电厂、自来水公司、煤气公司等）和某些资本、技术高度密集型或稀有资源开发等行业。

由此可见，进行行业分析时，对所有准备投资的企业进行市场类型的研究，有利于从总体上把握企业的经营状况，是科学合理决策的前提和基础。

【行业周期分析】

行业的生命周期指行业从出现到完全退出社会经济活动所经历的时间，主要包括四个发展阶段，即幼稚期、成长期、成熟期、衰退期（见图5-2）。

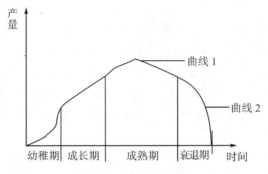

图 5-2　行业生命周期

　　行业的生命周期曲线忽略了具体的产品型号、质量、规格等差异，仅仅从整个行业的角度考虑问题。行业生命周期可以从成熟期划为成熟前期和成熟后期。在成熟前期，几乎所有行业都具有类似 S 形的生长曲线。在成熟后期则又大致分为两种类型：第一种类型是行业长期处于成熟期，从而形成稳定型的行业，如图 5-2 中的曲线 1；第二种类型是行业较快地进入衰退期，从而形成迅速衰退的行业，如图 5-2 中的曲线 2。行业生命周期是一种定性的理论，行业生命周期曲线是一条假设曲线。

　　识别行业生命周期所处阶段的主要指标有市场增长率、需求增长率、产品品种、竞争者数量、进入与退出壁垒、技术变革、用户购买行为等。

　　1. 幼稚期

　　这一时期的市场增长率较高，需求增长较快，技术变动较大，行业中的企业主要致力于开辟新用户、占领市场，但此时技术上有很大的不确定性，在产品、市场、服务等策略上有很大的余地，对行业特点、行业竞争状况、用户特点等方面的信息掌握不多，企业进入壁垒较低。

　　2. 成长期

　　这一时期的市场增长率很高，需求高速增长，技术渐趋定型，行业特点、行业竞争状况以及用户特点已比较明朗，企业进入壁垒提高，产品品种与竞争者数量增多。

　　3. 成熟期

　　这一时期的市场增长率不高，需求增长率不高，技术上已经成熟，行业特点、行业竞争状况以及用户特点非常清楚和稳定，买方市场形成，行业盈利能力下降，新产品和产品的新用途开发更为困难，行业进入壁垒很高。

　　4. 衰退期

　　这一时期的市场增长率下降，需求也下降，产品品种与竞争者数目减少。从衰退的原因来看，可能有四种类型的衰退，它们分别是：

　　（1）资源型衰退，即由于生产所依赖的资源的枯竭所导致的衰退。

　　（2）效率型衰退，即由于效率低下的比较劣势而引起的行业衰退。

　　（3）收入低弹性衰退，即因需求—收入弹性较低而引起的行业衰退。

　　（4）聚集过度性衰退，即因经济过度聚集的弊端而引起的行业衰退。

　　行业生命周期分析法在运用上有一定的局限性，因为生命周期曲线是一条经过抽象化了的典型曲线，各行业按照实际销售量绘制出来的曲线远不是这样光滑和规则，因此有时要确定行业发展处于哪一阶段是困难的，而识别不当容易导致战略上的失误。影响销售量变化的因素很多，并且关系复杂，整个经济中的周期性变化与某个行业的演变也不易区分开来，再加上有些行业的演变是由集中到分散，有的行业的演变则由分散到集中，无法用一个战略模式与之对应，因此应将行业生命周期分析法与其他方法结合起来使用，才不至于陷入分析的片面性。

【产业的景气状况】

处于周期波动不同周期节点的行业有明显的表现差异。处于周期上升期的行业出现需求旺盛、生产满负荷、买卖活跃的景象；反之，处于周期下降期的行业出现需求萎靡、生产能力过剩、产品滞销、应收款增加、价格下跌、多数企业亏损的景象。行业周期波动是行业在市场经济下的必然规律。当需求增加时，促进行业生产规模扩张，生产能力增加，供应超过需求，导致行业内竞争加剧，行业周期由上升期转向下降期，下降到一定程度，落后企业被淘汰，供应量减少，价格上涨，行业转向复苏，这样周而复始。当行业处于不同的周期节点时呈现不同的市场景象我们称之为行业景气。影响行业景气的外因是宏观经济指标波动、经济周期、上下游产业链的供应需求变动，内因是行业的产品需求变动、生产能力变动、技术水平变化以及产业政策的变化等。

1. 增长性产业

增长性产业的运动形态与经济活动总水平的周期及其振幅关系不大。这些产业收入增加的速率相对于经济周期的变动来说，并未出现同步变化，因为它们主要依靠技术的进步、新产品的推出以及更优质的服务，从而使其呈现出高增长形态。在近几年，新能源、生物工程、互联网等产业表现出了这种形态，投资者对高增长的产业十分感兴趣，主要是因为这些行业的高成长性给投资者带来了股票价值的成倍增长。

2. 周期性产业

周期性产业的运动状态直接与经济周期相关。当经济处于上升时期，这些产业会紧随其扩张；当经济处于衰退时期，这些产业也相应跌落。产生这种现象的原因是当经济上升时，对这些产业相关产品的购买被延迟到经济改善之后。例如，耐用消费品、建材、房地产、金融、工程机械、酒店服务就属于典型的周期性产业。

3. 防御性产业

防御性产业的产品需求相对稳定，受经济周期的影响不大。正是因为这个原因，对其投资便属于收入投资，而非资本利得投资。公用事业属于防御性产业，因为需求对其产品的收入弹性较小，所以这些公司的收入相对稳定。

相关阅读： **行业景气指数**

国务院发展研究中心（DRC，下同）行业景气监测平台是 DRC 行业景气监测课题组发布行业景气指数和行业研究成果的指定网络平台，由 DRC 行业景气监测课题组主办、国研网负责建设和维护。该课题组成员包括来自 DRC 和国研网的研究人员。DRC

行业景气指数由 DRC 宏观经济形势分析小组开发，是 DRC 经济监测预报体系的重要组成部分，是 DRC 行业监测分析的主要工具。该行业监测体系涵盖 48 个行业，嵌套多个模型和独立数据算法，是目前国内覆盖行业领域最广、最先实现按月度发布、率先实现行业间联动和网络化分析的景气体系。该平台包括有各行业监测、重点行业分析、行业政策分析、行业专题研究等模块，可帮助投资者及时了解和掌握国内行业发展景气状况，从而为投资决策提供依据。

⇨【实验任务 2】

（1）寻找当前我国宏观层面大力支持的行业及相关政策信息。
（2）寻找成长期的相关行业，判断什么行业具有较高的投资价值，并分析原因。
（3）比较百货业在西部地区和沿海地区的主要区别。
（4）完成项目实验报告。

模块三　证券投资公司分析

⇨ 模块介绍

掌握证券投资微观分析的基本内容，包括公司基本素质分析和公司财务分析以及它们对证券投资的影响。

活动 1：公司基本素质分析

[活动目标]

掌握公司行业地位分析、公司经济区位分析、公司产品分析、公司成长性分析、公司经营管理能力分析的方法，能据此对证券投资做出初步的判断。

【公司行业地位分析】

公司行业地位分析的目的是找出公司在所处行业中的竞争地位。衡量公司行业竞争地位的主要指标是行业综合排序和产品的市场占有率。

1. 行业综合排序

公司是否为该行业的领导企业，公司在行业内的综合排序如何？我们可以借助于证券软件中的 F10 功能键的"行业分析"来查看，如浦发银行，其在银行业中的营业收入、利润水平等指标的排序如图 5-3 所示。

排名	股票名称	每股收益(元)	每股净资产(元)	营业收入(万元)	营业利润(万元)	净利润(万元)
1	兴业银行	3.0100	12.2800	9085000.00	4946600.00	3830400.00
2	浦发银行	1.8660	12.4020	8977300.00	4573400.00	3479900.00
3	招商银行	1.8200	11.9700	12502700.00	5987400.00	4580400.00
4	宁波银行	1.5900	10.0500	1108633.50	573413.70	458441.90
5	华夏银行	1.4800	10.8100	4081900.00	1750000.00	1317700.00
6	南京银行	1.4000	10.3300	1153142.90	518034.43	415994.20
7	平安银行	1.3700	11.0900	5465100.00	2077100.00	1569400.00
8	北京银行	1.1900	8.6977	2780000.00	1610200.00	1259200.00
9	民生银行	1.0800	6.8600	9991600.00	4916200.00	3677800.00
10	建设银行	0.7600	4.7911	42904300.00	24380800.00	19029800.00

【截止日期】2014-09-30 财务数据

图 5-3 浦发银行的行业分析

2. 产品的市场占有率水平

产品的市场占有率水平可以从公司产品销售市场的地域分布和在同一类产品市场上的占有率两个方面来考虑，还可考虑产品在成本、技术和质量等方面的优劣势。公司的主营产品市场占有率较高，至少表明该公司具有一定的创收能力。

3. 公司科研开发水平

科技创新是影响行业兴衰的重要因素，对于公司也是如此。一个公司的科研水平高，不但可以有效降低生产成本，而且有利于产品更新换代，推陈出新。甚至有的公司可以凭借其领先的技术优势奠定行业标准，获得超额利润。

4. 经营管理理念

领导层的决策能力和管理手段对公司的行业排名影响也是比较大的，领导者对行业发展未来趋势的预见性以及管理手段的先进性是影响公司兴衰的重要因素。

【公司经济区位分析】

一般认为，处在好的经济区位内的公司具有较高的投资价值，区位分析的内容主要包括以下三方面内容：

1. 区位内的自然条件与基础条件

区位内的自然条件与基础条件包括矿产资源、水资源、能源、交通、通信设施等，它们在区位经济发展中起着重要作用，也对区位内的上市公司的发展起着重要的限制或促进作用。如果上市公司所从事的行业与当地的自然条件与基础条件不符，公司的发展就可能受到很大的制约。例如，在水资源稀缺的内陆地区从事大量耗水的工业项目，其项目的前景就难以乐观。

2. 区位内政府的产业政策

为了进一步促进区位经济的发展，当地政府一般都制定了相应的经济发展的战略规划，提出相应的产业政策，确定了区位优先发展和扶持的产业，并给予相应的财政、信贷及税收等诸多方面的优惠措施。这些措施有利于引导和推动相应产业的发展，相关产业内的公司将因此受益。如果区位内的上市公司的主营业务符合当地政府的产业政策，一般会获得诸多政策支持，对上市公司的进一步发展有利。

3. 区位内的经济特色

所谓特色，是区位间比较的结果，指本区位经济与区位外经济的联系和互补性、龙头作用及其发展活力与潜力的比较优势。区位内的经济特色包括区位的经济发展环境、条件与水平、经济发展现状等方面有别于其他区位的特色。特色在某种意义上意味着优势，利用自身的优势发展本区位的经济，无疑在经济发展中找到了很好的切入点。比如某区位在电脑软件或硬件方面，或者在汽车工业方面已经形成了优势和特色，那么该区位内的相关上市公司，在同等条件下比其他区位主营业务相同的上市公司具有更大的竞争优势和发展空间，因为该区位的配套服务齐全、相关人才集聚，信息流和物流都更为顺畅便捷。

【公司产品分析】

1. 产品市场占有率分析

市场占有率低而市场覆盖率高，说明公司的销售网络强，但产品的竞争能力较弱；市场占有率和市场覆盖率都低，说明公司的产品缺乏竞争力，产品的前途有问题。

2. 公司产品的品种分析

公司产品的品种分析是指公司的产品种类是否齐全、在同行业生产的品种中持有的品种数、这些品种在市场上的生命周期和各品种的市场占有分析。例如，电视行业，模拟电视品种已在走下坡路，大屏幕的数字电视和壁挂式电视将要取代模拟电视。一个没有新品种的电视生产公司将成为"明日黄花"。在大屏幕的数字电视和壁挂式电视品种中，大屏幕液晶壁挂式数字电视将成为市场的主流。在大屏幕液晶壁挂式数字电视中，与电脑合二为一的品种又将成为主流。

3. 产品价格分析

产品价格分析是指公司生产的产品和其他公司生产的同类产品的价格比较，如产品价格是高还是低、产品是否有竞争力等。同时还应分析产品的价位和消费者的承受能力、产品价位变化所引起的供需变化和市场变化等。

4. 产品的销售能力分析

产品的销售能力分析主要考察上市公司的销售渠道、销售网络、销售人员、销售策略、销售成本和销售业绩。销售环节的成本极大地影响公司的利润。虽然上市公司在建立销售网络的初期将投入巨资，但是在以后的经营中可减少中间环节的费用，从而增加企业的利润，同时管理费用又将大大增加。如果借助另一个公司的销售网络，又必须让出一定的利润空间给销售公司，管理费用则大大降低。这两种销售方法各有利弊，要进行综合比较分析。

5. 公司原材料和关键部件的供应分析

公司的原材料和关键部件的供应与产品的销售一样，同样存在两种情况：一种是自己"打天下"，产品的上游原材料和关键部件全部由自己供应和生产。其好处是原材料和关键部件供应稳定，这一部分利润由该公司独自获得；其缺点是生产线过长，初期投资增加，管理费用增加，产品抗风险性差。另一种情况是原材料和关键部件由专门的原材料公司供应和生产，公司让出一部分应得的利润。两种模式各有利弊。例如，电视生产的模式就是显像管由另外的厂家独立生产来供应主机生产厂家的。由于技术的不断发展，随着显像管向液晶和超大屏幕发展，就会使生产显像管厂家的生产线改动非常大，而主机生产厂家的生产线改动却非常小，这时生产传统的真空显像管厂家的生产线就面临报废的风险。

【公司成长性分析】

公司的成长性是指公司发展的潜力和趋势。成长性既是公司发展所追求的核心目标，又是推动国民经济持续发展的主要动力，还是衡量上市公司经营状况和发展前景的一项重要指标。公司成长性分析除了需要分析公司的经营战略外，还需要分析公司规模变动特征和扩张潜力。公司规模变动特征和扩张潜力一般与其所处的行业发展阶段、市场结构、经营战略密切相关，能够从微观层面体现公司的成长性。

成长性主要通过销售收入、利润、净产值和总资金等财务指标得以体现。公司规模变动特征和扩张潜力分析的主要途径如下：

第一，分析公司规模扩张的动因，据此找出企业发展的内在规律。通常影响公司规模变化的主要因素有资本变动、市场需求、技术进步、管理水平、生产效率等。

第二，纵向比较公司历年销售、利润、资产规模等数据，进而把握公司的发展趋势。

第三，将公司销售、利润、资产规模等数据及其增长率与行业平均水平和主要竞争对手的数据进行比较，了解其行业地位的变化。

第四，分析预测公司主要产品的市场前景和公司未来的市场份额，分析公司的投资项目，预计其销售和利润水平。

第五，分析公司的财务状况、公司的投资和筹资潜力。

【公司经营管理能力分析】

公司经营管理能力分析主要包括公司管理人员素质和能力分析、公司管理风格和经营理念分析以及维护公司竞争地位的能力分析。此外，还要关注公司运用现代管理手段和方法的能力分析等。

公司文化是指公司全体职工在长期的生产和经营活动中逐渐形成的共同遵循的规则、价值观、人生观和自身的行为规范准则。对公司文化的分析应着重了解公司文化对全体员工的指导作用、凝聚作用、激励功能和约束作用。

管理层素质分析应包括对公司管理层的文化素质和专业水平，内部协调和沟通能力，公司管理层（特别是"第一把手"）的个人经历、工作经历及文化水平，公司管理层的开拓精神等的分析。一个好的管理层在管理公司时，每一年公司都应有很大的变化，最终的结果会从公司的成长性、主营收入、主营利润和每股收益的变化中体现出来。

活动2：公司财务分析

[活动目标]

了解资产负债表、损益表和现金流量表，掌握公司偿债能力、资产运营能力和获利能力指标分析，能根据这些指标对证券投资做出判断。

【财务报表分析】

基本面分析的核心是企业财务报表分析，财务报表是随着商业社会对会计信息披露程度要求越来越高而不断发展的，主要有资产负债表（Balance Sheet）、损益表（Income Statement）、现金流量表（Statement of Cash Flow）。

1. 资产负债表

资产负债表是反映上市公司会计期末全部资产、负债和所有者权益情况的报表。资产负债表反映的是公司在某一特定时点财务状况的静态报告。分析资产负债表可以了解公司的财务状况，如偿债能力强弱、资本结构是否合理、流动资金充足与否等。我们可以通过行情软件中 F10 键进入某上市公司的财务分析。图 5-4 所示为浦发银行的资产负债表摘要。

系统 功能 报价 分析 港股期货 资讯 工具 帮助 期权				交易未登录 浦发银行		
600000 浦发银行	最新提示	公司概况	财务分析	股东研究	股本结构	风险因素	公司报道	行业分析
	公司大事	港澳特色	经营分析	主力追踪	分红扩股	高层治理	业内点评	关联个股

【2.报表摘要】
【资产负债表摘要】

指标 （单位：万元）	2014-09-30	2013-12-31	2012-12-31	2011-12-31
现金及存放央行款项	48957400.00	47634200.00	42756300.00	36695700.00
存放同业款项	14121100.00	23330200.00	31129300.00	26787600.00
发放贷款和垫款	192089500.00	172574500.00	150880600.00	130232400.00
可供出售金融资产	20106300.00	16172100.00	15074100.00	14792900.00
应收款项类投资	-	-	15973400.00	876000.00
固定资产	966900.00	887400.00	878100.00	813700.00
贵金属	292600.00	334800.00	667300.00	68300.00
资产总计	395664200.00	368012500.00	314570700.00	268469400.00
吸收存款	268862100.00	241969600.00	213436500.00	185105500.00
应付利息	4027400.00	3284100.00	2467900.00	2027900.00
卖出回购金融资产款项	3955600.00	7955700.00	8454000.00	8602000.00
负债合计	372214300.00	347289800.00	296604800.00	253515200.00
盈余公积金	4964700.00	3746000.00	2724800.00	2180600.00
未分配利润	6608800.00	6303700.00	4898600.00	3018800.00
母公司股东权益	23133600.00	20437500.00	17749700.00	14889000.00
少数股东权益	316300.00	285200.00	216200.00	65200.00
股东权益合计	23449900.00	20722700.00	17965900.00	14954200.00

图 5-4　浦发银行资产负债表摘要

2. 损益表

损益表也称利润表，反映企业一定时期的经营成果和经营成果的分配关系。损益表是企业生产经营成果的集中反映，是衡量企业生存和发展能力的主要尺度。损益有三个主要组成部分，即营业收入，与营业收入有关的生产性费用、销售费用和其他费用，利润。我们可以通过行情软件中 F10 键进入某上市公司的财务分析。图 5-5 所示为浦发银行损益表摘要。

| 系统 | 功能 | 报价 | 分析 | 港股期货 | 资讯 | 工具 | 帮助 | 期权 | | 交易未登录 浦发银行 | | |

| 600000 浦发银行 | | 最新提示 | 公司概况 | 财务分析 | 股东研究 | 股本结构 | 风险因素 | 公司报道 | 行业分析 |
| 公司大事 | 港澳特色 | 经营分析 | 主力追踪 | 分红扩股 | 高层治理 | 业内点评 | 关联个股 |

【利润表摘要】

指标（单位：万元）	2014-09-30	2013-12-31	2012-12-31	2011-12-31
营业总收入	8977300.00	10001500.00	8295200.00	6791800.00
利息净收入	7150800.00	8517700.00	7336200.00	6144100.00
手续费及佣金净收入	1564700.00	1390400.00	874600.00	671700.00
投资收益	-24000.00	82000.00	7600.00	19400.00
公允价值变动损益	146300.00	-156500.00	-18000.00	-86000.00
营业总成本	4403900.00	4649200.00	3853300.00	3216100.00
营业税金及附加	606000.00	681300.00	625800.00	489900.00
业务及管理费	2066500.00	2583000.00	2381400.00	1955300.00
营业外收支净额	12500.00	33600.00	33500.00	8200.00
利润总额	4585900.00	5384900.00	4475400.00	3583900.00
净利润	3516700.00	4120000.00	3431100.00	2735500.00

图 5-5　浦发银行损益表摘要

3. 现金流量表

现金流量表反映资产负债表中现金项目的信息。现金流量表主要分为经营活动、投资活动和筹资活动的现金流量三部分，是反映企业在一定时期内现金流入、流出及其净额的报表。现金流量表主要说明企业本期现金来自何处、用往何方以及现金余额如何构成。分析现金流量表可以判断企业的支付能力、偿债能力以及企业对外部资金的需求情况，由此可以观测企业未来的发展前景。我们可以通过行情软件中 F10 键进入某上市公司的财务分析可以查看现金流量表。图 5-6 所示为浦发银行的现金流量表摘要。

| 系统 | 功能 | 报价 | 分析 | 港股期货 | 资讯 | 工具 | 帮助 | 期权 | | 交易未登录 浦发银行 | | |

| 600000 浦发银行 | | 最新提示 | 公司概况 | 财务分析 | 股东研究 | 股本结构 | 风险因素 | 公司报道 | 行业分析 |
| 公司大事 | 港澳特色 | 经营分析 | 主力追踪 | 分红扩股 | 高层治理 | 业内点评 | 关联个股 |

【现金流量表摘要】

指标（单位：万元）	2014-09-30	2013-12-31	2012-12-31	2011-12-31
销售商品收到现金	21620700.00	—	—	—
经营活动现金流入	41703600.00	68408400.00	57695900.00	58201300.00
经营活动现金流出	36696700.00	37567800.00	48438100.00	39223500.00
经营活动现金净额	5006900.00	30840600.00	9257800.00	18977800.00
投资活动现金流入	56889200.00	47312000.00	18460800.00	24259100.00
投资活动现金流出	73910600.00	78816000.00	32741900.00	29907000.00
投资活动现金净额	-17021400.00	-31504000.00	-14281100.00	-5647900.00
筹资活动现金流入	4960200.00	346700.00	4338500.00	1869900.00
筹资活动现金流出	3033300.00	2184300.00	1337600.00	560500.00
筹资活动现金净额	1926900.00	-1837600.00	3000900.00	1309400.00
汇率变动的现金流	51400.00	-104800.00	-23000.00	-136100.00
现金流量净增加额	-10036200.00	-2605800.00	-2045400.00	14503200.00

图 5-6　浦发银行现金流量表摘要

【公司偿债能力分析】

企业偿债能力从静态角度来讲，就是用企业资产清偿企业债务的能力；从动态角度来讲，就是用企业资产和经营过程创造的收益偿还债务的能力。企业有无现金支付能力和偿债能力是企业能否健康发展的关键。企业偿债能力分析是企业财务分析的重要组成部分，通过这种分析可以提示企业的财务风险。

1. 短期偿债能力

短期偿债能力是企业偿还流动负债的能力，其强弱取决于流动资产的流动性，即资产转换成现金的速度。企业流动资产的流动性强，相应的短期偿债能力也强。因此，通常使用流动比率、速动比率、现金比率、资本周转率衡量短期偿债能力。

我们可以通过行情软件中 F10 键查看某上市公司偿债能力状况。图 5-7 所示为浦发银行偿债能力主要指标。

财务指标	2014-09-30	2013-12-31	2012-12-31	2011-12-31
流动比率	-	-	-	-
速动比率	-	-	-	-
资产负债率(%)	94.0733	94.3690	94.2888	94.4298
产权比率(%)	1587.2746	1675.8907	1650.9320	1695.2680

财务指标	2014-09-30	2014-06-30	2014-03-31	2013-12-31
流动比率	-	-	-	-
速动比率	-	-	-	-
资产负债率(%)	94.0733	94.3688	94.1281	94.3690
产权比率(%)	1587.2746	1675.8155	1603.0373	1675.8907

图 5-7　浦发银行偿债能力主要指标

（1）流动比率。流动比率表示每 1 元流动负债有多少流动资产作为偿还的保证，流动比率反映公司流动资产对流动负债的保障程度。流动比率的计算公式如下：

流动比率=流动资产合计÷流动负债合计

一般情况下，该指标越大，表明公司短期偿债能力越强。通常该指标在 200% 左右较好。在运用该指标分析公司短期偿债能力时，还应结合存货的规模大小、周转速度、变现能力和变现价值等指标进行综合分析。如果某一公司虽然流动比率很高，但是其存货规模大、周转速度慢，有可能造成存货变现能力弱、变现价值低，那么该公司的实际短期偿债能力就要比指标反映的弱。

（2）速动比率。速动比率表示每 1 元流动负债有多少速动资产作为偿还的保证，进一步反映流动负债的保障程度。速动比率的计算公式如下：

速动比率=（流动资产合计-存货净额）÷流动负债合计

一般情况下，该指标越大，表明公司短期偿债能力越强。通常该指标在 100% 左右较好。

在运用该指标分析公司短期偿债能力时，应结合应收账款的规模、周转速度和其他应收款的规模以及它们的变现能力进行综合分析。如果某公司速动比率虽然很高，但是应收账款周转速度慢，并且应收账款与其他应收款的规模大、变现能力差，那么该公司较为真实的短期偿债能力要比指标反映的弱。

由于预付账款、待摊费用、其他流动资产等指标的变现能力差或无法变现，因此如果这些指标规模过大，那么在运用流动比率和速动比率分析公司短期偿债能力时，还应扣除这些项目的影响。

（3）现金比率。现金比率表示每 1 元流动负债有多少现金及现金等价物作为偿还的保证，反映公司可用现金与变现方式清偿流动负债的能力。现金比率的计算公式如下：

现金比率=（货币资金+短期投资）÷流动负债合计

该指标能真实地反映公司实际的短期偿债能力，该指标值越大，反映公司的短期偿债能力越强。

（4）资本周转率。资本周转率表示可变现的流动资产与长期负债的比例，反映公司清偿长期债务的能力。资本周转率的计算公式如下：

资本周转率=（货币资金+短期投资+应收票据）÷长期负债合计

一般情况下，该指标值越大，表明公司近期的长期偿债能力越强，债权的安全性越好。由于长期负债的偿还期限长，因此在运用该指标分析公司的长期偿债能力时，还应充分考虑公司未来的现金流入量、经营获利能力和盈利规模的大小。如果公司的资本周转率很高，但未来的发展前景不乐观，即未来可能的现金流入量较少，经营获利能力弱且盈利规模小，那么公司实际的长期偿债能力将变弱。

2. 长期偿债能力

长期偿债能力是指企业对债务的承担能力和对偿还债务的保障能力。企业利用借入资金开展生产经营活动，一方面可以促进企业生产的快速发展，另一方面也会加大企业的资金成本和财务风险。偿还长期债务本金和支付债务利息的能力主要取决于资产和负债的比例关系，尤其是资本结构以及企业的获利能力。长期债权人为判断其债权的安全尤其关注长期偿债能力。

（1）资产负债率。资产负债率的计算公式如下：

资产负债率=（负债总额÷资产总额）×100%

从债权人的立场来看，他们希望资产负债率越低越好，比率越低偿债越有保证，贷款不会有太大的风险。

从权益投资人（股东）的立场来看，由于杠杆作用的存在，资产负债率则应该高些。

从经营者的立场来看，风险收益要均衡，资产负债率应适度。若举债过多，超出债权人的承受能力，公司就借不到钱；若公司不举债或负债比率小，说明公司畏缩不前，对前途信心不足。

经验研究表明，资产负债率存在显著的行业差异，因此分析该比率时应注重与行业平均数的比较。运用该指标分析长期偿债能力时，应结合总体经济状况、行业发展趋势、所处市场环境等综合判断。

（2）产权比率。产权比率的计算公式如下：

产权比率＝（负债总额÷所有者权益总额）×100%

产权比率与资产负债率无根本区别，只是表达方式不同，主要反映所有者权益对偿债风险的承受能力。

【资产营运能力分析】

资产营运能力是指公司资产的周转运行能力。对此进行分析，可以了解公司的营业状况与经营管理水平。评价公司资产营运能力的主要指标如下：

1．应收账款周转率

应收账款周转率是反映应收账款周转速度的比率。应收账款周转率越高，说明企业应收账款的利用效率越高，管理水平越高。该指标有以下两种表示方法：

（1）应收账款周转次数。应收账款周转次数的计算公式如下：

应收账款周转次数＝（销售收入净额÷应收账款平均余额）×100%

应收账款周转次数越多，说明应收账款的变现能力越强，企业应收账款的管理水平越高；应收账款周转次数越少，说明应收账款的变现能力越弱，企业应收账款的管理水平越低。在进行应收账款分析时，还要注意企业由于过度提高应收账款周转次数而没有充分利用赊销来扩大销售规模和提高盈利水平。

（2）应收账款周转天数。应收账款周转天数的计算公式如下：

应收账款周转天数＝360÷应收账款周转次数

应收账款周转天数是应收账款周转次数的倒数，反映年度内应收账款平均变现一次所需要的天数。应收账款周转天数越少，应收账款周转次数越多，说明应收账款的变现能力越强，企业应收账款的管理水平越高；应收账款周转天数越多，应收账款周转次数越少，说明应收账款的变现能力越弱，企业应收账款的管理水平越低。

2．存货周转率

存货周转率是反映存货周转速度的比率，是指公司的销售成本与平均存货的比率。存货周转率越高，说明企业销售能力越强，营运资金占用在存货上的金额越少；反之，说明公司在产品销售方面存在一定问题。存货周转率的计算公式如下：

存货周转率＝（销售成本÷平均存货）×100%

我们可以通过行情软件中 F10 键查看某上市公司的财务状况。图 5-8 为白云机场的资产运营能力主要指标。

【运营能力指标】

财务指标	2014-09-30	2013-12-31	2012-12-31	2011-12-31
应收账款周转率	5.7243	8.5290	7.0435	5.6332
存货周转率	46.1656	60.7224	58.3172	70.8207
流动资产周转率	1.3730	2.3164	2.4881	2.2402
固定资产周转率	0.5888	0.6862	0.5756	0.5016
总资产周转率	0.3986	0.5117	0.4497	0.3866
每股现金流量增长率(%)	-19.9129	9.4220	37.1401	-20.3357

财务指标	2014-09-30	2014-06-30	2014-03-31	2013-12-31
应收账款周转率	5.7243	4.3006	1.7303	8.5290
存货周转率	46.1656	31.1100	15.5190	60.7224
流动资产周转率	1.3730	0.9128	0.4773	2.3164
固定资产周转率	0.5888	0.3834	0.1819	0.6862
总资产周转率	0.3986	0.2614	0.1276	0.5117
每股现金流量增长率(%)	-19.9129	-7.6133	-49.2063	9.4220

图 5-8　白云机场的资产运营能力主要指标

【获利能力分析】

获利能力反映企业获取利润的能力。分析企业的获利能力，一般只分析企业正常的经营活动的获利能力，不涉及非正常的经营活动。因此，一些偶发的、特殊的经营活动，虽然也会给企业带来收益，但是不是经常和持久的。

1. 销售净利润率

销售净利润率是企业净利润与销售收入净额的比率，是反映企业每单位销售收入获取利润的能力。销售收入净利润的计算公式如下：

销售收入净利润率＝(净利润÷销售收入净额)×100%

该项指标越高，说明企业从销售收入中获取净利润的能力越强；该项指标越低，说明企业从销售收入中获取净利润的能力越弱。影响销售净利润率的因素很多，主要有商品质量、成本、价格、销售数量、税金等。分析时应结合具体情况做出正确评价，以促使企业改进经营管理，提高获利能力。例如，某上市公司 2013 年、2014 年销售净利润率分别为 17.27%、19.03%，则表明该公司 2014 年的销售收入净利率比 2013 年有所增加，说明企业的获利能力比 2013 年有所上升。

2. 资产净利润率

资产净利润率是企业净利润与资产平均总额的比率，反映企业占用单位资产获取利润的能力。资产净利润率的计算公式如下：

资产净利润率＝(净利润÷资产平均总额)×100%

资产净利润越高，说明企业利用全部资产获利能力越强；资产净利润率越低，说明企业利用全部资产获利能力越弱。资产净利润率与资产净利润成正比，与资产平均总额成反比，分析工作应从这两个方面进行。

3. 实收资本利润率

实收资本利润率是企业净利润与实收资本的比率，反映所有者投入企业的资本的获利能力。实收资本利润率的计算公式如下：

实收资本利润率＝（净利润÷实收资本）×100%

实收资本利润率越高，说明企业实际投入资本的获利能力越强；实收资本利润率越低，说明企业实际投入资本的获利能力越弱。实收资本利润率是股东非常关心的一项指标，在一定程度上影响企业股票价格的走势。影响实收资本利润率的因素除了包括影响净利润的各项因素外，企业负债的规模也对其有一定的影响。一般地，负债增加会导致实收资本利润率的上升，在分析时应特别注意。

4. 净资产利润率

净资产利润率也称所有者权益利润率或净资产收益率，是净利润与所有者权益平均余额之比，反映全部所有者权益的获利能力。净资产利润率的计算公式如下：

净资产利润率＝（净利润÷所有者权益平均余额）×100%

净资产利润率越高，说明企业所有者权益的获利能力越强；净资产利润率越低，说明企业所有者权益的获利能力越弱。影响净资产利润率的因素，除了企业的获利水平和所有者权益大小以外，企业负债的多少也影响该比率的高低，通常负债增加会导致净资产利润率的上升。

5. 每股收益（反映普通股的获利水平）

每股收益是企业的净利润扣除优先股股利以后与普通股股份数的比率，反映每股收益。每股收益的计算公式如下：

每股收益＝（净利润−优先股股利）÷年末普通股

每股收益是衡量上市公司盈利能力最常用的财务指标，反映的是普通股的获利水平。在分析时可以进行公司间的比较，以评价该公司的相对盈利能力；可以进行不同时期的比较，了解该公司盈利能力的变化趋势；可以进行实际经营业绩和盈利预测的比较，掌握该公司的管理水平和盈利能力。

使用该指标分析企业的盈利能力时要注意：每股收益不反映股票所含有的风险；股票是一个"份额"概念，不同股票的每一股在经济上不等量，其所含有的净资产和市价不同，即换取每股收益的投入量不同；每股收益多并不意味着股东得的股利多，还取决于鼓励分配政策。

为克服每股收益指标的这些缺陷，可以进一步延伸分析市盈率、每股股利、股利支付率、股利保障倍数等指标。

6. 每股股利

每股股利是企业发放给普通股的净利润与普通股股数的比率，反映所有者实际得到的收益。每股股利的计算如下：

每股股利＝发放的净利润÷普通股股数

每股股利是影响企业股票价格的重要指标，每股股利越多，说明给投资者的回报越多，企业股票价格越高；每股股利越少，说明给投资者的回报越少，企业股票价格越低。影响该指标的因素有两个方面：一方面是企业的每股盈余；另一方面是企业的股利发放政策。

7. 市盈率

市盈率是普通股每股市价与每股收益的比率，反映企业在市场中的地位。市盈率的计算公式如下：

市盈率＝普通股每股市价÷普通股每股收益

该指标反映投资人对每元净利润所愿支付的价格，是市场对公司的共同期望指标。市盈率越高，表明市场对公司的未来越看好。在市价确定的情况下，每股收益越高，市盈率越低，投资风险越小；反之亦然。在每股收益确定的情况下，市价越高，市盈率越高，风险越大；反之亦然。仅从市盈率高低的横向比较来看，高市盈率说明公司能够获得社会信赖，具有良好的前景；反之亦然。

市盈率指标不能用于不同行业间的比较。充满扩展机会的新兴行业市盈率一般都较高，而成熟行业的市盈率普遍较低，但这并不说明后者不具有投资价值。在每股收益很小或亏损时，市价不会降至零，很高的市盈率往往不会说明任何问题。

市盈率的高低受净利润的影响，而净利润受所选择会计政策的影响，从而使公司间的比较受到限制。市盈率高低受市价的影响，而市价变动的因素很多，包括投机炒作等，因此观察市盈率的长期趋势很重要。同样我们可以通过行情软件 F10 键查看某上市公司的获利能力水平。图 5-9 所示为白云机场获利能力主要指标。

【盈利能力指标】

财务指标(%)	2014-09-30	2013-12-31	2012-12-31	2011-12-31
营业利润率	25.2245	25.5848	24.5640	22.5111
营业净利率	19.5022	18.4884	16.9283	17.2279
营业毛利率	34.3760	36.5677	38.9539	37.3863
成本费用利润率	34.5739	33.6506	30.1317	29.5074
总资产报酬率	9.9895	12.9601	10.5228	9.1824
加权净资产收益率	9.3600	11.9100	10.6400	10.3600

财务指标(%)	2014-09-30	2014-06-30	2014-03-31	2013-12-31
营业利润率	25.2245	26.1777	26.8555	25.5848
营业净利率	19.5022	20.7959	20.6502	18.4884
营业毛利率	34.3760	34.9747	35.9976	36.5677
成本费用利润率	34.5739	36.3482	38.0524	33.6506
总资产报酬率	9.9895	6.7978	3.4827	12.9601
加权净资产收益率	9.3600	6.5600	3.1730	11.9100

图 5-9　白云机场获利能力主要指标

▷【实验任务 3】

（1）根据前面行业分析，选择你觉得最具投资价值的行业中的某一家公司，分析其公司经营基本情况、公司基本素质和财务状况。

（2）给出该品种的投资操作结论，说明分析原因。

相关阅读： **如何看上市公司年报**

上市公司年度报告是综合反映年度内经营业绩与财务状况的重要报告，是投资者据以判断证券价格变动趋势的主要依据。年度报告正文包括公司简介、会计数据和业务数据摘要、股本变动及股东情况、股东大会简介、董事会报告、监事会报告、业务报告摘要、重大事项、财务报告、公司的其他有关资料。

年报主要内容中最有价值的信息包括如下几个方面：

1. 公司简介

可以从公司董事会秘书及其授权代表的姓名、联系地址、电话、传真、公司电子信箱、年度报告备置地点等资料中了解上市公司所处行业等信息以及获取便于投资者咨询上市公司情况的资料。

2. 会计数据和业务数据的摘要

（1）每股收益。每股收益决定股价定价水平和按业绩划分的板块类别。每股收益与市场预期的差异还会决定年报披露后股价变动的程度和方向。

（2）净资产收益率及同期增长情况。净资产收益率不仅是公司综合收益能力的反映，还决定公司是否有资格配股。

3. 股本变动与股东情况

（1）十大股东（可与以往相对比）。大股东易主或持股数量的变化更能证明战略投资者对上市公司的看法。

（2）股本变动情况和财务状况。通过了解股本变动情况和财务状况可以推测公司股本扩张倾向与能力。

（3）内部职工股数量与上市时间。通过了解内部职工股数量与上市时间可以把握市场股价走势。

（4）现任董事、监事和高级管理人员的年度内持股增减变动情况与原因。通过了解这一信息可以重点分析送转股或配股以外原因的增减变动。

4. 股东大会简介

（1）大会决议事项。

（2）董事、监事变动情况。由此可以推测人事结构是否协调、稳定。

5. 董事会报告

（1）本年度利润分配预案或资本公积金转增股本预案。

（2）董事会在公司经营方面的主要工作、董事会的工作能力、公司的发展状况。若公司本年利润实现数与预测数的差异低于利润预测数的10%或高于预测数的20%，董事会应详细说明产生差异的项目和造成差异的原因。

6. 监事会报告

应重点关注出现特殊事项，如募集资金投入项目变更、关联交易、会计师事务所出具有保留意见或解释性说明的审计报告、本年度经营出现亏损、利润实现数与预测数的差异（低于利润预测数的10%或高于预测数的20%等），监事会的解释。

7. 业务报告摘要

（1）经营状况，尤其是财务状况。

（2）公司投资情况，尤其是对募集资金使用情况的说明。

（3）新年度的业务发展计划。

8. 重大事项

对于有关未决诉讼、仲裁事项，未完成的重大收购项目等事件，应密切关注。应注意会计师事务所变更频繁的上市公司。

9. 财务报告。

（1）三张会计报表中的重要数据。

（2）审计报告中的注册会计师意见，尤其是非无保留意见的审计报告或带说明文字的审计报告。

（3）会计报表附注中的重要信息。这主要包括合并子公司、税项政策、主要报表项目的附注解释和同期比较情况、分行业资料、关联交易情况等。

10. 公司的其他有关资料

例如，公司报告期内主承销商机构名称。一般主承销商为了确保完成承销任务，往往持有较多该种股票，以维护股价。另外，若该承销商内部有重大事件，常对其做庄的股票的股价有一定的影响。

在了解了以上上市公司年报相关信息后，要客观评估年报的可靠性、全面性，具体如下：

1. 有关公司或某个项目前景的文字

许多上市公司喜欢用大篇幅的文字描述有关公司或项目的美好前景，而对会带来多少收入和利润却只字不提，易误导投资者，投资者应重点关注其利润增长点在哪里。

2. 分析公司收入和利润的真实性，尤其关注关联交易的文字

若关联交易额很大，对利润的影响较重大，投资者需要保持警惕。

研究公司的长期性投资也很重要，因为我国的长期投资现行会计政策仍是成本法或权益法，公司有些长期投资可能已经亏损了，但账面上却看不出来。

例如，在山东黑豹（600760）的1998年中报中，揭示有9 859万元的长期投资，据其1997年年报可知该公司这笔长期投资应为持有四川长虹的276.4万股股票。事实上，这些股票在1998年6月30日时，市值只有7 900万元，浮动亏损1 959万元，相当于该公司1998年上半年净利润的35%。投资者对于上市公司的这一类长期投资要予以高度重视。

3. 分析并判断公司的风险因素

（1）分析预测公司的未来利润情况。要分析公司当年的利润中，哪些是可以持续获得并可能增长的，哪些是一次性的。一次性的利润来源有多种形式，比如一次性财政补贴、发行股票时的冻结申购资金利息收入、资产转让收入等。投资者在最后预测公司未来利润时，要将这些一次性的收益先行剔除。

此外，还要分析公司现有营运项目的未来盈利情况、有无增长潜力、何时竣工、何时有收益、有多长收益以及将年报、中报、招股说明书、配股说明书结合起来研究，

这样有利于对公司募集资金所投入的项目有更深刻的认识。

（2）判断公司的潜在发展情况。未来年度公司的利润增长点在哪里呢？上市公司在年报或中报中，有一些对未来发展进行规划的不确定的文字，有时能让投资者得到一些关于公司发展前景的信息。投资者要认真研读"公司新年度业务发展计划"。

（3）了解公司的税收政策，判断是否可能发生变化。税收政策直接影响公司的净利润。我国的税收政策还不完善，各上市公司的情况不完全一致，投资者应予以适当注意。尤其要注意，有些公司与当地财政部门签订了在一定时期内的税收返还协议，何时到期、会不会续签，可以打电话询问。另外，"三资"、高科技等税收优惠有期限，投资者需注意何时到期。

（4）分析公司的"壳"价值，是否有可能进行资产重组或被收购。要研究公司的股本结构和大股东的情况。股权分散的"壳"，大股东之间会争夺控制权，会有被收购的可能。股权集中的公司，若大股东实力雄厚，则上市公司成为其重要的窗口，大股东很可能逐步向上市公司注入优质资产，上市公司将有较好的发展前景。若大股东实力较弱，则适当的时候可能转让"壳"，上市公司将来有被收购重组的可能，而短期内业绩不会改善多少。如果公司的股价被低估，投资者判断该股票有无较高的"壳"价值，则适量的投资于此类股票也是一种可以选择的投资策略。

4. 正确看待高送配方案

尽管证券监管部门早已规定上市公司应少送红股，多分现金，没有投资回报的公司不准配股，但市场的看法却非如此，似乎并不认同派红利，更偏好的仍是送红股，且数量越大越好。这主要是由于国内的利率水平较高，加之一些股价过高，含有较大的投机成分，使上市公司纵然以很高的送现金来回报股东，仍然无法与银行利率相比。因此，目前股市上的投资者只好立足于市场上的炒作来做出取舍的判断。

公司以送红股为主，市场上总认为上市公司将利润转化为资本金后，投入扩大再生产，会使利润最大化，似乎预示着企业正加速发展。因此，虽然除权之后股价会下跌，但是过一段时间后，投资者会预期新一年度的盈利会提高，因而股价将被再度炒高。这正是投资者的希望。此外，上市公司还围绕除权、填权做出许多炒作题材，如送后配股、转配等，竭力吸引投资者注意，并且市场又将这种效应放大。因此，送股被市场普遍作为利好处理。

项目六　证券投资技术分析

证券投资技术分析是通过对市场行为本身的分析来预测市场价格的变动方向，即根据证券价格的历史数据，运用图表归纳分析研究，以推测未来价格的趋势。本项目主要介绍了 K 线分析形态分析、均线分析、缺口分析和技术指标分析等技术分析方法。

项目目标

（1）掌握技术分析的基本依据及基本图形，能对相关技术分析图形进行描述和操作。

（2）掌握形态分析方法，能按照形态对相关证券进行具体分析的操作。

（3）掌握均线分析方法，能按照均线对相关证券进行具体分析的操作。

（4）掌握缺口分析方法，能按照缺口对相关证券进行具体分析的操作。

（5）掌握技术指标分析方法，能按照技术指标对相关证券进行具体分析的操作。

模块一　K 线分析及操作

模块介绍

掌握证券投资技术中 K 线及 K 线组合的分析方法及操作。

活动 1：K 线基础知识

[活动目标]

了解 K 线含义、图形及类型，为后面的学习与实践打下基础。

【K 线图形】

K 线图构造为上影线、下影线以及实体，是以单位时间的开盘价、收盘价和最高价、最低价用蜡烛图形连接起来的图形。在 K 线坐标图上，竖轴代表证券的价格，横轴代表时间。

图 6-1 是 2014 年 6 月 20 日中国工商银行股票全天每分钟的成交价格记录，称为分

时图。在当天的工商银行价格走势中，根据其开盘价、最高价、最低价、收盘价，我们可以绘制出当天的 K 线图，如图 6-2 所示：

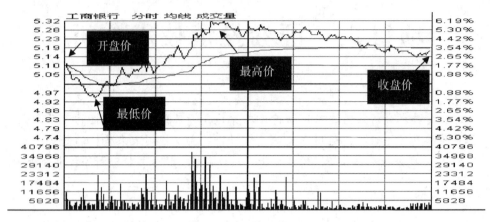

图 6-1　工商银行 2014 年 6 月 20 日价格分时图

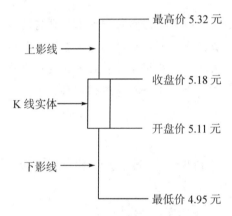

图 6-2　工商银行的日 K 线图

【K 线类型】

1. K 线从形态上可分为阳线、阴线、同价线

阳线指收盘价高于开盘价的 K 线（见图 6-3），阳线按其实体大小可分为大阳线（涨 6% 以上）、中阳线（涨 2%~6%）和小阳线（涨 0.5%~2%）。

阴线是指收盘价低于开盘价的 K 线，阴线按其实体大小可分为大阴线、中阴线和小阴线（见图 6-4）。

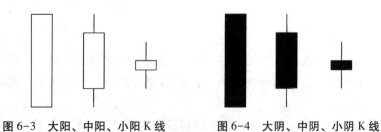

图 6-3　大阳、中阳、小阳 K 线　　　图 6-4　大阴、中阴、小阴 K 线

同价线是指收盘价等于开盘价，两者处于同一个价位的一种特殊形式的 K 线。同价线常以"十"字形和"T"字形表现出来，同价线按上、下影线的长短、有无，又可分为长十字线、十字线和 T 字线、倒 T 字线、一字线等（见图6-5）。

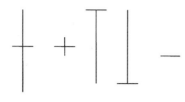

图 6-5　同价线

2. K 线从开盘、收盘价格经历的时间单位周期可分为短周期 K 线和长周期 K 线

根据开盘、收盘价格经历的不同时间单位周期，K 线可分为日 K 线、周 K 线、月 K 线、年 K 线等长周期 K 线，以及如 5 分钟 K 线、15 分钟 K 线、30 分钟 K 线、60 分钟 K 线等短周期 K 线。短周期 K 线和长周期 K 线可以满足短线（持仓几分钟）、中线（按波段买卖）、长线（持仓数月至数年）投资者不同时间周期的分析、预测的需要。

日 K 线（这是最常使用的一种 K 线）反映的是股价短期走势。周 K 线、月 K 线、年 K 线反映的是股价中长期走势。5 分钟 K 线、15 分钟 K 线、30 分钟 K 线、60 分钟 K 线反映的是股价超短期走势。周 K 线、月 K 线、年 K 线，以及 5 分钟 K 线、15 分钟 K 线、30 分钟 K 线、60 分钟 K 线的绘制方法都和日 K 线的绘制方法相同，即取某一时间单位的开盘价、收盘价、最高价、最低价进行绘制。例如，周 K 线，只要找到周一的开盘价、周五的收盘价、一周中的最高价和最低价，就能把周 K 线绘制出来。现在证券行情软件中任何周期的 K 线都可以通过不同的设置来进行查看。

【单根 K 线运用】

K 线实体的阴阳和长短、上下影线的长短是 K 线的重要形状特征，而 K 线理论的精髓就在于 K 线的形态可以反映出多空力量的消长变化状况。

1. K 线告诉我们在某一具体时间单位内的趋势方向

在 K 线图中，开盘价、最高价、最低价、收盘价四个数据代表股价一天的走势。如果出现阳线，代表当天是上涨趋势，再联系技术分析理论基础假设的惯性原理，则后一日继续上涨的可能性就大于下跌的可能；如果出现的是阴线，代表当天为下跌趋势，同样根据惯性原理，则后一日继续下跌的可能性就大于上涨的可能性。以上可以归纳为 K 线的第一个市场含义，即 K 线阴阳表明目前多空双方谁占优势。优势究竟有多大，则还要看实体的长短。

2. K 线告诉我们在某一具体时间单位内多空能量的大小

股市是多空双方共同组成的，但多空双方的力量并不总是处于均衡状态。一旦某一方的力量比另一方的力量大得多或小得多，就会导致多空双方的力量不均衡，这时候股价就会在力量大的一方的主导下运动到一个新的均衡点。股价运动的幅度决定于多空双方能量的对比。

如果多方力量比空方力量占绝对优势，则股价上升幅度就会很大，K 线的实体就很长。大阳线表示了多方能量占绝对优势的事实。如果多方力量比起空方力量只占部分优势，则股价上升幅度就不会很大，K线阳线实体只能是中等长度。中阳线表示多方力量占有相对优势的事实。如果多方力量比起空方力量只占微小的优势，则股价只会出现极为有限的微幅上升，K线阳线实体的长度很小。小阳线表示多方能量略占优势的事实。同理，大阴线、中阴线、小阴线分别表示了空方力量占绝对优势、相对优势、略占优势的事实。把多空双方力量对比与K线形态结合起来，可归纳为K线的第二个市场含义，即K线实体长短代表"动力"。这里的"动力"指多空双方中占有优势一方能量的大小。

3. K线告诉我们在某一具体时间单位内的转折信号的强弱

K线的重要组成部分——上下影线，代表了转势信号的强弱。如果一根K线带有很长的上影线，说明当天多方曾经把价格拉升得很高，但最后还是被空方打压了下去，既然空方能够击退多方的进攻，那么在下一回合的较量中，空方乘胜追击的可能性就很大。上影线越长，空方反败为胜的可能性就越大；上影线越短，则这种可能性就越不明显。因此，长上影线是强见顶的信号，中上影线是一般见顶信号，短上影线的意义则不大。

相反，如果一根K线带有很长的下影线，说明当天空方曾经把价格打压得很低，但最后还是被多方反击了回去，既然多方能够击退空方的进攻，那么在下一回合的较量中，多方乘胜追击的可能性就越大。下影线越长，多方反败为胜的可能性就越大；下影线越短，则这种可能性就越不明显。因此，长下影线是强见底信号，中下影线是一般见底信号，短下影线的意义不大。

单根K线虽能提示许多价格信息，但其有效性相当有限。2根、3根甚至更多根K线的组合提供的信息可以成倍增加，而且可靠性也要大得多。许多经典的看涨K线组合和看跌K线组合是相互对应的，对照着学习可方便理解和记忆。

活动2：K线组合的运用

[活动目标]

能识别K线组合的典型形态。

K线组合是由2根、3根甚至更多根K线形成的组合，分为两大类，第一类为见底形态和上升形态，第二类为下跌形态和见顶形态。实际运用中典型的K线组合有几十种之多，这里我们主要介绍其中典型的20种形态。

第一类，见底形态和上升形态。

1. 早晨之星

早晨之星又名希望之星，出现在下跌途中，通常由3根K线组成，第一根是阴线，第二根是十字星或是小阴线、小阳线，第三根是阳线（见图6-6）。第三根K线实体深入到第一根K线实体之内，出现这种K线组合时，说明是见底信号，后市看涨，如第二根K线是十字星，表示看涨信号更为强烈。

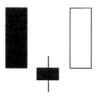

图 6-6　早晨之星

2. 曙光初现

曙光初现又名刺穿线，出现在下跌途中，由 2 根 K 线组成，第一根是大阴线或中阴线，第二根是大阳线或中阳线，阳线实体要深入到阴线实体二分之一以上处，深入阴线实体的部分越多，转势信号越强（见图 6-7）。

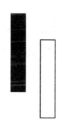

图 6-7　曙光初现

3. 锤头线

锤头线组合形态出现在下跌途中，由 2 根 K 线组成，阳线阴线亦可，但实体很小，下影线大于或等于实体的两倍，一般无上影线，少数会略有一点上影线，是见底信号，后市看涨（见图 6-8）。锤头实体与下影线比例越悬殊，越有参考价值。若锤头与早晨之星同时出现，见底信号就更加可靠。

图 6-8　锤头线

4. 平底

平底又称钳子底，在下跌趋势中出现，由 2 根或 2 根以上的 K 线组成，2 根 K 线的最低价处在同一水平位置上，表示后市看涨（见图 6-9）。

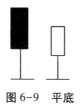

图 6-9　平底

5. 塔形底

塔形底组合形态出现在下跌趋势中，由多根 K 线组成，第一根 K 线是大阴线或中阴线，随后出现一连串的小阴线和小阳线，最后一根 K 线是大阳线或中阳线，是见底信号，后市看涨（见图 6-10）。

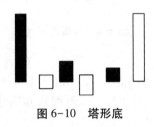

图 6-10　塔形底

6. 圆底

圆底组合形态在跌势中出现，股价形成一个圆弧形的底，圆弧内的 K 线多为小阴线或小阳线，最后以向上跳空缺口来确认圆底形态成立，表示见底信号，后市看涨（见图 6-11）。

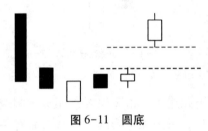

图 6-11　圆底

7. 红三兵

红三兵组合形态出现下跌趋势中，上涨行情启动初期，由 3 根连续创新高的小阳线组成，是买进信号（见图 6-12）。当 3 根小阳线收于最高或接近最高点时，是强烈的买进信号，后市强烈看涨。

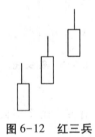

图 6-12　红三兵

8. 上涨二星

上涨二星组合形态在涨势初期、中期内出现，由一大二小 3 根 K 线组成，第一根是大阳线或中阳线，随后在这根阳线的右上方出现 2 根小 K 线（既可以是小十字线，也可以是很小的阳线或阴线），表示后市继续看涨（见图 6-13）。

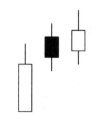

图 6-13　上涨二星

9. 上升三部曲

上升三部曲又称升势三鸦，出现在上涨途中，由大小不等的 5 根 K 线组成，第一根是大阳线或中阳线，随后连续出现 3 根小阴线，但都没有跌破前面阳线的开盘价，随后出现一根大阳线或中阳线，表示后市继续看涨（见图 6-14）。

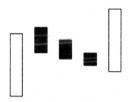

图 6-14　上升三部曲

10. 两阳夹一阴

两阳夹一阴组合形态既可出现在涨势中，也可出现在跌势中，由 2 根较长的阳线和一根较短的阴线组成，阴线夹在阳线之中，如在涨势中出现，表示后市继续看涨；如在跌势中出现，是见底信号（见图 6-15）。

图 6-15　两阳夹一阴

第二类，见顶形态和下跌形态。

1. 黄昏之星

黄昏之星组合形态出现在上涨趋势中，由 3 根 K 线组成，第一根是阳线，第二根是十字星或是小阴线、小阳线，第三根是阴线（见图 6-16）。第三根 K 线实体深入到第一根 K 线实体之内，出现这种 K 线组合时，说明是见顶信号，后市看跌，如第二根 K 线是十字星，表示看跌信号更为强烈。

图 6-16　黄昏之星

2. 乌云盖顶

乌云盖顶组合形态出现在上涨趋势中,由一根中阳线或大阳线和一根中阴线或大阴线组成,且阴线深入到阳线实体二分之一以下处,是见顶信号,后市看跌(见图6-17)。阴线深入阳线实体部分越多,转势信号越强。

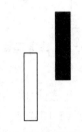

图 6-17 乌云盖顶

3. 射击之星

射击之星又称流星、扫帚星,出现在上涨趋势中,由2根K线组成,阳线、阴线皆可,但实体很小,上影线大于或等于实体的两倍,一般无下影线,少数会略有一点下影线,是见顶信号,后市看跌(见图6-18)。锥头实体与上影线比例越悬殊,越有参考价值。若射击之星与黄昏之星同时出现,见顶信号就更加可靠。

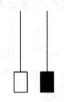

图 6-18 射击之星

4. 平顶

平顶又称钳子顶,在上涨趋势中出现,由2根或2根以上的K线组成,两根K线的最高价处在同一水平位置上,表示后市看跌(见图6-19)。

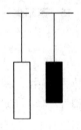

图 6-19 平顶

5. 塔形顶

塔形顶组合形态出现在上涨趋势中,由多根K线组成,第一根K线是大阳线或中阳线,随后出现一连串的小阳线和小阴线,最后一根K线是大阴线或中阴线,是见顶信号,后市看跌(见图6-20)。

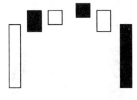

图 6-20　塔形顶

6. 圆顶

圆顶组合形态在涨势中出现，股价形成一个圆弧形的顶，圆弧内的 K 线多为小阳线或小阴线，最后以向下跳空缺口来确认圆顶形态成立，表示见底信号，后市看涨（见图 6-21）。

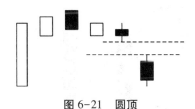

图 6-21　圆顶

7. 黑三兵

黑三兵组合形态既可在涨势中出现，也可在跌势中出现，由 3 根连续创新低的小阴线组成，最低价一根比一根低，是卖出信号（见图 6-22）。

图 6-22　黑三兵

8. 三只乌鸦

三只乌鸦出现在涨势中，由 3 根阴线组成，阴线多为大阴线或中阴线，每次均以跳高开盘，最后以下跌收盘，是见顶信号，后市看跌（见图 6-23）。

图 6-23　三只乌鸦

9. 下降三部曲

下降三部曲又称降势三鹤，出现在下降趋势中，由大小不等的 5 根 K 线组成，第一根是大阴线或中阴线，随后连续出现 3 根向上爬升的小阳线，但这 3 根小阳线都没有冲破破第一根阴线的开盘价，最后一根大阴线或中阴线又全部或大部分吞吃了前面 3 根小阳线，是卖出信号（见图 6-24）。

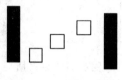

图 6-24　下降三部曲

10. 两阴夹一阳

两阴夹一阳组合形态既可出现在涨势中，也可出现在跌势中，由 2 根较长的阴线和一根较短的阳线组成，阳线夹在阴线之中，如在涨势中出现，是见顶信号；如在跌势中出现，继续看跌（见图 6-25）。

图 6-25　两阴夹一阳

【K 线组合分析运用】

K 线组合分析要注意成交量的配合，还要关注 K 线图与其所处位置的关系。K 线图分为相对高位、中间部位和相对低位三种情况，如在相对低位出现买进信号时，成交量越大则做多的把握性越大；在相对高位出现卖出信号时，成交量越大则说明估计的把握性越大。

➡【实验任务 1】

（1）熟悉分时图和 K 线图之间的切换，

（2）识别典型的 K 线组合图，写出具体品种的交易时间区域，并判断该品种的后续走势。

（3）完成项目实验报告。

模块二　形态分析及操作

➡ 模块介绍

掌握证券投资技术中形态分析的方法及操作。

【形态分析的含义】

K线理论的预测结果只适用于往后的很短的时期,为了弥补这种不足,我们将K线的组合所包含的K线根数扩大到更多,这样众多的K线就组成了一条上下波动的曲线,这条曲线就是价格在这一长段时间移动的轨迹。这条曲线的上下波动实际上仍然是多空双方进行争斗的结果。不同时期多空双方力量对比的大小就决定了曲线是向上还是向下,使我们能观察到更多时间单位组成的更长时间周期的价格K线变动的轨迹。

形态理论这种技术分析方法正是通过研究价格所走过的轨迹,分析和挖掘出曲线告诉我们的一些多空双方力量的对比结果,进而指导我们的投资行动。形态理论认为股价的移动主要是保持均衡的持续整理和打破均衡的反转突破这两个过程。这样我们就可以把若干K线组成的价格曲线形态分成两个大的类型:反转突破形态和持续整理形态。

【形态分析的方法】

1. 反转突破形态

(1) 单顶和单底(V形)。单顶和单底是指趋势的反转没有过渡,直接由暴涨迅速转为暴跌(或相反)的情况。出现V形反转的前提条件是原趋势在最后阶段出现明显加速,是"物极必反"规律的最好体现,并伴随巨大的成交量。出现V形反转意味着原趋势发展严重偏离了正常范围,因而出现了矫枉过正。图6-26是这种形态的简单形状示意。

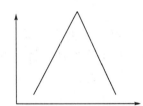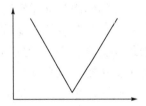

图6-26 单顶和单底(V形)

在实际操作中V形反转是最难捕捉的反转形态,因为它转势速度过快,机会稍纵即逝。V形反转与趋势中急剧回调难以识别,所以即使抓到了V形反转的拐点也很难坚定地持有。

(2) 双重顶和双重底。双重顶和双重底是市场上众所周知的M头和W底,这种形态在实际中出现得非常频繁(见图6-27)。

从图6-27中可看出,双重顶(底)一共出现两个顶(底),也就是两个相同高度的高点和低点。在上升趋势过程的末期,股价在第一个高点A点建立了新高点,之后进行正常的回档,受上升趋势线的支撑,这次回档将在B点附近停止。然后继续上升,但是力量不够,上升高度不能创新高,在C点(与A点等高)遇到压力,价格向下,这样就形成了A和C两个顶的形状。

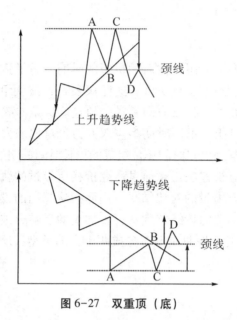

图 6-27 双重顶（底）

M 头形成以后，有两种可能的前途：第一种前途是未突破 B 点的支撑位置，价格在 A、B、C 三点构成的狭窄范围内上下波动，演变成后面要介绍的矩形；第二种前途是突破 B 点的支撑位置继续向下，这种情况才是真正的双重顶反转突破形态。前一种情况只能说是出现了一个潜在的双重顶反转突破形态。

以 B 点作平行于 A、C 连线的平行线（图 6-27 中的一条虚线），就得到一条非常重要的直线——颈线。A 与 C 的连线是趋势线，颈线是与这条趋势线所对应的轨道线，这条轨道线在这里起的作用是支撑作用。

一个真正的双重顶反转突破形态的出现，除了必要的两个相同高度的高点以外，还应该向下突破颈线支撑。双重顶反转突破形态一旦得到确认，就可以用它进行后市的预测了。它的主要功能是测算功能，即从突破颈线算起，价格将至少要跌到与形态高度相等的距离。所谓形态高度，就是从 A 或 C 到 B 的垂直距离，亦即从顶点到颈线的垂直距离。图 6-27 中左边箭头所指将是股价至少要跌到的位置，换句话说股价必须在这条线之下才能找到像样的支撑，这之前的支撑都是不可靠的。

（3）头肩顶和头肩底。头肩顶和头肩底是实际价格形态中出现得最多的形态，是最典型和最可靠的反转突破形态。图 6-28 是这种形态的简单形式。

在上升趋势中，不断升高的各个局部的高点和低点保持着上升的趋势，然后在某一个地方趋势的上涨势头将放慢。图 6-28 中 A 点和 B 点还没有放慢的迹象，但从 C 点到 D 点已经有了势头受阻的信号，说明这一轮上涨趋势可能已经出了问题。最后价格"走"到了 E 点和 F 点，这时反转向下的趋势已势不可挡。

这种头肩顶反转向下的道理与支撑线和压力线的内容有密切关系。图 6-28 中的上升趋势线和颈线是两条明显的支撑线。在 D 点已向下突破上升趋势线说明上升趋势的势头已经遇到了阻力，E 点和 F 点之间的突破则是趋势的转向。另外，E 点的反弹高度没有超过 C 点，D 点的回落高度已经低于 A 点，都是上升趋势出了问题的信号。图 6-28 中的颈线在头肩顶形态中，是支撑线，起支撑作用。

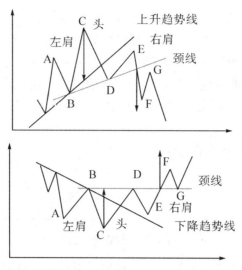

图 6-28　头肩顶（底）

头肩顶形态走到了 E 点并调头向下，只能说是原有的上升趋势已经转化成了横向延伸，还不能说已经反转向下了。只有当图形到了 F 点，即价格向下突破了颈线，才能说头肩顶反转形态已经形成。

颈线被突破，反转确认之后，我们就知道价格下一步的大方向是下跌，而不是上涨或横盘。下跌的深度，我们可以借助头肩顶形态的测算功能。

形态高度的测算方法是这样的，量出从头到颈线的距离（图 6-28 中从 C 点向下到达颈线的距离），这个长度就是头肩顶形态的形态高度。上述原则是价格下落的最起码的深度，是最近的目标。价格的实际下落的位置要根据许多的因素来确定。上述原则只是给出了一个范围，只对投资有一定的指导作用。预计价格今后将要跌到什么位置能止住或将要涨到什么位置而调头，永远是进行股票买卖的人最关心的问题，也是最难回答的问题。

（4）多重顶（底）形态。多重顶（底）形态是头肩形态的一种变体。任何头肩形，特别是头部超过肩部不够多时，可称为三重顶（底）形。三重顶形态和双重顶形态十分相似，只是多一个顶（见图 6-29）。

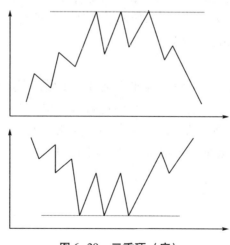

图 6-29　三重顶（底）

三重顶（底）的顶部（底部）连线是水平的，这就使得三重顶（底）具有矩形的特征。比起头肩形来说，三重顶（底）更容易演变成持续形态，而不是反转形态。

（5）圆弧形态。将价格在一段时间的顶部高点用折线连起来，每一个局部的高点都考虑到，我们有时可能得到一条类似于圆弧的弧线，覆在价格之上。将每个局部的低点连在一起也能得到一条弧线，托在价格之下（见图6-30）。

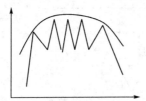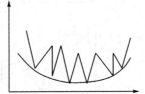

图 6-30　圆弧顶（底）

圆弧形在实际中出现的机会较少，一旦出现则是绝好的机会，它的反转深度和高度是不可测的，这一点同前面几种形态有一定的区别。圆弧的形成过程与头肩形中的复合头肩形有相似的地方，只是圆弧形的各种顶或底没有明显的头肩的感觉。这些顶部和底部的地位都差不多，没有明显的主次之分。这种局面的形成在很大程度上是一些机构大户炒作市场的产物。这些人手里有足够的"筹码"，如果一下抛出太多，价格下落太快，手里的"货"可能不能全出手，只能一点一点地往外抛，形成众多的来回拉锯，直到手中股票接近抛完时，才会大幅度打压，一举使价格下降到很深的位置。这些人手里持有足够的资金，如果一下吃得太多，价格上升得太快，也不利于今后买入，也要一口一口地吃，使得价格一点一点地来回拉锯，往上接近圆弧边缘时，才会用少量的资金一举往上提拉一个很高的高度。因为这时股票大部分在机构大户手中，别人无法打压。

识别圆弧形，成交量也是很重要的。无论是圆弧顶还是圆弧底，在它们的形成过程中，成交量都是两头多、中间少。越靠近顶或底成交量越少，到达顶或底时成交量达到最少（圆弧底在达到底部时，成交量可能突然大一下，之后恢复正常）。在突破后的一段，都有相当大的成交量。圆弧形形成所花的时间越长，今后反转的力量就越强，越值得我们去相信这个圆弧形。

2. 持续整理形态

（1）三角形。三角形分为对称三角形、上升三角形、下降三角形、喇叭形和菱形。对称三角形情况大多数是发生在一个大趋势进行的途中，表示原有的趋势暂时处于休整阶段，之后还要随着原趋势的方向继续行动。由此可见，在见到对称三角形后，市场今后走向的最大可能是原有的趋势方向（见图6-31）。

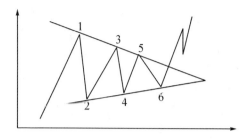

图 6-31　对称三角形

由对称三角形的特殊性可知，实际上可以预测股价向上或向下突破的时间区域，只要得到了上下两条直线就可以完成这项工作。我们可在图 6-31 中根据两条直线找到顶点，然后计算出三角的横向宽度，标出 1/2 和 3/4 的位置。于是这个区域就是股价未来可能要突破并保持原来趋势的位置。这对于我们进行买卖是很有指导意义的。不过这有个大前提，就是必须要突破这个三角形。

上升三角形是对称三角形的变形体。对称三角形有上下两条直线，将上面的直线逐渐由向下倾斜变成水平方向就得到上升三角形（见图 6-32）。除了上面的直线是水平的以外，上升三角形同对称三角形在形状上没有什么区别。

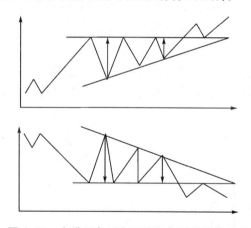

图 6-32　上升三角形和下降三角形的测算功能

我们知道，上边的直线起压力作用，下面的直线起支撑作用。在对称三角形中，压力和支撑都是逐步加强的。一方是越压越低，另一方是越撑越高，看不出谁强谁弱。在上升三角形中就不同了，压力是水平的，始终都是一样的，没有变化，而支撑则是越撑越高。由此可见，上升三角形相比对称三角形，有更强烈的上升意识，多方比空方更为积极。通常以三角形的向上突破作为这个持续整理过程终止的标志。

下降三角形同上升三角形正好反向，是看跌的形态。下降三角形的基本内容同上升三角形可以说完全相似，只是方向相反。从图 6-32 中可以很明白地看出下降三角形所包含的内容。

喇叭形和菱形在实际中出现的次数不多。这两种形态的共同之处在于大多数出现在顶部，而且两者都是看跌（见图 6-33、图 6-34）。

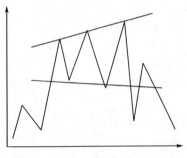

图 6-33　喇叭形　　　　　　　　　　图 6-34　菱形

（2）矩形。矩形又叫箱形，也是一种典型的整理形态，即股票价格在两条水平直线之间上下波动，作横向延伸的运动。矩形在形成之初，多空双方全力投入，各不相让。空方在价格涨上去后，在某个位置就抛出，多方在股价下跌后到某个价位就买入。时间一长就形成两条明显的上下界线。随着时间的推移，双方的战斗热情会逐步减弱，市场遂趋于平淡。

如果原来是上升趋势的，那么经过一段矩形整理后，会继续原来的趋势，多方会占优并采取主动，使股价向上突破矩形的上界。如果原来是下降趋势，则空方会采取行动，使股价向下突破矩形的下界。图 6-35 是矩形的简单图示。从图 6-35 中可以看出，矩形在其形成的过程中极可能演变成三重顶（底）形态，这是我们应该注意的。正是由于矩形的判断有这么一个容易出错的可能性，在面对矩形和三重顶（底）进行操作时，一定要等到突破之后才能采取行动，因为这两个形态今后的走势方向完全相反。一个是反转突破形态，要改变原来的趋势；一个是持续整理形态，要维持原来的趋势。

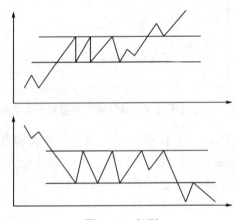

图 6-35　矩形

（3）旗形。从几何学的观点来看，旗形应该叫平行四边形，它的形状是一个上倾或下倾的平行四边形，如图 6-36 所示。旗形大多发生在市场极度活跃，股价的运动是剧烈的、近乎直线上升或下降的情况之后。这种剧烈运动的结果就是产生旗形的条件。由于其上升或下降得过于迅速，市场必然会有所休整，旗形就是完成这一休整过程的主要形式之一。

（4）楔形。如果将旗形中上倾或下倾的平行四边形变成上倾和下倾的三角形，我们就会得到楔形，如图6-37所示。从图6-37中可以看出三角形的上下两条边都朝着同一个方向倾斜。这与前面介绍的三角形态不同，有明显的倾向。

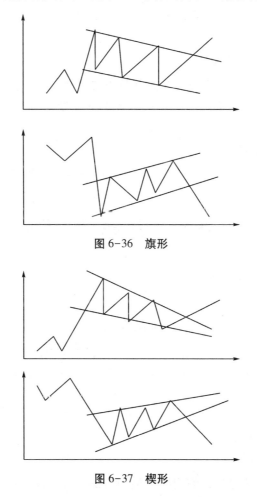

图 6-36　旗形

图 6-37　楔形

与旗形和三角形一样，楔形也有保持原有趋势方向的功能，趋势的途中会遇到这种形态。

与旗形和三角形不同的是，楔形偶尔也可能出现顶部或底部而作为反转形态。这种情况一定是发生在一个趋势经过了很长时间并接近尾声的时候。我们可以借助很多别的技术分析方法，从时间上来判断趋势是否已接近尾声。尽管如此，我们看到一个楔形后，首先还是要把它当成中途的持续形态。

上升楔形在跌势中出现，反弹过程至少出现3个局部高点和2个局部低点，且高点的连线和低点的连线都呈逐渐上移态势，构成上倾的楔形图。在楔形形成过程中，成交量不断减少，价升量减的反弹特征强。股价跌破低点连线构成的支撑线后，市场的上升推动力量已消耗殆尽，此后将转入下跌而且往往是快速下跌之中。投资者应警惕这是市场主力的诱多行为，它应该是卖出信号，以持币观望为宜，持筹者应立即止损离场。

下降楔形在升势中出现，与上升楔形的形态相反。上涨高点的连线和回落低点的连线均下移，构成下倾的楔形。在楔形形成过程中，成交量不断减少，但当股价突破高点连线构成的压力线时成交量明显放大。投资者应警惕这种市场主力的诱空陷阱，它实质上是买入信号，持币者可在向上突破时买入跟进。

▭▷【实验任务2】

（1）寻找上升、下降、平行通道中突破情形的案例。

（2）寻找当前市场中完成反转形态的证券品种，分别标明相应证券品种的名称、时间。

（3）完成项目实验报告。

模块三　均线分析及操作

▭▷模块介绍

掌握证券投资技术中均线分析方法及操作。

活动1：均线基础知识

［活动目标］
了解均线含义及基本特征。

移动平均线是除K线之外，使用频率最为广泛的、准确率也相对较高的一种技术分析方法。因为移动平均线直观、易懂，所以很受广大投资者，尤其是中小投资者的青睐。

【均线的含义】

将包括当天在内的连续 n 天的收盘价相加再除以 n，得到当日的 n 天算术平均价格，将最近 n 天的这些算术平均价格连接而成的曲线，就是 n 天移动平均线（Moving Average），简称 MA（n）、均价线或均线（见图6-38）。

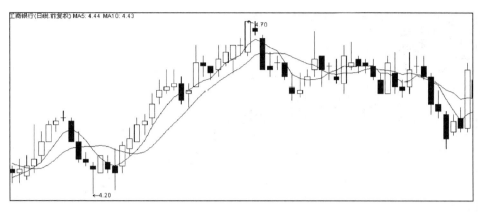

图 6-38　均线示意图

【均线的基本特征】

n 大移动平均线反映了投资者 n 天的持筹成本。当收盘价线位于移动平均线之上，意味着交易价格超过了平均成本，此时会有盈利效应产生，因而会促使证券价格出现看涨的"助涨性"；反之，当收盘价线位于移动平均线之下，意味着之前的交易被"套牢"了，此时便会产生亏损效应，从而促使证券价格出现看跌的"助涨性"。

由于 n 值的不同，短、中、长期均线对证券价格波动的敏感性显然不同。当证券价格持续上涨时，会产生短期均线在上、中期均线在中间、长期均线在下的多头排列（见图 6-39）。一般来说，无论是大盘还是个股，均线出现多头排列表明多头（买方）力量较强，做多主力正在控制局势，这是一种比较典型的做多信号，投资者见此图形应持股待涨为主。当证券价格持续下跌时，会产生长期均线在上、中期均线在中间、短期均线在下的空头排列（见图 6-40）。一般来说，无论是大盘还是个股均线出现空头排列时，即意味着大盘或个股进入了空头市场。尤其是大盘或个股有了一段涨幅后，均线出现空头排列常会有一轮较大的跌势。

图 6-39　多头排列

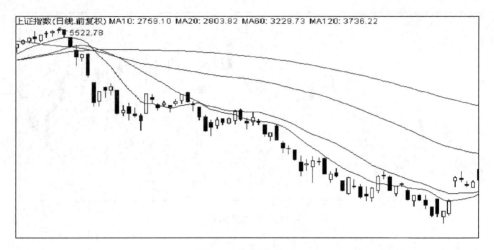

图 6-40　空头排列

活动 2：均线运用

[活动目标]
　　了解均线的基本分析方法。

　　西方证券投资家葛兰维尔就移动平均线的应用提出了八项原则，这八大投资法则是移动平均线经典的应用方法，包含了背离、交叉、支撑和压力等思想。葛兰维尔法则包括四大买入信号和四大卖出信号。

　　移动平均线从下降逐渐走平且略向上方抬头，而股价从移动平均线下方向上方突破，为买进信号（见图 6-41 买①）。

　　股价位于移动平均线之上运行，回档时未跌破移动平均线后又再度上升时为买进时机（见图 6-41 买②）。

　　股价位于移动平均线之上运行，回档时跌破移动平均线，但移动平均线继续呈上升趋势，此时为买进时机（见图 6-41 买③）。

　　股价位于移动平均线以下运行，突然暴跌，距离移动平均线太远，极有可能向移动平均线靠近（物极必反，下跌反弹），此时为买进时机（见图 6-41 买④）。

图 6-41　葛兰维尔法则四大买入信号

当移动平均线由上升逐渐走平转弯下跌，而股价从移动平均线上方向下跌破平均线时，为卖出信号（见图 6-42 卖⑤）。

股价虽向上突破移动平均线，但又立即跌到移动平均线之下，而这里移动平均线仍然继续向下，为卖出信号（见图 6-42 卖⑥）。

股价位于移动平均线下方运行，反弹时未突破移动平均线又告回落，为卖出信号（见图 6-42 卖⑦）。

股价击穿移动平均线后，在移动平均线上方急速上升，离移动平均线越来越远，且上涨幅度相当可观，属于超买现象，随时会获得回吐，为卖出信号（见图 6-42 卖⑧）。

图 6-42　葛兰维尔法则四大卖出信号

▭⇨【实验任务3】

（1）寻找符合均线组合分析要求的证券品种，写出证券品种的名称及该品种的操作思路。

（2）根据葛兰维尔法则，选择某一证券品种标出买入、卖出点。

（3）完成项目实验报告。

模块四　缺口分析及操作

▭⇨模块介绍

掌握证券投资技术中缺口的类型及分析方法。

活动1　缺口的形成及类型

［活动目标］

了解缺口的形成及类型。

缺口在技术性分析中占有十分重要的意义，从有 K 线图开始，缺口就一直引起投资分析者的注意。从缺口发生的部位大小，可以预测走势的强弱，确定是突破，还是趋势要反转。缺口是研判各种形态时最有力的辅助材料。

【缺口的形成】

缺口是指股价在快速大幅变动（通常出现在上午开盘或下午开盘）中，或者因为除息、除权，有一段价格区域没有任何交易，一直到收盘时，这个没有成交的价格区域仍然全部或部分保留着。这个称之为"缺口"的价格区域，通常也称为跳空（见图6-43）。经过几天，甚至更长时间的价格变动，缺口价格区域出现成交，称为缺口的封闭。

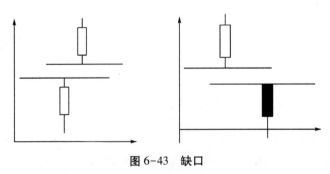

图6-43　缺口

【缺口类型】

缺口分为普通缺口和功能性缺口两大类，功能性缺口有突破缺口、持续性缺口和竭尽缺口之分，这些缺口对投资者有着较强的指导意义（见图6-44）。

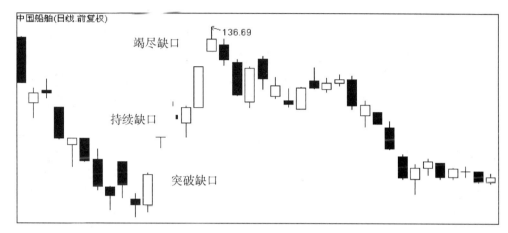

图 6-44　缺口的类型

1. 普通缺口

普通缺口经常出现在一个频繁的整理与反转区域，出现在整理形态的机会较反转形态大。若发展过程中的矩形与对称三角形出现缺口时，就能确定此形态为整理形态。普通缺口的特征是出现跳空现象，但并未导致股价脱离形态而上升或下降，短期内走势仍是盘局，缺口亦很快被填补。

普通缺口并无特别的分析意义，一般在几个交易日内便会完全填补，它只能帮助我们辨认清楚某种形态的形成。

2. 突破缺口

突破缺口是当一个密集的反转或整理形态完成后突破盘局时产生的缺口。当股价以一个很大的缺口跳空远离形态时，这表示真正的突破已经形成了。

突破缺口的分析意义较大，经常在重要的转向形态如头肩式的突破时出现。这种缺口可帮助我们辨认突破讯号的真伪。如果股价突破支持线或阻力线后以一个很大的缺口跳离形态，可见突破十分强有力。

3. 持续缺口

在上升或下跌途中出现的第二个缺口就是持续缺口。任何离开形态或密集交易区域后的急速上升或下跌，所出现的缺口大多是持续缺口。

持续缺口的技术性分析意义最大，它通常是在股价突破后远离形态至下一个反转或整理形态的中途出现。因此，持续缺口能大约地预测股价未来可能移动的距离，其量度的方法是从突破点开始到持续缺口开始点的垂直距离，就是未来股价将会达到的幅度。这种缺口可帮助我们估计未来后市波幅的幅度，因此也称之为量度性缺口。

4. 竭尽缺口

竭尽缺口通常伴随快速、大幅的股价波幅而出现。在急速的上升或下跌中，股价的波动并非是渐渐出现阻力，而是越来越急。这时价格的跳升（或跳空下跌）可能发生，此缺口就是竭尽缺口。通常竭尽缺口大多在衰竭性上升或下降的末段出现。

竭尽缺口的出现，表示股价的趋势将暂告一段落。如果在上升趋势中出现，即表示即将下跌；如果在下跌趋势中出现，即表示即将回升。但是，竭尽缺口并非意味着趋势必定出现转向。

除了上述的几种对投资者操作有较强指导意义的缺口外，还有除权除息缺口。例如，当上市公司送转股、配股和派息时，会产生除权除息的情况，从而该股票在股价上会留下下跌的缺口。如果股价上涨，将此缺口填满甚至超过，就是涨权（填权）；如果股价继续下跌，离此缺口越来越远，就是跌权（贴权）；如果股价长时间平盘，缺口没有动静，就是横权（平权）。

➡【实验任务 4】

1. 寻找当前市场中形成几类缺口的案例，分别标明相应证券品种的名称、时间。
2. 完成项目实验报告。

模块五　技术指标分析及操作

➡ 模块介绍

掌握证券投资技术中各类技术指标分析的方法及操作。

活动 1：MACD 指标

[活动目标]

了解 MACD 指标的含义及分析方法，并能据此进行实际研判买卖的操作。

【MACD 的含义】

MACD（Moving Average Convergence and Divergence），即指数平滑异同移动平均线，由杰拉尔德·阿佩尔（Gerald Appel）创立。这个指标综合了振荡指标和趋势跟踪指标的优点，既可以测量市场的动量，又保持着跟踪市场趋势的能力，是最常用的一种技术分析指标，是根据移动平均线较易掌握趋势变动的方向的优点发展而来的。MACD 的原理是运用快速与慢速移动平均线聚合与分离的征兆功能，加以双重平滑运算用以判断股票的买进与卖出时机和信号。MACD 是两条指数平滑线之差，在零轴上方和下方用按顺序排列的竖条代表其差值，行情软件上显示有 MACD 柱状图和指标值。MACD 由正负差（DIF）和异同平均数（DEA）两部分组成，其中 DIF 是核心，DEA 是辅助。

【MACD 的操作要点】

第一，从 DIF 和 DEA 的取值对行情进行预测。

当 DIF 和 DEA 在 0 轴之上，均为正值时，属多头市场。DIF 向上突破 DEA（金叉）是买入信号；DIF 向下跌破 DEA（死叉）只能认为是回落，作获利了结。

当 DIF 和 DEA 在 0 轴之下，均为负值时，属空头市场。DIF 向下突破 DEA 是卖出信号；DIF 向上穿破 DEA 只能认为是反弹，作暂时补空。

第二，利用 DIF 的曲线形态进行行情分析，主要是采用指标背离原则。这个原则是技术指标中经常使用的。如果 DIF 的走向与价格走向相背离，则此时是采取行动的信号。至于是卖出还是买入，要依 DIF 的上升和下降而定。如底背离买进，顶背离卖出。图 6-45 是 MACD 的顶背离，可以看到该股 MACD 与股价出现顶背离走势，不久股价就见顶回落。

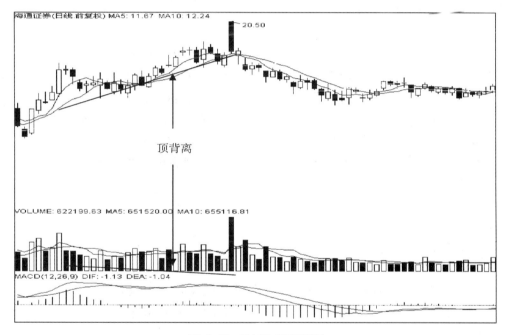

图 6-45　MACD 的顶背离

与移动平均线相比，MACD 的优点是在一定程度上克服了移动平均线频繁发出信号的问题，使发出信号的要求和限制增加，假信号出现的机会降低，信号比移动平均线发出的信号更有把握。但在市场没有明显趋势而进入盘整阶段时，MACD 的失误同样也较多。另外，对未来价格上升和下降的幅度，MACD 也不能给予有帮助的建议。

活动 2：KDJ 指标

[活动目标]

了解 KDJ 指标的含义及分析方法，并能据此进行实际研判买卖的操作。

【KDJ 的含义】

KDJ，即随机振荡指标，由美国的乔治·莱恩（George Lane）博士所创，是证券期货市场常用的一种技术分析工具。该指标融合了移动平均线的思想，对买卖信号的判断更加准确。该指标是波动在 0 ~ 100 之间的超买超卖指标，由 K、D、J 三条曲线组成。指标值为 80 或更高，意味着收盘价在价格范围的顶部附近；指标值为 20 或更低，意味着收盘价在价格范围的底部附近。和其他指标一样，KDJ 指标也包括日 KDJ 指标、周 KDJ 指标、月 KDJ 指标、年 KDJ 指标以及分钟 KDJ 指标等各种类型。KDJ 指标经常被用于股市研判的是日 KDJ 指标和周 KDJ 指标。

【KDJ 的操作要点】

KDJ 指标在应用时主要从四个方面进行考虑：KDJ 的取值、KDJ 曲线的形态、KDJ 指标的交叉、KDJ 指标的背离。

1. KDJ 的取值

KDJ 指标中，K 值和 D 值的取值范围都是 0 ~ 100，而 J 值的取值范围可以超过 100 和低于 0。在分析软件上，KDJ 的研判范围都是 0 ~ 100。通常就敏感性而言，J 值最强，K 值次之，D 值最差，而就安全性而言，J 值最差，K 值次之，D 值最强。

根据 KDJ 的取值，可将其划分为几个区域，即超买区、超卖区和徘徊区。按一般划分标准，K、D、J 三值在 20 以下为超卖区，是买入信号；K、D、J 三值在 80 以上为超买区，是卖出信号；K、D、J 三值在 20 ~ 80 之间为徘徊区，宜观望。

一般而言，当 K、D、J 三值在 50 附近时，表示多空双方力量均衡；当 K、D、J 三值都大于 50 时，表示多方力量占优；当 K、D、J 三值都小于 50 时，表示空方力量占优。

2. KDJ 曲线的形态

当 KDJ 曲线图形形成头肩顶（底）、双重顶（底）（即 M 头、W 底）及三重顶（底）等形态时，可以按照形态理论的研判方法加以分析。KDJ 曲线出现的各种形态是判断行情走势、决定买卖时机的一种分析方法。另外，KDJ 指标曲线还可以划趋势线、压力线和支撑线等。

当 KDJ 曲线在 50 上方的高位时，如果 KDJ 曲线的走势形成 M 头或三重顶等顶部反转形态，可能预示着股价由强势转为弱势，股价即将大跌，应及时卖出股票。如果股价的曲线也出现同样形态则更可确认，其跌幅可以用 M 头或三重顶等形态理论来研判。

当 KDJ 曲线在 50 下方的低位时，如果 KDJ 曲线的走势出现 W 底或三重底等底部反转形态，可能预示着股价由弱势转为强势，股价即将反弹向上，可以逢低少量吸纳股票。如果股价曲线也出现同样形态更可确认，其涨幅可以用 W 底或三重底形态理论来研判。

KDJ 曲线的形态中 M 头和三重顶形态的准确性要大于 W 底和三重底形态。

3. KDJ 曲线的交叉

KDJ 曲线的交叉分为"黄金交叉"和"死亡交叉"两种形式。

一般而言，在一个股票的完整的升势和跌势过程中，KDJ 指标中的 K、D、J 线会出现两次或两次以上的"黄金交叉"和"死亡交叉"情况。

"黄金交叉"的两种形式如下：

第一种形式，当股价经过一段很长时间的低位盘整行情，并且 K、D、J 三线都处于 50 线以下时，一旦 J 线和 K 线几乎同时向上突破 D 线时，表明股市即将转强，股价跌势已经结束，将止跌朝上，可以开始买进股票，进行中长线建仓。这是 KDJ 指标"黄金交叉"的一种形式（见图 6-46）。

第二种形式，当股价经过一段时间的上升过程中的盘整行情，并且 K、D、J 线都处于 50 线附近徘徊时，一旦 J 线和 K 线几乎同时再次向上突破 D 线，成交量再度放出时，表明股市处于一种强势之中，股价将再次上涨，可以加码买进股票或持股待涨，这就是 KDJ 指标"黄金交叉"的另一种形式。

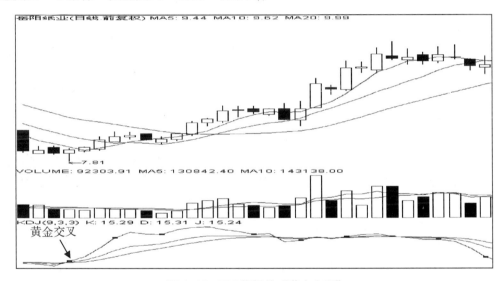

图 6-46　KDJ 指标的"黄金交叉"

"死亡交叉"的两种形式如下：

第一种形式，当股价经过前期一段很长时间的上升行情后，股价涨幅已经很大的情况下，一旦 J 线和 K 线在高位（80 以上）几乎同时向下突破 D 线时，表明股市即将由强势转为弱势，股价将大跌，这时应卖出大部分股票而不能买股票，这就是 KDJ 指标的"死亡交叉"的一种形式（见图 6-47）。

第二种形式，当股价经过一段时间的下跌后，股价向上反弹的动力缺乏，各种均线对股价形成较强的压力时，KDJ 曲线在经过短暂的反弹到 80 线附近，但未能重返 80 线以上时，一旦 J 线和 K 线再次向下突破 D 线时，表明股市将再次进入极度弱市中，股价还将下跌，可以再卖出股票或观望，这是 KDJ 指标"死亡交叉"的另一种形式。

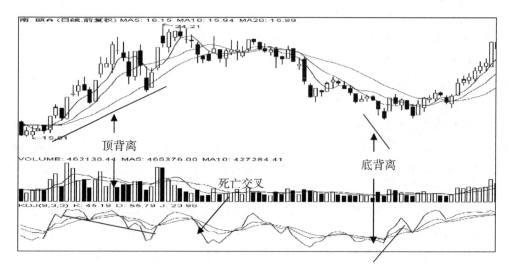

图 6-47　KDJ 指标的"死亡交叉"

4. KDJ 曲线的背离

KDJ 曲线的背离就是指 KDJ 指标曲线的走势方向和 K 线的走势方向正好相反。KDJ 指标的背离有顶背离和底背离两种。

当股价 K 线图上的走势一峰比一峰高，股价在一直向上涨，而 KDJ 曲线图上的 KDJ 指标的走势在高位一峰比一峰低，这叫顶背离现象。顶背离现象一般是股价将高位反转的信号，表明股价中短期内即将下跌，是卖出的信号。

当股价 K 线图上的走势一峰比一峰低，股价在一直向下跌，而 KDJ 曲线图上的 KDJ 指标的走势在低位一底比一底高，这叫底背离现象。底背离现象一般是股价将低位反转的信号，表明股价中短期内即将上涨，是买入的信号。

与其他技术指标的背离现象研判一样，KDJ 的背离中，顶背离的研判准确性要高于底背离。当股价在高位，KDJ 在 80 以上出现顶背离时，可以认为股价即将反转向下，投资者可以及时卖出股票；当股价在低位，KDJ 也在低位（50 以下）出现底背离时，一般要反复出现几次底背离才能确认，并且投资者只能做战略性建仓或做短期投资。

活动 3：RSI 指标

[活动目标]

了解 RSI 指标的含义及分析方法，并能据此进行实际研判买卖的操作。

【RSI 的含义】

RSI，即相对强弱指标，又叫力度指标，英文全称为"Relative Strength Index"，由威尔斯·魏尔德（Welles Wilder）所创立，是目前股市技术分析中比较常用的中短线指标。

RSI 是根据股票市场上供求关系平衡的原理，通过比较一段时期内单个股票价格的涨跌幅度或整个市场的指数的涨跌大小来分析判断市场上多空双方买卖力量的强弱程度，从而判断未来市场走势的一种技术指标。

RSI 是一定时期内市场的涨幅与涨幅加上跌幅的比值，实际就是涨幅占总波动幅度的百分比，比值大是强市，比值小就是弱市。RSI 是买卖力量在数量上和图形上的体现，投资者可根据其所反映的行情变动情况及轨迹来预测未来股价走势。

和其他指标的计算一样，由于选用的计算周期的不同，RSI 也包括日 RSI、周 RSI、月 RSI、年 RSI 以及分钟 RSI 等各种类型。经常被用于股市研判的是日 RSI 和周 RSI。虽然它们在计算时的取值有所不同，但是基本的计算方法一样。随着股市软件分析技术的发展，投资者只需掌握 RSI 形成的基本原理和计算方法，无须去计算指标的数值，重要的是利用 RSI 去分析、研判股票行情（见图 6-48）。

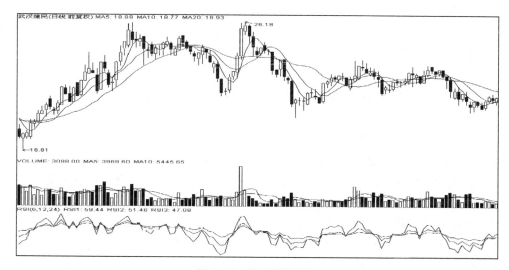

图 6-48　相对强弱指标

【RSI 的操作要点】

1. RSI 取值的大小

RSI 的变动范围为 0~100，强弱指标值一般分布为 20~80，如表 6-1 所示：

表 6-1　　　　　　　　　　　　　　　RSI 的取值范围

RSI 值	市场特征	投资操作
80~100	极强	卖出
50~80	强	买入
20~50	弱	观望
0~20	极弱	买入

2. RSI 数值的超买超卖

一般而言，RSI 的数值在 80 以上和 20 以下为超买超卖区的分界线。当 RSI 值超过 80 时，则表示整个市场力度过强，多方力量远大于空方力量，双方力量对比悬殊，多方大胜，市场处于超买状态，后续行情有可能出现回调或转势，此时投资者可卖出股票。当 RSI 值低于 20 时，则表示市场上卖盘多于买盘，空方力量强于多方力量，空方大举进攻后，市场下跌的幅度过大，已处于超卖状态，股价可能出现反弹或转势，投资者可适量建仓、买入股票。当 RSI 值处于 50 左右时，说明市场处于整理状态，投资者可观望。

对于超买超卖区的界定，投资者应根据市场的具体情况而定。一般情况下，RSI 数值在 80 以上就可以称为超买区，20 以下就可以称为超卖区。但有时在特殊的涨跌行情中，RSI 的超卖超买区的划分要视具体情况而定。例如，在牛市中或对于牛股，超买区可定为 90 以上，而在熊市中或对于熊股，超卖区可定为 10 以下。这点是相对于参数设置小的 RSI 而言的（在股市分析软件中，各指标的参数是可灵活设置的），如果参数设置大，则 RSI 很难到达 90 以上和 10 以下。

3. RSI 曲线的形态

当 RSI 在高位盘整或低位横盘时所出现的各种形态也是判断行情、决定买卖行动的一种分析方法。

当 RSI 曲线在高位（50 以上）形成 M 头或三重顶等高位反转形态时，意味着股价的上升动能已经衰竭，股价有可能出现长期反转行情，投资者应及时地卖出股票。如果股价走势曲线也先后出现同样形态则更可确认，股价下跌的幅度和过程可参照 M 头或三重顶等顶部反转形态的研判。

当 RSI 曲线在低位（50 以下）形成 W 底或三重底等低位反转形态时，意味着股价的下跌动能已经减弱，股价有可能构筑中长期底部，投资者可逢低分批建仓。如果股价走势曲线也先后出现同样形态则更可确认，股价的上涨幅度和过程可参照 W 底或三重底等底部反转形态的研判。

RSI 曲线顶部反转形态对行情判断的准确性要高于底部形态。

4. RSI 曲线的背离

RSI 的背离是指 RSI 的曲线的走势和股价 K 线图的走势方向正好相反。RSI 的背离分为顶背离和底背离两种。

当 RSI 处于高位，但在创出 RSI 近期新高后，反而形成一峰比一峰低的走势，而此时 K 线图上的股价却再次创出新高，形成一峰比一峰高的走势，这就是顶背离。这种现象一般是股价在高位即将反转的信号，表明股价短期内即将下跌，是卖出信号。

RSI 的底背离一般是出现在 20 以下的低位区。当 K 线图上的股价一路下跌，形成一波比一波低的走势，而 RSI 曲线在低位却率先止跌企稳，并形成一底比一底高的走势，这就是底背离。底背离现象一般预示着股价短期内可能将反弹，是短期买入的信号。

与 MACD、KDJ 等指标的背离现象研判一样，RSI 的背离中，顶背离的研判准确性要高于底背离。当股价在高位，RSI 在 80 以上出现顶背离时，可以认为股价即将反转向下，投资者可以及时卖出股票；当股价在低位，RSI 在低位出现底背离时，一般要反复出现几次底背离才能确认，并且投资者只能做战略性建仓或做短期投资。

活动 4：BOLL 指标

［活动目标］

了解 BOLL 指标的含义及分析方法，并能据此进行实际研判买卖的操作。

【BOLL 的含义】

BOLL 指标又叫布林线指标，英文全称是"Bolinger Bands"，是研判股价运动趋势的一种中长期技术分析工具。BOLL 指标是美国股市分析家约翰·布林根据统计学中的标准差原理设计出来的一种非常简单实用的技术分析指标。一般而言，股价的运动总是围绕某一价值中枢（如均价线、成本线等）在一定的范围内变动。布林线指标正是在上述条件的基础上，引进了"股价通道"的概念，认为股价通道的宽窄随着股价波动幅度的大小而变化，而且股价通道又具有变异性，会随着股价的变化而自动调整。正是由于该指标具有灵活性、直观性和趋势性的特点，BOLL 指标渐渐成为投资者广为应用的热门指标。

在众多技术分析指标中，BOLL 指标属于比较特殊的一类指标。绝大多数技术分析指标都是通过数量的方法构造出来的，本身不依赖趋势分析和形态分析，而 BOLL 指标的股价形态和趋势有着密不可分的联系。BOLL 指标中的股价通道概念正是股价趋势理论的直观表现形式。BOLL 是利用股价通道来显示股价的各种价位，当股价波动很小，处于盘整时，股价通道就会变窄，这可能预示着股价的波动处于暂时的平静期；当股价波动超出狭窄的股价通道的上轨时，预示着股价的异常激烈地向上波动即将开始；当股价波动超出狭窄的股价通道的下轨时，预示着股价的异常激烈地向下波动将开始。

【BOLL 的操作要点】

1. BOLL 指标中的上、中、下轨线的意义

BOLL 指标中的上、中、下轨线所形成的股价通道的移动范围是不确定的，通道的上下轨随着股价的上下波动而变化（见图 6-49）。在正常情况下，股价应始终处于股价通道内运行。如果股价脱离股价通道运行，则意味着行情处于极端的状态下。

在 BOLL 指标中，股价通道的上下轨是显示股价安全运行的最高价位和最低价位。上轨线、中轨线和下轨线都可以对股价的运行起到支撑作用，而上轨线和中轨线有时则会对股价的运行起到压力作用。

一般而言，当股价在中轨线上方运行时，表明股价处于强势趋势；当股价在中轨线下方运行时，表明股价处于弱势趋势。当股价在下轨线附近运行，结合 W 底形态及 KDJ 等技术指标确认，可看作买入时机；当股价持续触及上轨线，并且相关技术指标显示上升趋势有转弱迹象，可看作卖出时机。

2. BOLL 指标中的上、中、下轨线之间的关系

当上、中、下轨线同时向上运行时，表明股价的强势特征非常明显，股价短期内将继续上涨，投资者应坚决持股待涨或逢低买入。

当上、中、下轨线同时向下运行时，表明股价的弱势特征非常明显，股价短期内将继续下跌，投资者应坚决持币观望或逢高卖出。

当上轨线向下运行，而中轨线和下轨线却还在向上运行时，表明股价处于整理态势之中。如果股价是处于长期上升趋势时，则表明股价是上涨途中的强势整理，投资者可以持股观望或逢低短线买入；如果股价是处于长期下跌趋势时，则表明股价是下跌途中的弱势整理，投资者应以持币观望或逢高减仓为主。

当上轨线向上运行，而中轨线和下轨线同时向下运行的可能性非常小，这里就不作研判。

图 6-49　BOLL 指标中的上、中、下轨线

▷【实验任务 4】

（1）掌握 KDJ 、MACD、RSI、BOLL 等指标的操作要点，熟练掌握各指标的背离识别技巧。

（2）运用所学知识，选择各自关注的证券品种进行不少于三种指标的描述，并提出具体的投资建议。

（3）完成项目实验报告。

相关阅读：　　　　　　　　　技术分析的操作原则

由技术分析的定义可知，其主要内容有图表解析与技术指标两大类。事实上早期的技术分析只是单纯的图表解析，即透过市场行为所构成的图表形态来推测未来的股价变动趋势。因为这种方法在实际运用上易受个人主观意识影响，所以会出现不同的判断。这也就是为什么许多人戏称图表解析是一项艺术工作，九个人可能产生十种结

论的原因。

为减少图表判断的主观性，市场逐渐发展一些可运用数据计算的方式，来辅助个人对图形形态的知觉与辨认，使分析更具客观性。从事技术分析时，有下述 11 项基本操作原则可供遵循：

第一，股价的涨跌情况呈一种不规则的变化，但整个走势却有明显的趋势。也就是说，虽然在图表上看不出第二天或下周的股价是涨是跌，但是在整个长期的趋势上，仍有明显的轨迹可循。

第二，一旦一种趋势开始后，即难以制止或转变。这个原则是指当一种股票呈现上涨或下跌趋势后，不会在短期内产生 180 度的转弯，但必须注意，这个原则是就纯粹的市场心理而言，并不适用于重大利空或利多消息出现时。

第三，除非有肯定的技术确认指标出现，否则应认为原来趋势仍会持续发展。

第四，未来的趋势可由线本身推论出来。基于这个原则，我们可在线路图上依整个顶部或底部的延伸线明确画出往后行情可能发展的趋势。

第五，任何特定方向的主要趋势经常遭反方向力量阻挡而改变，但 1/3 或 2/3 幅度的波动对整个延伸趋势的预测影响不会太大。也就是说，假设个别股票在一段上涨幅度为 3 元的行情中，回档 1 元甚至 2 元时，仍不应视为上涨趋势已经反转，只要不超过 2/3 的幅度，仍应认为整个趋势属于上升行情中。

第六，股价横向发展数天甚至数周时，可能有效地抵消反方向的力量。这种持续横向整理的形态有可辨认的特性。

第七，趋势线的背离现象伴随线路的正式反转而产生，但这并不具有必然性。换句话说，这个原则具有相当的可靠性，但并非没有例外。

第八，依据道氏理论的推断，股价趋势产生关键性变化之前，必然有可资辨认的形态出现。例如，头肩顶出现时，行情可能反转；头肩底形成时，走势会向上突破。

第九，在线路产生变化的关键时刻，个别股票的成交量必定含有特定意义。例如，线路向上挺升的最初一段时间，成交量必定配合扩增；线路反转时，成交量必定随之萎缩。

第十，市场上的强势股票有可能有持续的优良表现，而弱势股票的疲态也可能持续一段时间。我们不必从是否有主力介入的因素来探讨这个问题，只从最单纯的追涨心理即可印证此项原则。

第十一，在个别股票的日线图或周线图中，可清楚地分辨出支撑区与抵抗区。这两种区域可用来确认趋势将持续发展或是完全反转。假设线路已向上突破抵抗区，那么股价可能继续上扬，一旦向下突破支撑区，则股价可能再现低潮。

项目七 股票交易及模拟

本项目主要是通过介绍股票交易的基本流程，让学生熟悉股票开户、委托、成交、过户和交割等基本交易步骤，并能进行网上证券交易模拟。

➡ **项目目标**

（1）掌握股票开户、委托、成交、过户和交割等基本交易步骤。
（2）掌握网上模拟股票交易的方法，将股票交易的一些策略用于模拟交易中。

模块一 股票交易程序

➡ **模块介绍**

该模块主要介绍股票开户、委托、成交、过户和交割等一系列基本交易步骤程序。

在证券交易活动中，投资者在证券市场上买卖已经发行的证券要按照一定的程序进行。所谓股票交易程序，就是指投资者在二级市场上买进或卖出已上市证券所应遵循的规定过程。在现行的技术条件下，许多国家的证券交易已经采用电子化的形式。在电子化交易情况下，股票交易的过程包括开户、委托、成交、结算以及过户、交割等几个阶段。股票交易的基本流程如图7-1所示：

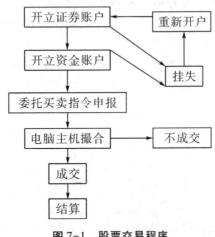

图7-1 股票交易程序

活动1：开户

［活动目标］

通过本活动使学生掌握证券开户的要求、证券账户的种类、开立资金账户及资金存取的操作过程。

证券开户有两个方面，即开立证券账户和开立资金账户。由于采用电子化委托交易方式，证券和资金都可以记录在相应的账户中，而不必进行直接的"一手交钱，一手交货"。

投资者买卖证券的第一步是要向证券登记结算公司申请开立证券账户，用来记载投资者所持有的证券种类、数量和相应的变动情况。开立证券账户后，投资者还不能直接买卖证券。因此，还必须开立资金账户，用来记载和反映投资者买卖证券的货币收付和结存数额。开立证券账户和资金账户后，投资者买卖证券涉及的证券、资金变化就会从相应的账户中得到反映。

【开户要求】

开立证券账户是指投资者到中国证券登记结算有限公司及其开户代理机构处开设上海证券交易所和深圳证券交易所证券交易账户的行为。投资者需带齐有效身份证原件和复印件，到中国证券登记结算有限公司在全国各地的营业点及其开户代理机构处（目前绝大多数券商营业部办理证券账户代理开户业务）办理开户，委托他人代办的，还需要提供代办者身份证及复印件。如果是法人办理开户，需要提供法人营业执照原件及复印件、法人委托书、法定代表人证明书和经办人身份证原件、复印件等材料。

根据我国现行规定，以下人员不得开户：证券管理机关工作人员、证券交易所管理人员、证券从业人员、未成年人未经法定监护人的代理或允许者、未经授权代理法人开户者、市场禁入期限未满者和其他法律法规规定不得开户的自然人。

【开立证券账户】

按证券交易场所划分，我国的证券账户分为上海证券账户和深圳证券账户；按证券账户用途划分，我国的证券账户分为人民币普通股票账户、人民币特种股票账户、证券投资基金账户和其他账户等。

1. 人民币普通股票账户

人民币普通股票账户简称A股账户，其开立仅限于国家法律法规和行政规章允许买卖A股的境内投资者。A股账户包括自然人证券账户（上海为A字头账户）、一般机构证券账户（上海为B字头账户）、证券公司自营证券账户和基金管理公司的证券投资基金专用账户（上海均为D字头账户）。

在实际操作中，A股账户是目前我国用途最广、数量最多的一种通用型证券账户，既可用于买卖人民币普通股票，也可以用于买卖债券和证券投资基金。

2. 人民币特种股票账户

人民币特种股票账户简称 B 股账户（上海为 C 字头账户），是专门用于为投资者买卖 B 股而设置的，投资者如需买卖沪、深证券交易所 B 股，应事先开立 B 股账户。投资者可选择证券登记机构代理开户点或者选择具备从事深圳证券交易所 B 股业务资格的证券营业部、结算公司所委托的开户银行办理 B 股开户。我国 B 股市场于 1992 年建立，2001 年 2 月 19 日前仅限外国投资者买卖，此后 B 股市场对国内投资者开放。B 股账户基本开户步骤如下：

第一步：凭本人有效身份证明文件到其原外汇存款银行将其现汇存款和外币现钞存款划入证券商在同城、同行的 B 股保证金账户。境内商业银行向境内个人投资者出具进账凭证单，并向证券经营机构出具对账单。

第二步：凭本人有效身份证明和本人进账凭证单到证券经营机构开立 B 股资金账户。深圳证券交易所 B 股资金账户最低金额为 7 800 港元，上海证券交易所 B 股资金账户最低金额为 1 000 美元，没有规定上限。

第三步：凭刚开立的 B 股资金账户到该证券经营机构申请开立 B 股股票账户。

3. 证券投资基金账户

证券投资基金账户简称基金账户（上海为 F 字头账户），是一种只能用于买卖基金的一种专用型账户，目前该账户也可以买卖上市国债。

证券开户流程如图 7-2 所示：

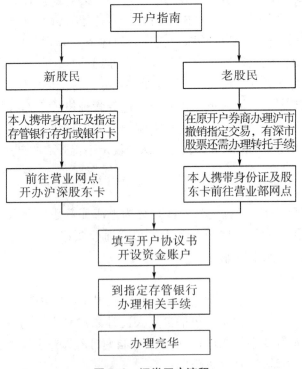

图 7-2　证券开户流程

【开立资金账户】

投资者在开立证券账户后，在买卖证券之前，先要在证券公司营业部开立资金账户。开立资金账户的操作程序如下：

第一步：提供相关资料。个人开户需提供身份证原件和复印件、证券账户卡原件和复印件等资料。法人机构开户需提供法人营业执照原件和复印件、法定代表人证明书、证券账户卡原件和复印件、法人授权委托书、被授权人身份证原件和复印件、单位预留印鉴等材料。

第二步：填写相关表格。相关表格一般包括"风险揭示书""开立资金账户申请表""授权委托书""证券交易委托代理协议书""指定交易协议书"。如果要办理网上交易委托，还需要填写"网上交易委托协议书"等相关文件。

我国以前实行指定交易制度，即投资者与某一证券营业部签订协议后，指定该机构为自己买卖证券的唯一交易点。2015 年 4 月起，投资者可最多在 20 家证券公司开设 20 个账户。

第三步：材料审核与开户。证券营业部工作人员根据有关规定，对开户申请者提供的资料进行审核，如符合规定，即为申请者办理开户手续。根据规定，我国目前实行"客户交易结算资金第三方存管"制度，该账户只能用于证券查询、买卖和委托等功能，客户不能通过此账户在证券营业部柜台进行资金存取活动。

第四步：开设客户银行结算账户，投资者在证券营业部开设资金账户后，要选择一家与该证券公司合作的商业银行开立一个与证券营业部资金账户相对应的客户银行结算账户，用于证券资金账户中资金的存取和划转业务。

【证券资金账户资金存取】

根据"客户交易结算资金第三方存管"制度的有关规定，开户投资者无法通过证券营业部自办资金存取，只能通过与证券资金账户相对应的客户银行结算账户进行资金的存取。具体做法如下：

第一步：在客户银行结算账户中存入资金。

第二步：通过电话银行、网上银行、证券营业部自助办理、证券营业部（银行柜台）办理等途径将资金从客户银行结算账户转入证券资金账户。

第三步：进行证券买卖。

第四步：通过电话（网上）银行、银行柜台办理等途径将资金从证券资金账户转入客户银行结算账户。

第五步：在客户银行结算账户中取出资金。

相关阅读：　　　　　　　　　　　**股票网上开户**

2014 年开始，各大证券公司纷纷推出网上自助开户功能，确实方便了许多想要办理股票账户开户，却因为工作忙，一直抽不出时间去证券公司现场办理股票开户的人。我们以中国银河证券的网上开户为例，来了解一下网上开户的流程。

一、所需工具

能上网的电脑一台，并有摄像头、麦克风。

准备好本人身份证和银行卡。

二、方法与步骤

1. 选择要开户的证券公司

证券公司多达上百家，建议选择 AA 级以上的证券公司进行股票账户开立。按照证监会统计分类把一般证券公司分为 A 级券商和 AA 级券商。

2. 打开选择的证券公司的官网方站

例如，进入中国银河证券官网（www.chinastock.com.cn）如图 7-3 所示：

图 7-3　进入银河证券官网

点击网上开户中心（大部分证券公司都会在官网主页上醒目的位置显示出网上开户的功能选项）如图 7-4 所示：

图 7-4　点击网上开户中心

认真阅读并理解如下弹出页面的网上开户注意事项：

（1）视频见证时间为 8:00~20:00，7×24 小时可受理开放式基金账户开户业务（周末测试、国家法定节假日除外）。

（2）9:00~17:00 可受理已有沪、深股东账户新开及转户业务，如果您的上海股东账户需转户到中国银河证券，请先前往原券商营业部撤销指定交易（国家法定节假日除外）。

（3）您的电脑需安装摄像头、麦克风，以完成申请数字证书时的视频见证。

（4）请确保您的浏览器已安装 Adobe Flash Player，建议升级到最新版本，以完成视频见证。

根据官网主页图片提示从第一步开始操作，直至结束。

活动2：委托

［活动目标］

通过本活动让学生掌握委托的各种类型及操作方法。

委托买卖股票又称代理买卖股票，是专营经纪人或兼营自营与经纪的证券商接受股票投资者（委托人）买进或卖出股票的委托，依据买卖双方各自提出的条件，代其买卖股票的交易活动。代理买卖的经纪人充当股票买卖双方的中介者。

【委托指令的要素】

委托指令是投资者委托证券经纪商买卖证券指示的要求。投资者填写的买卖委托单是客户和证券经纪机构之间确定代理关系的法律文件，具有法律效力。

委托指令的基本要素包括：

（1）证券账号；

（2）委托日期和时间；

（3）买卖品种；

（4）买卖数量；

（5）买卖价格；

（6）买进或卖出。

【委托的方式】

1. 填单委托

填单委托是委托人亲自或由其代理人到证券营业部交易柜台，根据委托程序和必需的证件采用书面方式表达委托意向，由本人填写委托单并签章的形式。

2. 自助委托

自助委托也称自助终端委托，是目前常见的委托方式，是委托人通过证券营业部设置的专用委托电脑终端，凭证券交易磁卡和交易密码进入电脑交易系统委托状态，自行将委托内容输入电脑交易系统，以完成证券交易的一种委托形式。

3. 电话委托

电话委托是指委托人通过电话方式表明委托意向，提出委托请求的一种委托方式。

在实际操作中，电话委托又可分为电话转委托和电话自动委托两种具体方式。

4. 网上委托

网上委托就是投资者在开户营业部申请开通网上委托功能，同时获得用于网上委托的通信密码，安装客户端程序。客户端软件安装完毕后，投资者就可以通过网上行情分析及委托系统观看行情与委托下单了。目前随着网络的普及，网上委托是证券交易的主要委托方式，投资者可通过各证券公司开发的证券交易客户端软件直接进行证券交易。各证券公司的网上交易委托系统基本上大同小异，下面以中银国际证券网上交易委托系统为例，演示网上交易委托系统的功能及其使用过程。

第一步：打开证券交易界面。启动后可以看到如图7-5所示的界面，选择所在的营业部和账号类型，输入交易密码和通信密码，按"确定"键进入交易软件（见图7-6）。

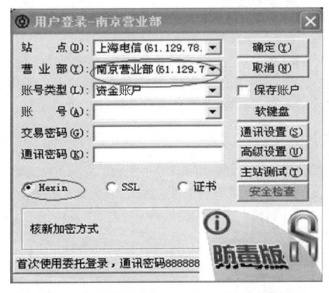

图7-5　中银国际证券网上委托交易软件登录界面

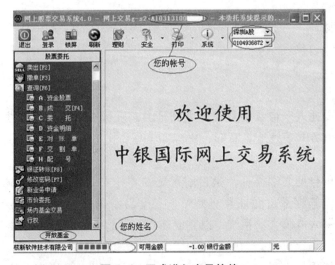

图7-6　正式进入交易软件

第二步：进入交易系统后，点击左边菜单的买入，在右边证券代码处输入需要购买的股票代码和买入股票数量，单击确定，系统将此委托通过证券经纪商发往沪、深证券交易所（见图 7-7）。

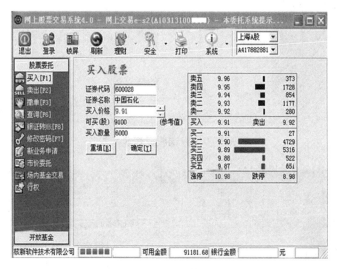

图 7-7　买入股票

当输入证券代码时，系统会自动显示"证券名称""买入价格"和"可买（股）"，其中"买入价格"是当时市场的成交价，可以根据自己的意愿修改买入价格。买入数量必须为 100 股的整倍数。股票的卖出与买入操作相同。

如果要查询买卖是否成功，可以点击"查询"菜单下的"委托"查询（见图 7-8）；同时也可以查询股票资金情况（见图 7-9）。

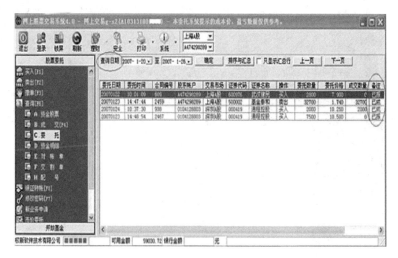

图 7-8　查询委托

在委托买卖没有成功之前，如果改变主意，可以进行撤单操作（见图 7-10）。选中"委托日期"下的方框，再点击"委托时间"上方的"撤单"，或者直接在委托记录上用鼠标双击即可。

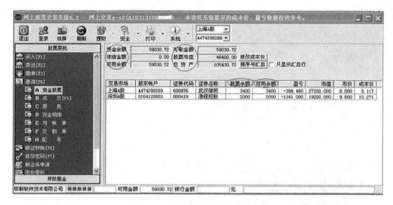

图 7-9　查询股票资金状况

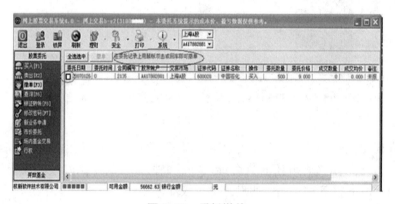

图 7-10　委托撤单

如果需要将资金从银行转账至券商则选择"银证转账"下的"银行→券商",输入银行密码(开通的电话银行的密码)和转账金额,点击"转账"(见图 7-11)。

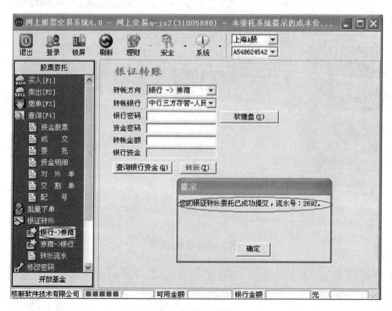

图 7-11　银证转账

相关阅读： 　　　　　网上证券交易委托协议书式样

甲乙双方根据国家有关法律、法规、规章、证券交易所交易规则以及双方签署的"证券交易委托代理协议书"，经友好协商，就网上委托的有关事项达成如下协议：

第一章　网上委托风险揭示书

第一条　甲方已详细阅读本章，认识到由于互联网是开放性的公众网络，网上委托除具有其他委托方式所有的风险外，还充分了解和认识到其具有以下风险：

（1）由于互联网数据传输等原因，交易指令可能会出现中断、停顿、延迟、数据错误等情况；

（2）投资者密码泄露或投资者身份可能被仿冒；

（3）由于互联网上存在黑客恶意攻击的可能性，互联网服务器可能会出现故障及其他不可预测的因素，行情信息及其他证券信息可能会出现错误或延迟；

（4）投资者的电脑设备及软件系统与所提供的网上交易系统不相匹配，无法下达委托或委托失败；

（5）如投资者不具备一定网上交易经验，可能因操作不当造成委托失败或委托失误。

上述风险可能会导致投资者（甲方）发生损失。

第二章　网上委托

第二条　本协议所表述的"网上委托"是指乙方通过互联网向甲方提供用于下达证券交易指令、获取成交结果的一种服务方式。

第三条　甲方为在证券交易合法场所开户的投资者，乙方为经证券监督管理机关核准开展网上委托业务的证券公司之所属营业部。

第四条　甲方可以通过网上委托获得乙方提供的其他委托方式所能够获得的相应服务。

第五条　甲方为进行网上委托所使用的软件必须是乙方指定站点下载的。甲方使用其他途径获得的软件，由此产生的后果由甲方自行承担。

第六条　甲方应持本人身份证、股东账户卡原件及其复印件以书面方式向乙方提出开通网上委托的申请，乙方应于受理当日或次日为甲方开通网上委托。

第七条　甲方开户以及互联网交易功能确认后，乙方为其发放网上交易证书。

第八条　凡使用甲方的网上交易证书、资金账号、交易密码进行的网上委托均视为甲方亲自办理，由此所产生的一切后果由甲方承担。

第九条　乙方建议甲方办理网上委托前，开通柜台委托、电话委托、自助委托等其他委托方式，当网络中断、高峰拥挤或网上委托被冻结时，甲方可采用上述委托手段下达委托指令。

第十条　乙方不向甲方提供直接通过互联网进行的资金转账服务，也不向甲方提供网上证券转托管服务。

第十一条　甲方通过网上委托的单笔委托及单个交易日最大成交金额按证券监督管理机关的有关规定执行。

第十二条　甲方确认在使用网上委托系统时，如果连续五次输错密码，乙方冻结甲方的网上委托交易方式。连续输错密码的次数以乙方的电脑记录为准。甲方的网上委托被冻结后，甲方应以书面方式向乙方申请解冻。

第十三条　甲方不得扩散通过乙方网上委托系统获得的乙方提供的相关证券信息参考资料。

第十四条　甲方应单独使用网上委托系统，不得与他人共享。甲方不得利用该网上委托系统从事证券代理买卖业务，并从中收取任何费用。

第十五条　当甲方有违反本协议第十三、第十四条约定的情形时，乙方有权采取适当的形式追究甲方的法律责任。

第十六条　当本协议第一条列举的网上委托系统所蕴含的风险所指的事项发生时，由此导致的甲方损失，乙方不承担任何赔偿责任。

第十七条　本协议自甲乙双方签署之日起生效。发生下列情形之一，本协议终止：

（1）甲乙双方的证券交易委托代理关系终止；

（2）一方违反本协议，另一方要求终止；

（3）甲乙双方协商同意终止。

第十八条　本协议一式两份，双方各执一份。

甲方（签章）：＿＿＿＿＿＿　　　　　乙方（盖章）：＿＿＿＿＿＿

　　　　　　　　　　　　　　　　　　　法定代表人（签字）：＿＿＿＿＿＿

＿＿＿＿年＿＿月＿＿日　　　　　　　＿＿＿＿年＿＿月＿＿日

签订地点：＿＿＿＿＿＿　　　　　　　签订地点：＿＿＿＿＿＿

⇒ 【实验任务1】

（1）利用网上交易软件进行委托买卖股票。

（2）利用网上交易软件进行撤单等操作。

（3）完成项目报告。

活动3：沪、深两市交易规则

[活动目标]

通过本活动让学生掌握沪、深两市的基本交易规则、申报规则和竞价规则等。

【基本交易规则】

1. 交易时间

每周一至周五，每天上午9:30~11:30，下午1:00~3:00。法定公众假期除外。

2. 交易原则

价格优先、时间优先。

3. 成交顺序

价格优先，即较高价格买进申报优先于较低价格买进申报；较低价格卖出申报优先于较高价格卖出申报。时间优先，即买卖方向价格相同的，先申报者优先于后申报者。先后顺序按交易主机接受申报的时间确定。

【申报规则】

1. 申报时间

沪、深证券交易所接受申报的时间为每个交易日的 9：15～9：25、9：30～11：30、13：00～15：00。每个交易日 9：20～9：25 的开盘集合竞价阶段，交易所主机不接受撤单申报，其他接受交易申报的时间内，未成交申报可撤销。证券公司应按投资者委托时间先后顺序及时向交易所申报。

2. 申报价格

投资者可以采用限价申报或市价申报的方式委托证券公司营业部买卖证券。限价申报是指客户委托证券公司营业部按其限定的价格买卖证券，证券公司营业部必须按限定的价格或低于限定的价格申报买入证券，按限定的价格或高于限定的价格申报卖出证券。

不同证券采用不同的计价单位，股票为每股价格，基金为每份基金价格，债券为每百元债券价格，债券质押式回购为每百元资金到期年收益，债券买断式回购为百元面值债券到期回购价格，并且不同证券申报价格的最小变动单位也各不相同。

3. 申报数量

关于申报的数量，上海证券交易所和深圳证券交易所的规定有所不同。买入股票或基金，申报数量应当为 100 股（份）或其整数倍。债券以人民币 1 000 元面额为一手，债券回购以 1 000 元标准券或综合券为 1 手。债券和债券回购以 1 手或其整数倍进行申报，其中上海证券交易所债券回购以 100 手或其整数倍进行申报。

股票（基金）单笔申报最大数量应当低于 100 万股（份），债券单笔申报最大数量应当低于 1 万手（含 1 万手）。交易所可以根据需要调整不同种类或流通量的单笔申报最大数量。

4. 价格涨跌幅限制

目前，上海证券交易所和深圳证券交易所均对股票、基金交易实行价格涨跌幅限制，涨跌幅比例为 10%，其中 ST 股票和＊ST 股票价格涨跌幅比例为 5%。在价格涨跌幅限制以内的申报为有效申报，超过涨跌幅限制的申报为无效申报。股票、基金上市首日不受涨跌幅限制。

【竞价规则】

根据沪、深证券交易所的竞价规则，每一交易日中，任一证券的竞价分为集合竞价与连续竞价两部分。集合竞价是指对一段时间内接受的买卖申报一次集中撮合的竞价方式。连续竞价是指对买卖申报逐笔连续撮合的竞价方式。证券交易按价格优先、时间优先的原则竞价撮合成交。

【集合竞价规则】

集合竞价是指在每日的开盘前，即 9:15~9:25 这 10 分钟之内，投资者按照自己所能接受的心理价格自由地进行买卖申报，电脑交易主机系统对全部有效委托进行一次集中撮合处理过程。集合竞价规则是指集合竞价在成交时所遵守的一些原则。只有明白集合竞价规则，才能抓住集合竞价中的优质股票，依据集合竞价规则在集合竞价中选定股票是一种常见的短线操作策略。

第一步：确定有效委托。在有涨跌幅限制的情况下，有效委托是这样确定的，即根据该只股票上一交易日收盘价以及确定的涨跌幅度来计算当日的最高限价、最低限价。目前股票、基金的涨跌幅比例为 10%，其中 ST 股票价格涨跌幅比例为 5%，有效价格范围就是该证券最高限价、最低限价之间的所有价位。现价超出此范围的委托为无效委托，系统做自动撤单处理。

第二步：选取成交价位。在有效价格范围内选取使所有委托产生最大成交量的价位。如有两个以上这样的价位，则依以下规则选取成交价位，即高于选取价格的所有买委托和低于选取价格的所有卖委托能够全部成交；与选取价格相同的委托的一方必须全部成交。如满足以上条件的价位仍有多个，则选取离昨日市价最近的价位。

第三步：集中撮合处理。所有的买委托按照委托限价由高到低的顺序排列，限价相同者按照进入系统的时间先后顺序排列；所有的卖委托按委托限价由低到高的顺序排列，限价相同者按照进入系统的时间先后顺序排列。依序逐笔将排在前面的买委托和卖委托配对成交，即按照"价格优先，同等价格下时间优先"的成交顺序依次成交，直至成交条件不满足为止，即不存在限价高于、等于成交价的叫买委托或不存在限价低于、等于成交价的叫卖委托。所有成交都以同一成交价成交。

第四步：行情揭示。如该证券的成交量为零，则将成交价位揭示为开盘价、最近成交价、最高价、最低价，并揭示出成交量、成交金额。剩余有效委托中，实际的最高叫买价揭示为叫买揭示价，若最高叫买价不存在，则叫买揭示价揭示为空；实际的最低叫卖价揭示为叫卖揭示价，若最低叫卖价不存在，则叫卖揭示价揭示为空。

我们通过以下的案例来了解集合竞价的规则。

设股票 G 在开盘前分别有 5 笔买入委托和 6 笔卖出委托，根据价格优先的原则，按买入价格由高至低和卖出价格由低至高的顺序将其分别排列如表 7-1 所示：

表 7-1　　　　　　　　　　买入委托和卖出委托排序

序号	委托买入价(元)	数量（手）	序号	委托卖出价(元)	数量（手）
1	3.80	2	1	3.52	5
2	3.76	6	2	3.57	1
3	3.65	4	3	3.60	2
4	3.60	7	4	3.65	6
5	3.54	6	5	3.70	6
			6	3.75	3

　　按不高于申买价和不低于申卖价的原则，首先可成交第一笔，即 3.80 元买入委托和 3.52 元的卖出委托，若要同时符合申买者和申卖者的意愿，其成交价格必须是在 3.52 元与 3.80 元之间，具体价格要视以后的成交情况而定。这笔委托成交后其他的委托排序如表 7-2 所示：

表 7-2　　　　　　　　　　第一笔委托成交后其他的委托排序

序号	委托买入价(元)	数量（手）	序号	委托卖出价(元)	数量（手）
1			1	3.52	3
2	3.76	6	2	3.57	1
3	3.65	4	3	3.60	2
4	3.60	7	4	3.65	6
5	3.54	6	5	3.70	6
			6	3.75	3

　　在第　次成交中，由于卖出委托的数量多于买入委托，按交易规则，序号 1 的买入委托 2 手全部成交，序号 1 的卖出委托还剩余 3 手。

　　第二笔成交情况为序号 2 的买入委托价格为不高于 3.76 元，数量为 6 手。在卖出委托中，序号 1~3 的委托的数量正好为 6 手，其价格意愿也符合要求，正好成交，其成交价格在 3.60~3.76 元之间，成交数量为 6 手。应注意的是，第二笔成交价格的范围是在第一笔成交价格的范围之内，且区间要小一些。第二笔成交后的委托情况如表 7-3 所示：

表 7-3　　　　　　　　　　第二笔委托成交后其他的委托排序

序号	委托买入价（元）	数量（手）	序号	委托卖出价（元）	数量（手）
3	3.65	4			
4	3.60	7	4	3.65	6
5	3.54	6	5	3.70	6
			6	3.75	3

　　第三笔成交情况为序号 3 的买入委托价格要求不超过 3.65 元，而卖出委托序号 4 的委托价格符合要求，这样序号 3 的买入委托与序号 4 的卖出委托就正好配对成交，其价格为 3.65 元，因为卖出委托数量大于买入委托数量，所以序号 4 的卖出委托只成交了 4 手。第三笔成交后的委托情况如表 7-4 所示：

表 7-4　　　　　　　　　　第三笔委托成交后其他的委托排序

序号	委托买入价（元）	数量（手）	序号	委托卖出价（元）	数量（手）
4	3.60	7	4	3.65	2
5	3.54	6	5	3.70	6
			6	3.75	3

完成以上三笔委托后，因最高买入价为 3.60 元，而最低卖出价为 3.65，买入价与卖出价之间再没有相交部分，所以这一次的集合竞价就已完成，最后一笔的成交价就为集合竞价的平均价格。剩下的其他委托将自动进入开盘后的连续竞价。

在以上过程中，通过一次次配对，成交的价格范围逐渐缩小，而成交的数量逐渐增大，直到最后确定一个具体的成交价格，并使成交量达到最大。在最后一笔配对中，如果买入价和卖出价不相等，其成交价就取两者的平均。在这次的集合竞价中，三笔委托共成交了 12 手，成交价格为 3.65 元。按照规定，所有这次成交的委托无论是买入还是卖出，其成交价都定为 3.65 元，交易所发布的股票 G 的开盘价就为 3.65 元，成交量 12 手。当股票的申买价低而申卖价高导致没有股票成交时，上海股市就将其开盘价空缺，将连续竞价后产生的第一笔价格作为开盘价。深圳股市对此却另有规定：若最高申买价高于前一交易日的收盘价，就选取该价格为开盘价；若最低申卖价低于前一交易日的收盘价，就选取该价格为开盘价；若最低申买价不高于前一交易日的收盘价、最高申卖价不低于前一交易日的收盘价，则选取前一交易日的收盘价为今日的开盘价。集合竞价所得到的成交量即为集合竞价成交量。

【连续竞价规则】

集合竞价中未能成交的委托，自动进入连续竞价。连续竞价以"价格优先，时间优先"的顺序逐笔撮合，直至收市。

【成交】

证券竞价成交有三大原则：价格优先、时间优先、揭示价优先（连续竞价时的成交原则）。

价格优先，即较高价格买入申报优先于较低价格买入申报，较低价格卖出申报优先于较高价格卖出申报。

时间优先，即买卖方向价格相同，先申报者优先于后申报者。先后顺序按交易主机接受申报的时间确定。

【结算】

证券交易成交后，首先需要对买方在资金方面的应付额和在证券方面的应收种类和数量进行计算，同时也要对买卖方在资金方面的应收额和在证券方面的应付种类和数量进行计算。这一过程属于清算，包括资金清算和证券清算。清算结束后，需要完成证券由卖方向买方转移和对应的资金由买方向卖方转移，这一过程属于交收。清算和交收是证券结算的两个方面。对于记名证券而言，完成了清算和交收，还有一个登记过户的环节。完成了登记过户，证券交易过程才告结束。

目前实行 T+1、T+3、T+0 滚动交收，其中 A 股、基金、债券、回购交易等实行 T+1 滚动交收，B 股实行 T+3 滚动交收，权证实行 T+0 滚动交收。以 T+1 为例，在 T 日成交的证券交易的交收在成交日之后的第一营业日（T+1）完成。

相关阅读：　　　　　　　　　B股基本交易规则

交易品种：深圳B股和上海B股。

交易时间：每周一至周五上午9:30~11:30，下午13:00~15:00。

交易原则：价格优先，时间优先。

价格最小变化档位：深圳证券交易所为0.01港元，上海证券交易所为0.001美元。

交易单位：委托买卖及清算的价格以一股为准。深市B股买卖数额以一手即100股或其整数倍为单位。沪市B股买卖数额以一手即1 000股或其整数倍为单位。

交易方式：深市B股交易方式分为集中交易和对敲交易。

集中交易：在交易时间内通过交易所集中市场交易系统达成的交易。

对敲交易：B股证券商在开市后至闭市前5分钟将其接受的同一种B股买入委托和卖出委托配对后输入，经交易所的对敲交易系统确认后达成的交易。对敲交易仅限于股份托管在同一证券商处且不同投资者之间的股份协议转让。每笔交易数量须达到50 000股以上。

T+3交收：B股的交收期为T+3，即在达成交易后的第四个交易日完成资金和股份的正式交收，并实现"货银对付"。在此之前，投资者不能提取卖出股票款和进行买入股票的转出托管。

【证券交易费用】

证券交易费用是指投资者在委托买卖证券时应支付的各种税收和费用的总和。交易费用通常包括印花税、佣金、过户费、其他费用等几个方面的内容。

1. 印化税

印花税是根据国家税法规定，在股票（包括A股和B股）成交后对买卖双方投资者按照规定的税率分别征收的税金。印花税的缴纳是先由证券经营机构在同投资者交割中代为扣缴，然后在证券经营机构同证券交易所或登记结算机构的清算交割中集中结算，最后由登记结算机构统一向征税机关缴纳。印花税的收费标准是按A股成交金额的4‰计收（现在为1‰），基金、债券等均无此项费用。

2. 佣金

佣金是指投资者在委托买卖证券成交之后按成交金额的一定比例支付给券商的费用。此项费用一般由券商的经纪佣金、证券交易所交易经手费及管理机构的监管费等构成。佣金的收费标准如下：

（1）上海证券交易所，A股的佣金为成交金额的3.5‰，起点为10元；债券的佣金为成交金额的2‰（上限，可浮动），起点为5元；基金的佣金为成交金额的3.5‰，起点为10元；证券投资基金的佣金为成交金额的2.5‰，起点为5元；回购业务的佣金标准为3天、7天、14天、28天和28天以上回购品种，分别按成交金额的0.15‰、0.25‰、0.5‰、1‰和1.5‰以下浮动。

（2）深圳证券交易所，A股的佣金为成交金额的3.5‰，起点为5元；债券的佣金为成交金额的2‰（上限），起点为5元；基金的佣金为成交金额的3‰，起点为5元；证券投资基金的佣金为成交金额的2.5‰，起点为5元；回购业务的佣金标准为3天、4天、7天、14天、28天、63天、91天、182天、273天回购品种，分别按成交金额的0.1‰、0.12‰、0.2‰、0.4‰、0.8‰、1‰、1.2‰、1.4‰、1.4‰以下浮动。

3. 过户费

过户费是指投资者委托买卖的股票、基金成交后买卖双方为变更股权登记所支付的费用。这笔收入属于证券登记清算机构的收入，由证券经营机构在同投资者清算交割时代为扣收。过户费的收费标准为：上海证券交易所A股、基金交易的过户费为成交票面金额的1‰，起点为1元，其中0.5‰由证券经营机构交登记公司；深圳证券交易所免收A股、基金、债券的交易过户费。

4. 其他费用

其他费用是指投资者在委托买卖证券时，向证券营业部缴纳的委托费（通信费）、撤单费、查询费、开户费、磁卡费以及电话委托、自助委托的刷卡费、超时费等。这些费用主要用于通信、设备、单证制作等方面的开支，其中委托费在一般情况下，投资者在上海、深圳本地买卖沪、深圳证券交易所的证券时，向证券营业部缴纳1元委托费，异地缴纳5元委托费。其他费用由券商根据需要酌情收取，一般没有明确的收费标准，只要其收费得到当地物价部门批准即可，目前有相当多的证券经营机构出于竞争的考虑而减免部分或全部此类费用。

沪、深证券交易所收费标准分别如表7-5、表7-6所示：

表7-5　　　　　　　　上海证券交易所（上证所）收费一览表

业务类别		收费项目	收费标准	最终收费对象
交易	A股	经手费	成交金额的0.006 96%（双向）	会员等交上证所
		证管费	成交金额的0.002%（双向）	会员等交中国证监会（上证所代收）
		印花税	成交金额的0.1%（单向）	投资者交税务机关（上证所代收）
	B股	经手费	成交金额的0.026%（双向）	会员等交上证所
		证管费	成交金额的0.002%（双向）	会员等交中国证监会（上证所代收）
	优先股	经手费	试点期间按普通股收费标准的80%收取	会员等交上证所
		证管费	成交金额的0.002%（双向）	会员等交中国证监会（上证所代收）
		印花税	成交金额的0.1%（单向）	投资者交税务机关（上证所代收）

表7-5(续)

业务类别		收费项目	收费标准	最终收费对象
证券投资基金（封闭式基金、ETF）		经手费	成交金额的 0.004 5%（双向）	会员等交上证所
		证管费	免收	
权证		经手费	成交金额的 0.004 5%（双向）	会员等交上证所
		证管费	免收	
债券现券（国债、企业债、公司债、可转换公司债券、中小企业私募债、资产支持证券、政策性金融债、分离交易的可转换公司债券、可转债回售、企业债回售和公司债回售等）		经手费	成交金额的 0.000 1%（双向）（固定收益平台现券交易，最高不超过 100 元/笔）	会员等交上证所
		证管费	免收	
交易	债券质押式回购	1 天	经手费	成交金额的 0.000 05%（双向）	暂免
		2 天	经手费	成交金额的 0.000 10%（双向）	
		3 天	经手费	成交金额的 0.000 15%（双向）	
		4 天	经手费	成交金额的 0.000 20%（双向）	
		7 天	经手费	成交金额的 0.000 25%（双向）	
		14 天	经手费	成交金额的 0.000 50%（双向）	
		28 天	经手费	成交金额的 0.001 00%（双向）	
		28 天以上	经手费	成交金额的 0.001 50%（双向）	
	国债买断式回购	7 天	经手费	成交金额的 0.000 625%（双向）	暂免
		28 天	经手费	成交金额的 0.002 5%（双向）	
		91 天	经手费	成交金额的 0.003 75%（双向）	
	大宗交易	A、B 股、证券投资基金	经手费	相对于竞价市场同品种费率下浮 30 %	会员等交上证所
			证管费	与同品种竞价交易相同	会员等交中国证监会（上证所代收）
		优先股	经手费	相对于优先股竞价交易费率下浮 30 %	会员等交上证所
			证管费	与同品种竞价交易相同	会员等交中国证监会（上证所代收）
		债券现券（国债、企业债、公司债、可转换公司债、中小企业私募债、资产支持证券、政策性金融债、分离交易的可转换公司债券等）	经手费	成交金额的百万分之一的 90%，最高不超过 100 元/笔（双向）	会员等交上证所
			证管费	与同品种竞价交易相同	会员等交中国证监会（上证所代收）
		质押式回购、国债买断式回购	经手费	暂免	会员等交上证所

表7-5（续）

业务类别		收费项目	收费标准	最终收费对象
交易	股票质押式回购	经手费	按每笔初始交易金额的0.01‰收取，起点5元人民币，最高不超过100元人民币	会员等交上证所
	ETF申购、赎回	经手费	暂免	会员等交上证所
	专项资产管理计划转让	经手费	转让金额的0.000 09%，最高不超过100元/笔。	会员等交上证所
发行	新股认购	经手费	成交金额的0.012%，暂免	会员等交上证所
	可转换公司债券认购	经手费	成交金额的0.01%，暂免	会员等交上证所
	投资基金认购	经手费	成交金额的0.008 5%	会员等交上证所
	配股、转配股、职工股配股、国家股配售、股票配可转换公司债	经手费	成交金额的0.012%（双向），暂免	会员等交上证所
	投资基金配售	经手费	成交金额的0.008 5%（双向）	会员等交上证所
上市	普通股	上市初费	A、B股总股本2亿股（含）以下的30万元 2亿~4亿股（含）的45万元 4亿~6亿股（含）的55万元 6亿~8亿股（含）的60万元 8亿股以上的65万元	上市公司交上证所
		上市年费	上年年末A、B股总股本2亿股（含）以下的5万元/年 2亿~4亿股（含）的8万元/年 4亿~6亿股（含）的10万元/年 6亿~8亿股（含）的12万元/年 8亿股以上的15万元/年 上市不足1年的，按实际上市月份计算，上市当月为1个月	上市公司交上证所
	优先股	上市初费	试点期间按普通股收费标准的80%收取	上市公司交上证所
		上市年费	试点期间按普通股收费标准的80%收取	上市公司交上证所
	证券投资基金	上市初费	上市首日基金总份额的0.01%，起点1万元，不超过3万元	基金管理人交上证所
		上市年费	60 000元/年	基金管理人交上证所
	权证	上市初费	20万元	发行人交上证所
	企业债券	上市初费	上市总额的0.01%，起点8 000元，不超过4万元（暂免）	发行人交上证所
		上市年费	上市总额的0.009 6%，起点4 800元，不超过24 000元（暂免）	发行人交上证所
	可转换公司债券	上市初费	上市总面额的0.01%，起点为1万元，不超过3万元（暂免）	发行人交上证所
		上市年费	6 000元/年（暂免）	发行人交上证所
席位	非B股席位	初费	60万元/个	会员等交上证所
	B股席位	初费	7.5万美元/个	会员等交上证所

表7-5(续)

业务类别	收费项目	收费标准	最终收费对象
交易单元	交易单元使用费	会员等机构拥有的每个席位可抵免一个交易单元的使用费,对超出其席位数量的部分上证所收取每个交易单元每年5万元的交易单元使用费(2010年12月1日起,暂免收取债券现券及回购交易专用的交易单元使用费)	会员等交上证所
	流速费	会员等机构接入交易系统流速之和超出其免费流速额度时,超出部分每年按每个标准流速计收1万元的流速费(2010年12月1日起,暂免收取债券现券及回购交易专用的交易单元流速费)	
	流量费	1. 计费期间为上年12月1日至当年11月30日 2. 流量费=(该机构所用交易单元的年交易类申报笔数总和-3万笔/年×持有席位数)×0.10元+(该机构所用交易单元的年非交易类申报笔数总和-3万笔/年×持有席位数)×0.01元 3. 详见《关于调整本所席位年费收费模式有关问题的通知》和《关于收取2010年交易单元年费的通知》 4. 2010年12月1日起,暂免收取各交易参与人参与债券现券及回购交易的流量费	
其他业务		费用项目、标准、收取方式按照相关业务规定执行	

表 7-6　　　　　　　**深圳证券交易所(深证所)收费一览表**

收费对象	收费项目	收费标的	收费标准	备注
投资者	证券交易经手费	A 股	按成交额双边收取 0.069 6‰	1. 大宗交易收费:A股大宗交易按标准费率下浮30%收取;B股、基金大宗交易按标准费率下浮50%收取;债券ETF免收证券交易经手费;债券、债券回购大宗交易费率标准维持不变 2. 约定购回式证券交易参照相应品种大宗交易收费标准执行
		B 股	按成交额双边收取 0.301‰	
		基金	按成交额双边收取 0.097 5‰	
		权证	按成交额双边收取 0.045‰	
		国债现货	成交金额在100万元以下(含)每笔收0.1元	
			成交金额在100万元以上每笔收10元	
		企业债/公司债现货	成交金额在100万元以下(含)每笔收0.1元	
			成交金额在100万元以上每笔收10元	

表7-6(续)

收费对象	收费项目	收费标的	收费标准	备注
投资者	证券交易经手费	国债回购	成交金额在100万元以下（含）每笔收0.1元，反向交易不再收取	
			成交金额在100万元以上每笔收1元，反向交易不再收取	
		其他债券回购	成交金额在100万元以下（含）每笔收0.1元，反向交易不再收取	
			成交金额在100万元以上每笔收1元，反向交易不再收取	
		股票质押式回购	按每笔初始交易质押标的证券面值1‰收取，最高不超过100元	
		可转债	按成交金额双边收取0.04‰	
		专项资产管理计划	成交金额在100万元以下（含）每笔收0.1元	
			成交金额在100万元以上每笔收10元	
		中小企业私募债券	成交金额在100万元以下（含）每笔收0.1元	
			成交金额在100万元以上每笔收10元	
	证券交易监管费	A股	按成交额双边收取0.02‰	代中国证监会收取
		B股		
		基金	免收	
		权证		
		企业债/公司债现货		
		可转债		
		专项资产管理计划		
		中小企业私募债券		
		国债现货		
	证券交易印花税	A股	对出让方按成交金额的1‰征收，对受让方不再征税	代国家税务局扣缴
		B股		
发行人	上市初费	A股、B股	总股本2亿股以下（含），30万元 总股本2亿~4亿股（含），45万元 总股本4亿~6亿股（含），55万元 总股本6亿~8亿股（含），60万元 总股本8亿股以上，65万元	创业板减半征收 总股本为A、B股合计
		国债	免收	
		企业债/公司债	暂免收取	
		可转债	上市债券总额0.01%，最高不超过3万元	
		基金	3万元	
		权证	20万元	
		专项资产管理计划	暂免收取	
		中小企业私募债券	暂免收取	

表7-6(续)

收费对象	收费项目	收费标的	收费标准	备注
发行人	上市年费	A股、B股	总股本2亿股以下（含），5万元 总股本2亿~4亿股（含），8万元 总股本4亿~6亿股（含），10万元 总股本6亿~8亿股（含），12万元 总股本8亿股以上，15万元	创业板减半征收 总股本为A、B股合计。
		债券	暂免收取	
		可转债	以1亿元为基数，每年缴纳6 000元 超过1亿元的，每增加2 000万元，年费增加1 200元，最高不超过24 000元	按年收取。
		基金	6万元	按年收取
		专项资产管理计划	暂免收取	
		中小企业私募债券	暂免收取	
会员	席位费	席位	普通席位60万元/个，特别席位20万元/个	
	交易单元费用	交易单元	交易单元使用费：对会员使用超出交费席位（指已交席位初费的席位）数量以外的交易单元，每年收取30 000元/个的交易单元使用费	
			流速费：对会员使用超出交费席位（指已交席位初费的席位）数量以外的流速，每年收取9 600元/份的流速费，每份流速为50笔/秒	2014年7月1日起，由深圳证券通信公司收取
			流量费：每笔交易类申报（指买入、卖出、撤单申报）收取0.1元，每笔非交易类申报（指除买入、卖出、撤单以外的申报）收取0.01元	2014年7月1日起，深证所与深圳证券通信公司按6：4比例分别收取 债券ETF免收交易单元流量费

模块二　证券网上交易模拟

▶ 模块介绍

本模块主要通过证券交易模拟系统，让学生掌握证券交易基本操作方法。

活动1：建立模拟交易账户

[活动目标]

了解建立模拟交易账户的途径，建立模拟账户准备模拟交易。

很多投资者如果没有任何经验就盲目进入证券二级市场进行投资风险很大，往往达不到预期的投资效果。模拟证券交易就是在一个仿真的证券环境下，让投资者在真正进行证券投资之前，熟悉证券市场，了解相关知识，掌握一定的操作技能和认识市场风险，是新手上路之前的培训课。

模拟交易是种虚拟交易。我们可以通过模拟交易来了解真实的交易过程，我们提供真实的数据资料和图表分析系统。一切行情、图表和虚拟浮动盈亏都与真实交易完全一样，让我们能够体会到证券投资的真实乐趣。

一些专业财经网站和专业软件公司可以提供免费模拟交易平台，如进入同花顺金融网站后我们就可以找到模拟交易网页，完成相关注册后就可以进行模拟交易了。这样的平台还是很多的，很多学校也安装了专门的模拟证券交易软件，这些模拟软件是很好的教学实践平台。

【建立模拟交易账户】

本书模拟交易以叩富网金融服务网站提供的模拟交易系统为例来介绍股票模拟交易流程。目前很多高校在该网定期举办证券模拟大赛或教学，效果很好。

相关阅读：　　　　　　　　　　**叩富网**

叩富网（http://www.cofool.com/index.asp）模拟炒股系统是一个专业的炒股练习平台，系统历经多次升级，技术已非常成熟。系统初期仅对内部客户开放，2004 年开始通过互联网对公众开放。系统同时为用户提供网页、客户端软件及手机三种方式进行炒股交易，行情与交易所实时同步，成交撮合、闭市清算流程与交易所完全一致。无论是准备入市或刚入市的新股民，还是已有实盘炒股经验的老股民，该系统都是训练炒股技术、积累炒股经验的最佳工具。通过模拟炒股，可以学会如何炒股，掌握炒股入门知识，体验怎样炒股。该系统还是炒股高手的孵化器和"股林高手"的争霸擂台，更是一个能迅速提高炒股技术的最佳法宝。2008 年，叩富网被上海证券交易所推荐为投资者教育训练网站。

作为一个专业的炒股练习平台，叩富网模拟炒股系统具有强大的功能。不仅仅能让用户学习基础的炒股方法，还提供了一套全面系统的个人炒股方法评估指标，比如个人资产增长走势图、段位制评级、选股成功率、资金周转率等。借助这些评估指标，用户可以不断尝试自己的炒股方法，不断反思，从中寻找最优方法。此外，通过应用高手操作公开、对所有用户操作的股票交易数据进行汇总得出热点股票等这些功能，用户可以学习分析高手的操作技巧，为自己选股提供帮助。

叩富网模拟炒股系统的特点主要如下：

第一，完全真实的炒股体验。股票行情，买卖盘数量，成交撮合，股票、基金、权证交易规则，开闭市时间与交易所完全一致。

第二，分组模拟，分组比赛。针对用户的不同需求、不同层次，不同的炒股团队分组举行比赛。例如，有权证练兵场、10 万元本金组、100 万元本金组，以小博大组（5 000 元本金）、模拟基金经理（1 亿元本金）。此外，定期还有各个大学金融学院、各基金团队等举办炒股大赛。

第三，可随时查看各选手的股票持仓、当日炒股委托记录和历史操作记录。如果崇拜某个高手，更可将其添加为"我的股友"，实时追踪高手们的操作轨迹，跟着冠军去炒股，轻松盈利。

第四，委托公开。登录模拟炒股系统，可以通过"委托公开"功能查询所有参赛选手当日或历史某天的委托操作记录；可以对当天或历史某天的交易记录进行汇总，找出当天或历史某天交易量最大、最活跃的股票，轻松选出热点股票；可以对选手们的持仓股票进行汇总，轻松找出重仓股票。这些功能都将帮助用户找出当前市场的热点股票、黑马股票。

第五，个人业绩报告。系统通过图形方式直观地描述了个人各月度总资产的增长走势，并通过与沪深300指数的增长走势对比来反映个人的操作水平，形象客观。用户可以看看自己是否能跑赢大盘走势。

第六，段位制评级。系统通过对选手周盈率这一指标的分析来给用户定量评级，考核选手的连续赢利能力。

第七，选股成功率。系统通过对用户操作过的所有股票进行分析，得出用户在股票操作中获得了正收益的股票数占全部操作股票数中的比例，以此来反映选手的选股能力。

第八，"我的股友"。系统可以将用户关注的其他用户设置为"我的股友"，形成一个炒股圈子，在这个圈子中，可以互相排名，对股友操作进行追踪、汇总、分析股友持仓，并可实时在线交流。

第九，股民学校—股民加油站。模拟炒股不仅提供了真实的炒股体验，更为初学者提供了内容丰富的股市入门、进阶教程和优秀的技术分析、实战技巧文章。力争为用户提供一个全面系统的炒股学习、进阶平台。此外，"股市财经"还可供用户随时了解当前最热点的财经信息，为用户炒股提供分析素材。

第十，站内邮箱。模拟炒股为每位选手提供了站内邮箱，通过站内邮箱随时可以给其他选手发站内信息，与高手沟通更加便捷。

第十一，个人炒股主页。模拟炒股为每位参赛选手提供了个人炒股主页，选手可以通过个人主页或在自己的博客中展示自己的实时操盘记录。

第十二，辅助功能。"股票收益计算器"让用户可以很方便地计算自己的炒股收益。"换组"让用户可以自由地选择自己竞赛的对象。"在线用户"可让用户随时查看当前同时在线的参赛选手的成绩，如果用户希望与自己喜欢的高手交流，通过"在线用户"可以给其他选手发送站内消息。

第十三，为团体提供模拟炒股比赛平台。模拟炒股可以免费为有需要的基金团队、大学金融学院、股票知识培训学校等开设小组单独进行模拟炒股大赛。可自定义参赛规则、参赛本金，独立计算，单独排名。

我们通过叩富网主页可以选择其中某一主站进行模拟账户注册（见图7-12）。相关课程教师也可以在该网站申请开设团队小组，结合课程内容进行班级模拟教学竞赛，激发学生学习兴趣（见图 7-13）。

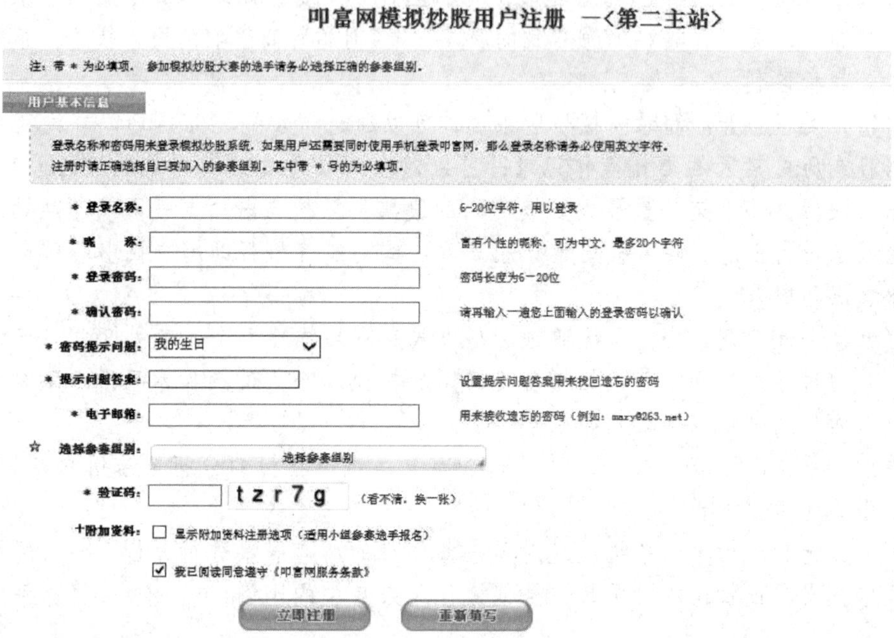

图 7-12　注册模拟账户

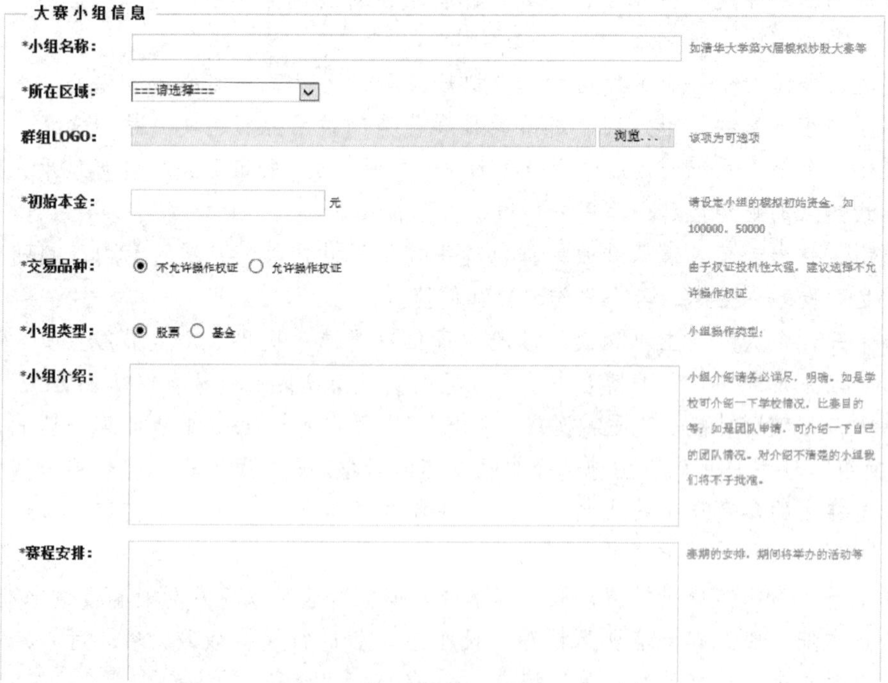

图 7-13　开设团队小组

注册完模拟账户后用该账户登录，如图 7-14 所示：

图 7-14　登录模拟账户

登录模拟账户后，会显示模拟该账户的信息以及比赛规则。作为新手，应该先了解比赛规则再进行交易。

活动 2：进行模拟交易

[活动目标]

熟悉模拟交易规则，进行模拟交易。

【模拟交易规则】

投资者可以在学校金融实验室申请模拟交易账号，获得用户名和密码。

在模拟交易中，投资者每人拥有 10 万元人民币的模拟资金，可以用这些资金进行股票委托买卖。

操作时间与证券交易所交易时间同步。除正常的集合竞价外，为避免失真交易，交易时间为 9:30~11:30 和 13:00~15:00。

由于软件条件的限制，投资者只能买卖 A 股和基金，不能买卖 B 股、PT 股、债券和申购新股。

参赛者不能透支及买空卖空。

买卖与成交和证券交易所实时情况同步。

T+1 操作，当天买入的股票不能卖出。

由于受到软件限制，对所有配股、除权将不予计算。

交易费用与实盘买卖费用相同。

股票买卖的具体规则同证券交易所公布的证券买卖规定基本一致。

🖎**【实验任务2】**

（1）以个人为投资主体，进行模拟操作，熟悉委托、交易流程。

（2）学期末以教学班为单位进行排名，排名依据两项指标：盈利额和成交量。按排名先后给予不同的分值，两项分值加总即为实验成绩。

项目八　债券投资

本项目主要介绍债券的基本投资规则，让学生熟悉债券开户、委托、成交、过户和交割等交易步骤，掌握债券投资策略等基本知识。

▭▷ 项目目标

（1）了解债券投资基本规则。
（2）熟悉债券开户、委托、成交、过户和交割等交易步骤。

模块一　债券市场结构

▭▷ 模块介绍

要求掌握债券市场结构层次及特点。

目前我国国内债券交易市场分为场内市场和场外市场两个主要的场所，其中场外市场交易量占到我国债券交易总额的95%以上，是投资者交易的最主要场所。我国债券市场结构如图8-1所示。

债券的场内市场指的是证券交易所市场。其中，上海证券交易所交易的债券总额占到了场内交易市场总量的90%以上，是国内最为主要的场内交易市场。投资者可以通过证券公司购买在上海证券交易所上市交易的各类债券品种。相比于上海证券交易所，在深圳证券交易所上市交易的债券数量比较有限，该场所在上市交易的品种、交易的数量等方面规模都比较小。部分国债交易在该场所进行交易。

债券的场外市场包括银行间的债券市场和柜台市场。银行间债券市场主要是我国各类型银行相互之间的债券交易市场，可以有效地调节银行之间的货币流通和供应量。一般政府主体发行或者批准发行的国债、地方债及企业债在该市场流通交易。柜台市场俗称OTC市场，一般由交易双方协商交易价格，部分国债交易在该场所进行交易。

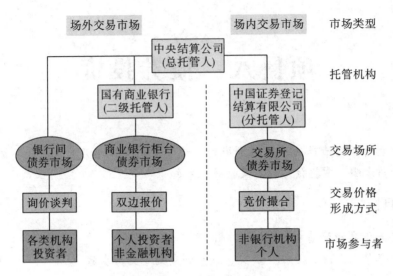

图 8-1　我国债券市场结构

活动 1：债券的场内市场

[活动目标]

　　掌握债券场内市场的主要交易方式。

　　债券场内交易也叫交易所交易，证券交易所是市场的核心。证券交易所内的交易程序都要经证券交易所立法规定，具体步骤明确而严格。交易所债券市场主要面对大量的个人投资者，以债券零售为主，单笔成交量小，投资者以集中撮合的方式达成交易。

　　目前在我国沪、深证券交易所上市交易的债券，即在二级市场上上市流通转让的债券，包括上市国债、上市企业债券和上市可转换债券等（见图 8-2）。投资者可以通过证券公司购买在上海证券交易所上市交易的各类债券品种。

　　上市债券的流通性好，容易变现，可以满足随时变现的投资需要。上市债券的交易方式有债券的现货交易、回购交易和期货交易。

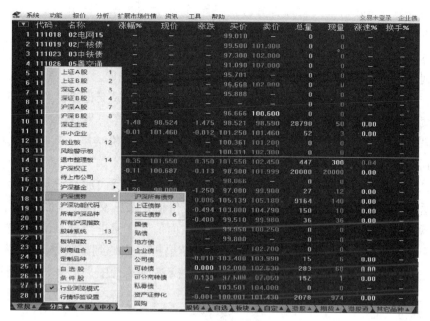

图 8-2　上市债券品种

【现货交易】

现货交易又叫现金现货交易，是债券买卖双方对债券的买卖价格均表示满意，在成交后立即办理交割，或在很短的时间内办理交割的一种交易方式。例如，投资者可直接通过证券账户在深圳证券交易所全国各证券经营网点直接买卖已经上市的债券品种。

【回购交易】

债券回购交易是指债券买卖双方在成交的同时就约定于未来某一时间以某一价格双方再行反向成交的交易，是以债券为抵押品拆借资金的信用行为。债券回购交易的实质内容是：债券的持有方（融资者、资金需求方）以持有的债券作抵押，获得一定期限内的资金使用权，期满后则须归还借贷的资金，并按约定支付一定的利息；资金的贷出方（融券方、资金供应方）则暂时放弃相应资金的使用权，从而获得融资方的债券抵押权，并于回购期满时归还对方抵押的债券，收回融出资金并获得一定利息。目前沪、深证券交易所均有债券回购交易，机构法人和个人投资者都能参与。

目前，上海证券交易所有 7 个回购品种，分别是 1 天回购、3 天回购、7 天回购、14 天回购、28 天回购、91 天回购、182 天回购，其交易代码依次为 201008、201000、201001、201002、201003、201004、201005；深圳证券交易所有 9 个回购品种，分别是 3 天回购、7 天回购、14 天回购、28 天回购、63 天回购、91 天回购、182 天回购、273 天回购、4 天回购，其交易代码依次为 131800、131801、131802、131803、131804、131805、131806、131807、131809。

回购业务对到期购回价采用资金年收益率形式报价。具体委托时，在委托价格栏目中直接填写资金收益率（去掉百分号），拆入资金方填买单，拆出资金方填卖单。最小委托单位为 100 手（1 手＝10 张×面值，即 10 万元人民币），在成交行情中，交易所即时显示回购交易到期购回价（利率）的竞价结果，该利率水平的高低直接反映市场资金的利率水平。交易所国债回购交易的成交回报分两次完成。

第一步：投资者和券商委托当日，若成交则返回两条成交记录。其中，第一条为正常成交记录，其成交成本价格为 100 元，其买卖类别与客户当日委托中的买卖类别相反。第二条为仅用来报告该笔回购交易的到期购回价竞价结果，其购回价格为 100 元加上到期应付利息，购回金额为到期本息之和。

第二步：在回购到期日，交易所系统会自动产生一条反向成交记录，作为正常成交回报返回，其买卖类别与委托时相同，其成交价格是委托交易的竞价结果。回购交易的清算也相应地分二次完成，在成交当日，按面值 100 元进行资金清算，同时记减或记加相应国债量；在回购到期日，根据竞价结果折合成的到期价格进行资金清算，并相应记加或记减国债量。在整个清算过程中，交易所实行中央清算，以保证资金清算的高效和安全。

【期货交易】

期货交易是一批交易双方成交以后，交割和清算按照期货合约中规定的价格在未来某一特定时间进行的交易。目前沪、深证券交易所均不开通债券期货交易。

活动 2：交易所债券交易流程

［活动目标］

掌握上市债券的交易流程。

上市债券的交易流程和股票类似，投资者只要持有沪、深证券交易所的证券账户和资金账户即可以进行债券的买卖。

【开户】

目前投资者可以通过在沪、深证券交易所各地证券登记机构开设的证券账户和资金账户进行上市国债的认购、交易和兑付，并指定一个证券商办理委托买卖手续。

在投资者与证券公司订立开户合同后，就可以开立账户，为自己从事债券交易做准备。在我国，上海证券交易所允许开设的账户有现金账户和证券账户。现金账户只能用来买进债券并通过该账户支付买进债券的价款，证券账户只能用来交割债券。因投资者既要进行债券的买进业务又要进行债券的卖出业务，故一般都要同时开立现金账户和证券账户。根据上海证券交易所的规定，投资者开立的现金账户，其中的资金要首先交存证券商，然后由证券商转存银行，其利息收入将自动转入该账户；投资者开立的证券账户则由证券商免费代为保管。

【委托】

投资者在证券公司开立账户以后，要想真正上市交易，还必须与证券公司办理证券交易委托关系，这是一般投资者进入证券交易所的必经程序，也是债券交易的必经程序。投资者与证券公司之间委托关系的确立，其核心程序就是投资者向证券公司发出委托。投资者发出委托必须与证券公司的办事机构联系，证券公司接到委托后，就会按照投资者的委托指令，填写委托单，将投资交易债券的种类、数量、价格、开户类型、交割方式等一一载明。委托单必须及时送达证券公司在交易所中的驻场人员，由驻场人员负责执行委托。投资者办理委托可以采取当面委托或电话委托两种方式。

【成交】

证券公司在接受投资客户委托并填写委托说明书后，就要由其驻场人员在交易所内迅速执行委托，促使该种债券成交。

1. 债券成交的原则

在证券交易所内，债券成交就是要使买卖双方在价格和数量上达成一致。这程序必须遵循特殊的原则，又叫竞争原则。这种竞争规则的主要内容是"三先"，即价格优先、时间优先、客户委托优先。价格优先就是证券公司按照交易最有利于投资委托人的利益的价格买进或卖出债券；时间优先就是要求在相同的价格申报时，应该与最早提出该价格的一方成交；客户委托优先主要是要求证券公司在自营买卖和代理买卖之间首先进行代理买卖。

2. 竞价的方式

证券交易所的交易价格按竞价的方式进行。竞价的方式包括口头唱报、板牌报价以及计算机终端申报竞价三种。

【清算和交割】

债券交易成立以后就必须进行券款的交付，这就是债券的清算和交割。

1. 债券的清算

债券的清算是指对同一证券公司在同一交割日对同一种债券的买和卖相互抵销，确定出应当交割的债券数量和应当交割的价款数额，然后按照"净额交收"原则办理债券和价款的交割。一般在交易所当日闭市时，其清算机构便依据当日"场内成交单"所记载的各证券商的买进和卖出某种债券的数量和价格，计算出各证券商应收应付价款相抵后的净额以及各种债券相抵后的净额，编制成当日的"清算交割表"，各证券商核对后再编制该证券商当日的"交割清单"，并在规定的交割日办理交割手续。

2. 债券的交割

债券的交割就是将债券由卖方交给买方，将价款由买方交给卖方。

在证券交易所交易的债券，按照交割日期的不同，可分为当日交割、普通日交割和约定日交割三种。根据上海证券交易所的规定，当日交割是在买卖成交当天办理券款交割手续；普通交割日是买卖成交后的第四个营业日办理券款交割手续；约定交割日是买卖成交后的 15 日内买卖双方约定某一日进行券款交割。

【过户】

债券成交并办理了交割手续后，最后一道程序是完成债券的过户。过户是指将债券的所有权从一个所有者名下转移到另一个所有者名下。基本程序如下：

第一，债券原所有人在完成清算交割后，应领取并填过户通知书，加盖印章后随同债券一起送到证券公司的过户机构。

第二，债券新的持有者在完成清算交割后，向证券公司索要印章卡，加盖印章后送到证券公司的过户机构。

第三，证券公司的过户机构收到过户通知书、债券及印章卡后，加以审查，若手续齐备，则注销原债券持有者的证券账户上相同数量的该种债券，同时在其现金账户上增加与该笔交易价款相等的金额。对于债券的买方，则在其现金账户上减少价款，同时在其证券账户上增加债券的数量。

活动 3：债券的场外市场

[活动目标]

掌握债券场外交易的特点。

目前债券的场外市场交易量占到我国债券交易总额的 95% 以上，是投资者债券交易的最主要场所。债券的场外交易分为两个层次，一是银行间债券市场。银行间债券市场主要是我国各类型银行相互之间的债券交易市场，可以有效地调节银行之间的货币流通和供应量。一般政府主体发行或者批准发行的国债、地方债及企业债在该市场流通交易。二是柜台市场。柜台市场为场外交易市场的主体。许多证券经营机构都设有专门的证券柜台，通过柜台进行债券买卖。在柜台交易市场中，证券经营机构既是交易的组织者，又是交易的参与者。

【银行间债券市场】

银行间债券市场是依托于中国外汇交易中心暨全国银行间同业拆借中心（以下简称同业中心）和中央国债登记结算公司，包括商业银行、农村信用联社、保险公司、证券公司等金融机构在内进行债券买卖和回购的市场。

1. 交易品种

银行间债券市场的债券交易包括债券质押式回购交易和债券买断式回购交易两种。

（1）债券质押式回购交易是指融资方（正回购方、卖出回购方、资金融入方）在将债券质押给融券方（逆回购方、买入反售方、资金融出方）融入资金的同时，双方约定在将来某一指定日期，由融资方按约定回购利率计算的资金额向融券方返回资金，融券方向融资方返回原出质债券的融资行为。

（2）债券买断式回购交易又称开放式回购、买断式回购，是指债券持有人（正回购方）将一笔债券卖给债券购买方（逆回购方）的同时，交易双方约定在未来某一日期，再由卖方（正回购方）以约定的价格从买方（逆回购方）购回相等数量同种债券的交易行为。

2. 交易方式

银行间债券市场参与者以询价方式与自己选定的交易对手逐笔达成交易，这与我国沪、深证券交易所的交易方式不同。交易所进行的债券交易与股票交易一样，是由众多投资者共同竞价并经计算机撮合成交的。进行债券交易，应订立书面形式的合同。合同应对交易日期、交易方向、债券品种、债券数量、交易价格或利率、账户与结算方式、交割金额和交割时间等要素做出明确的约定，其书面形式包括同业中心交易系统生成的成交单、电报、电传、传真、合同书和信件等。

债券回购主协议和上述书面形式的回购合同构成回购交易的完整合同。债券交易现券买卖价格或回购利率由交易双方自行确定。合同一经成立，交易双方应全面履行合同规定的义务，不得擅自变更或解除合同。参与者进行债券交易不得在合同约定的价款或利息之外收取未经批准的其他费用。在回购期间，交易双方不得动用质押的债券，回购期限最长为 365 天。回购到期应按照合同约定全额返还回购项下的资金，并解除质押关系，不得以任何方式展期。金融机构应每季定期以书面形式向人民银行当地分支行报告其在全国银行间债券市场的活动情况。同业中心和中央国债登记结算公司应定期向中国人民银行报告债券交易、交割有关情况。

根据《全国银行间债券市场债券交易管理办法》的规定，全国银行间债券市场回购的债券是经中国人民银行批准、可在全国银行间债券市场交易的政府债券、中央银行债券和金融债券等记账式债券。

【柜台市场】

债券市场的柜台业务是以电子记账方式通过承办机构营业网点面向社会公众、企业和其他机构发售、交易、提前兑取和兑付债券的业务，目前柜台业务债券种类包括记账式国债、储蓄式国债（电子式）和企业债。柜台业务通过中央国债登记结算公司债券柜台业务中心系统和承办机构债券柜台业务系统联网运行共同实现，采用两级托管模式。中央国债登记结算公司为一级托管机构，承办机构为二级托管机构。中央国债登记结算公司对承办机构的一级托管账户记录的真实性、准确性、完整性和安全性负责；承办机构对二级托管账户记录的真实性、准确性、完整性和安全性负责。经财政部和中国人民银行授权，中央国债登记结算公司可对承办机构二级托管账务进行核查，并为柜台业务投资人提供二级托管账户余额的语音复核查询服务。

柜台记账式债券交易业务是指银行通过营业网点（含电子银行系统）与投资人进行债券买卖，并办理相关托管与结算等业务的行为。商业银行根据每天全国银行间债券市场交易的行情，在营业网点柜台挂出国债买入和卖出价，以保证个人和企业投资者及时买卖国债，商业银行的资金和债券余缺则通过银行间债券市场买卖加以平衡。

1. 交易规则

（1）证券柜台交易采用净价交易方式。承办银行应在规定的价差幅度内对交易券种报出买卖净价，并同时列明应计利息和买卖全价（净价+应计利息）及供投资人参考的到期收益率。

（2）债券交易单位为百元面值，债券交易面额为百元的整数倍。柜台交易债券净价报价和应计利息的单位为元/百元面值，保留两位小数。结算价款以元为单位，保留两位小数。

（3）柜台交易债券的买卖价款为买卖全价×债券成交数量，即净价价格×债券成交数量+应计利息×债券成交数量。价款计算应按照财政部、中国人民银行、中国证券监督管理委员会《关于试行国债净价交易有关事宜的通知》（财库〔2001〕12号）的规定执行。

（4）承办银行应按照报价以自营方式与投资人进行债券买卖，并办理二级结算。

（5）通过交易系统办理的债券柜台交易二级结算采用实时逐笔结算方式。投资人买入债券时，承办银行在向投资人收取足额价款的同时，在投资人托管账户中增加其新买入的债券数额；投资人卖出债券时，承办银行在投资人托管账户中减少其卖出债券数额的同时，用转账方式向投资人支付足额价款。

（6）投资人进行债券交易时，应提交有效的书面指令；交易完成后，承办银行应为投资人出具有效的书面交割记录。

2. 交易程序

场外债券交易就是证券交易所以外的证券公司柜台进行的债券交易，场外交易又包括自营买卖和代理买卖两种。

（1）自营买卖债券的程序。场外自营买卖债券就是由投资者个人作为债券买卖的一方，由证券公司作为债券买卖的一方，其交易价格由证券公司自己挂牌。自营买卖程序十分简单，具体如下：

第一，买入、卖出者根据证券公司的挂牌价格填写申请单。申请单上载明债券的种类提出买入或卖出的数量。

第二，证券公司按照买入、卖出者申请的券种和数量，根据挂牌价格开出成交单。成交单的内容包括交易日期、成交债券名称、单价、数量、总金额、票面金额、客户的姓名、地址、证券公司的名称、地址、经办人姓名、业务公章等，必要时还要登记卖出者的身份证号码。

第三，证券公司按照成交价格，向客户交付债券或现金，完成交易。

（2）代理买卖债券程序。场外代理买卖就是投资者个人委托证券公司代其买卖债券，证券公司仅作为中介而不参与买卖业务，其交易价格由委托买卖双方分别挂牌，达成一致后形成。场外代理买卖的程序如下：

第一，委托人填写委托书。内容包括委托人的姓名和地址、委托买卖债券的种类、数量、价格、委托日期和期限等。委托卖方要交验身份证。

第二，委托人将填好的委托书交给委托的证券公司。其中，买方要缴纳买债券的金额保证金，卖方则要交出拟卖出的债券，证券公司为其开临时收据。

第三，证券公司根据委托人的买入或卖出委托书上的基本要素，分别为买卖双方挂牌。

第四，如果买方、卖方均为一人，则通过双方讨价还价，促使债券成交；如果买方、卖方为多人，则根据价格优先和时间优先的原则，顺序办理交易。

第五，债券成交后，证券公司填写具体的成交单。内容包括成交日期、买卖双方的姓名、地址、交易机构名称、经办人姓名、业务公章等。

第六，买卖双方接到成交单后，分别交出价款和债券。证券公司收回临时收据，扣收代理手续费，办理清算交割手续，完成交易过程。

模块二　上市国债交易

▷ 模块介绍

要求掌握上市国债债券的交易流程。

根据国债发行公告，无记名国债与记账式国债均可通过交易所交易系统进行公开发行。国债发行期间，投资者可以到其指定的证券经纪商处办理委托手续，通过交易所交易系统直接认购；投资者也可以向认定的国债承销商直接认购。

活动1：上市国债的发行方式

[活动目标]

掌握国债上市发行的程序。

根据沪、深证券交易所的规定，国债的发行流程如图8-3所示：

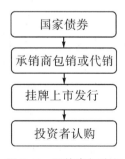

图8-3　国债发行流程

活动2：上市国债的交易

[活动目标]

掌握上市国债的交易方式。

【国债申购规则】

交易所国债市场是以非银行金融机构和个人为主体的场内市场，该市场采用连续竞价方式交易，债券的托管与结算都在中国证券登记结算公司。上市国债发行认购办法与股票有区别，如表8-1所示：

表8-1　　　　　　　　　　　　　　上市国债申购规则

发行方式	国债采用挂牌分销和合同分销两种方式。挂牌分销为承销商在交易所交易市场挂牌卖出，各会员单位自营或代理投资者通过交易席位申报认购；合同分销为承销商同其他机构或个人投资者签订分销合同进行分销认购
申购账户	沪、深证券账户或基金账户
申购代码	深市：1016＊＊或1017＊＊ 沪市：751＊＊＊
申购价格	挂牌认购价格为100元
申购单位	以"手"为单位（1手为1 000元面值）
申购费用	无须缴纳任何费用

国债申购规则如下：

第一，投资者认购沪、深证券交易所上市发行的国债需经过证券商委托。

第二，投资者认购沪、深证券交易所上市发行的国债需通过沪、深证券账户或基金账户进行。

第三，深市挂牌国债的申购代码为分销证券商的代码，并不是证券的上市代码。例如，2001年记账式（十五期）国债上网发行申购代码101620指"长城证券"挂牌分销的国债，即投资者作为买方认购的是"浙江证券"作为国债卖方的当期国债。每次上网发行公布的申购代码有许多个，投资者可以任选一个。认购成功后，在上市前此代码自动转换成正式的上市代码，如101620转为100115。

第四，上网申购发行的国债申报数量以手为单位（1手为1 000元面值）。

第五，采用挂牌分销方式认购国债的委托、成交、清算等手续均按交易所业务规则办理。

第六，投资者办理交易所上网发行国债的认购手续时不需缴纳手续费用。

第七，投资者通过场内认购的国债，其债权由交易所所属的证券登记结算公司直接记录在其证券账户或基金账户内，待该国债发行期结束后即可上市流通交易。投资者通过场外认购的国债，必须指定一个证券商办理国债的托管手续，并待该国债发行期结束上市后，方可委托该证券商在交易所交易市场上进行国债现货交易。

【国债上市交易规则】

1. 交易时间

每周一至周五，每天上午 9:30~11:30，下午 1:00~3:00。法定公众假期除外。

2. 交易原则

价格优先、时间优先。

3. 报价单位

以张（面值 100 元）为报价单位，即每百元面值的价格，价格是指每 100 元面值国债的价格。

4. 委托买卖单位

以手为交易单位，每次交易最小数量是 1 手，以人民币 1 000 元面额为 1 手（即 10 张），以 1 手或其整数倍进行申报。

5. 价格最小变化档位

债券的申报价格最小变动单位为 0.01 元人民币。

6. 涨跌幅限制

不设涨跌幅限制。

7. 申报撮合方式

正式实施国债净价交易后，将实行净价申报和净价撮合成交的方式，并以成交价格和应计利息额之和作为结算价格。

8. 行情报价

报价系统同时显示国债全价、净价及应计利息额。

9. 申报上限

单笔申报最大数量应当低于 1 万手（含 1 万手）。

10. 交易方式

国债现货交易允许实行回转交易（T+0），即当天买进的债券当天可以卖出，当天卖出的债券当天可以买进。

11. 竞价方式

与其他证券交易一样，债券交易一般采用电脑集合竞价和连续竞价两种方式。

12. 竞价时间

集合竞价：上午 9:15~9:25。

连续竞价：上午 9:30~11:30，下午 1:00~3:00。

13. 交易清算

债券结算按 T+1 方式进行。

14. 开盘价

债券的开盘价是当日该债券第一笔成交价。债券的开盘价通过集合竞价方式产生，不能产生开盘价的，以连续竞价方式产生。

15. 收盘价

债券的收盘价为当日该债券最后一笔交易前一分钟所有交易的成交量加权平均价（含最后一笔交易）。当日无成交的，以前日收盘价为当日收盘价。

16. 上市首日申报竞价规定

深圳证券交易所上市国债上市首日集合竞价申报价格的有效范围为前收盘价（发行价）上下各150元（即15 000个价格升降单位），进入连续竞价后申报价格的有效范围为最后成交价上下各15元（即1 500个价格升降单位）。

上海证券交易所上市国债无此项限制，但是国债上市首日开盘采用集合竞价方式，当日行情显示该国债证券名称前冠以"N"以示提醒，第二天起采用连续竞价交易。

17. 申报价格限制

上市首日后，每次买卖竞价申报价格的有效范围为最近成交价上下各5元（即500个价格升降单位）。

我们需要注意的是：

第一，记账式国债的交易方式与股票交易相同，成交后债权的增减均相应记录在其证券账户或基金账户内；无记名国债在卖出交易前，投资者必须将无记名国债拿到指定的证券商处办理托管手续，然后在其所指定的证券商处进行交易。买入无记名国债后，投资者需要时，可通过在指定的证券商处办理提取实物券手续。

第二，国债现货交易以"手"为单位，一手等于1 000元面值。国债现货交易，每笔申报以一手为最小单位，每笔申报以不得超过1万手为最大单位，国债现货计价单位为每百元面额。

第三，国债现货交易实行T+1资金清算，投资者与所指定的证券商在成交后的第二个营业日办理交割手续。

模块三　上市企业债交易

➡️ 模块介绍

要求掌握上市企业债券的交易流程。

活动1：企业债的发行上市

［活动目标］

掌握企业债券发行上市的程序。

企业债券发行上市的流程如图8-4所示。

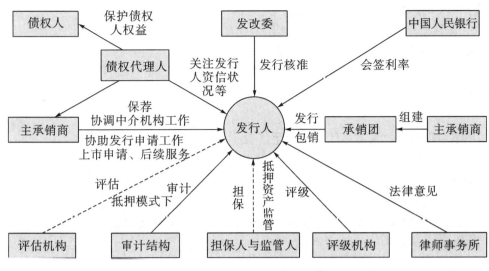

图 8-4 企业债上市发行程序

活动 2：上市企业债的交易

[活动目标]

掌握上市企业债的交易规则。

根据沪、深证券交易所关于上市企业债券的规定，企业债券发行的主体可以是股份公司，也可以是有限责任公司。申请上市的企业债券必须符合规定条件。根据 1996 年中国证监会《关于规范企业债券在证券交易所上市交易等有关问题的通知》的规定，企业债券暂不利用证券交易所电脑系统上网发行，企业债券发行地点、方式以企业发行公告为准。投资者认购必须到公布的各营业网点填写债券专项认购单。投资者如果想要认购企业债券，则需要阅读相关的发行公告。企业债券经过发行后经允许可在沪、深证券交易所挂牌上市。

【企业债发行上市委托交易规则】

1. 交易时间

每周一至周五，每天上午 9:30~11:30，下午 1:00~3:00。法定公众假期除外。

2. 交易原则

价格优先、时间优先。

3. 报价单位

以张（面值 100 元）为报价单位，即每百元面值的价格，价格是指每 100 元面值企业债券的价格。

4. 委托买卖单位

以手为交易单位，每次交易最小数量是 1 手，以人民币 1 000 元面额为 1 手（即

10 张），以 1 手或其整数倍进行申报。

5. 价格最小变化档位

债券的申报价格最小变动单位为 0.01 元人民币。

6. 涨跌幅限制

不设涨跌幅限制。

7. 申报上限

单笔申报最大数量应当低于 1 万手（含 1 万手）。

8. 交易方式

交易方式为 T+1。

9. 竞价方式

与其他证券交易一样，债券交易一般采用电脑集合竞价和连续竞价两种方式。

10. 竞价时间

集合竞价：上午 9:15~ 9:25。

连续竞价：上午 9:30~ 11:30，下午 1:00~ 3:00。

11. 交易清算

债券结算按 T+1 方式进行。

12. 开盘价

开盘价是当日该债券第一笔成交价。债券的开盘价通过集合竞价方式产生，不能产生开盘价的，以连续竞价方式产生。

13. 收盘价

收盘价是当日该证券最后一笔交易前一分钟所有交易的成交量加权平均价（含最后一笔交易）。当日无成交的，以前日收盘价为当日收盘价。

14. 上市首日申报竞价规定

深圳证券交易所上市债券上市首日集合竞价申报价格的有效范围为前收盘价（发行价）上下各 150 元（即 15 000 个价格升降单位），进入连续竞价后申报价格的有效范围为最后成交价上下各 15 元（即 1 500 个价格升降单位）。

上海证券交易所上市债券上市首日开盘采用集合竞价方式，当日行情显示该债券证券名称前冠以"N"以示提醒，第二天起采用连续竞价交易。

15. 上市后申报价格限制

根据深圳证券交易所的规定，上市首日后，每次买卖竞价申报价格的有效范围为最近成交价上下各 5 元（即 500 个价格升降单位）。

16. 交易费用

投资者委托交易商买卖债券时，向交易商缴纳佣金，佣金每笔起点为 5 元，最高不得超过成交金额的 2‰。

模块四 可转换债券交易

模块介绍

要求掌握上市可转换债券的交易流程。

活动 1：可转换债的发行上市

[活动目标]

掌握可转换债券发行上市的程序。

上市公司可申请发行可转换公司债券，股东大会应决定是否优先向原股东配售；如果优先配售，应明确进行配售的数量和方式以及有关原则。

【发行方式】

可转换公司债券的发行方式通常由发行人和主承销商协商确定。国内可转换公司债券的发行方式主要采取如下四种类型：

第一，全部网上定价发行。

第二，网上定价发行与网下向机构投资者配售相结合。

第三，部分向原社会公众股股东优先配售，剩余部分分网上定价发行。

第四，部分向原社会公众股股东优先配售，剩余部分采用网上定价发行和网下向机构投资者配售相结合的方式。

经中国证监会核准后，可转换公司债券的发行人和主承销商可向上海证券交易所、深圳证券交易所申请上网发行。

【发行时间安排】

T-5 日，所有材料报上海证券交易所，准备刊登债券募集说明书概要和发行公告。

T-4 日，刊登债券募集说明书概要和发行公告。

T 日，上网定价发行日。

T+1 日，冻结申购资金。

T+2 日，验资报告送达上海证券交易所，上海证券交易所向营业部发送配号。

T+3 日，中签率公告见报，摇号。

T+4 日，摇号结果公告见报。

T+4 日以后，做好上市前准备工作。

可转换公司债券在深圳证券交易所的网上定价发行程序与上海证券交易所基本相同。

活动 2：上市可转换债券的交易

[活动目标]

掌握上市可转换债券的交易规则。

【开户】

可转换公司债券申购、上市后的交易均利用沪、深证券交易所股票交易系统进行，投资者申购、交易上市的可转换公司债券只需凭本人沪、深证券账户即可办理，办理开户与 A 股相同。

【申购】

目前在沪、深证券交易所已发行上市的可转换公司债券的发行方式有两种情况：一种情况是对社会公众发行，采用在交易所上网定价发行的方式，如丝绸转债（125301）、南化转债（125302）等；另一种情况是上市公司采用向股权登记截止日登记在册的股东配售与对社会公众发行相结合的发行方式，如鞍钢转债（125989）、虹桥转债（100009）。

1. 上网定价发行

可转换公司债券的发行方式目前主要参照 A 股的上网定价发行办法，即通过证券交易所的证券交易系统上网按面值平价发行。

投资者应当在详细阅读可转换公司债券募集说明书和发行公告的基础上按照发行公告的提示进行申购。

申购程序如下：

（1）申购当日（T 日），投资者凭证券账户卡申请认购可转换公司债券（每个账户的申购不少于 1 000 元面值，超过 1 000 元面值的必须是 1 000 元的整数倍，每个账户的认购上限为公开发行总额的 1‰），并由交易所反馈认购情况。

（2）T+1 日，由交易所结算公司将申购资金冻结在申购专户中。

（3）T+2 日，由主承销商和有从事证券业务资格的会计师事务所对申购资金进行验资，并由会计师事务所出具验资报告，交易所进行申购配号工作。

（4）T+3 日，由主承销商负责组织摇号抽签，并于当日公布中签结果。

（5）T+4 日，对未中签的申购款予以解冻。

申购规则如下：

（1）转债申购单位为手，每 10 张为 1 手。每个账户申购可转换公司债券不少于 1 000 元面值，超过 1 000 元面值的，必须是 1 000 元面值的整数倍，每个账户认购上限为不超过公开发行的可转换公司债券总额的 1‰。

（2）每个股票账户只能申购一次，委托一经办理不得撤单。多次申购的（包括在不同的证券交易网点进行申购）视为第一次申购为有效申购。

（3）投资者申购可转换公司债券不收取任何手续费。

（4）深圳证券交易所可转换公司债券发行申购代码为 125 ***，如鞍钢转债（125898）；上海证券交易所可转换公司债券发行申购代码为 733 ***，如机场发债（733009）。

2. 配售与上网定价结合

上市公司发行可转换债券对股权登记日股东（即老股东）优先配售的方式，与配股和增发新股一样，是上市公司在融资方式的一种，与配股缴款、增发新股的操作有相类似的地方。此外，还可同时向证券投资基金定向发售和上网定价发行。

例如，鞍钢转债采用向鞍钢新轧 A 股股东优先配售、向证券投资基金定向发售和上网定价发行方式。上市公司发行可转换债券，投资者申购操作应以公司发布公告为准。以上市公司鞍钢新轧发行的鞍钢转债（125898）为例，可转换债券的发行基本程序分为如下三步：

（1）配售流程。

配售权登记日（T 日）：确定可以享有本次可转债配售的股东。

配售缴款日（T+1 日）：配售缴款期仅为 1 天，一般在股权登记日后的第二个交易日。

（2）配售对象。配售权登记日登记在册的股东。

（3）配售价格。人民币 100 元。

（4）配售单位。认购单位为 1 手（即 10 张，每张面值 100 元）。

（5）配售比例。以配售权登记截止日收市后登记持有的股份数，按每股 A 股股票配售×元可转债的比例进行配售。优先配售采取取整的办法，实际配售量以 1 000 元为单位，凡按照配售比例计算出配售量不足千元的部分，视为投资者放弃。

按每 100 股可认购××张的比例计算，以四舍五入原则取整为 1 手的整数倍。

（6）配售申报。每个股票账户的认购数量不得低于 1 手（10 张），超过 1 手的必须为 1 手（10 张）的整数倍。

（7）缴款时间。配售缴款期仅为 1 天，一般在配售权登记日后的第二个交易日。

（8）认购办法。投资者认购转债时，可根据自己的意愿决定认购可配售转债的全部或部分，但每个账户中认购额不得超过规定的限额。

（9）配售名称与代码。

深市：名称为 " ** 配债"，代码为 128 ***（如鞍钢配债 128898）。

沪市：名称为 " ** 配债"，代码为 7 *****（如机场配债 700009）。

我们需要注意的是：

第一，不同公司对社会发行可转换债券的方式多样，对不同的投资者（如机构投资者、个人投资者、股东）发行方式和内容又不一样，因此投资者应当注意招募说明书的内容。

第二，无论是上网定价方式还是配售方式，投资者申购数量必须是每个股票账户的认购数量不得低于 1 手（10 张），超过 1 手的必须为 1 手（10 张）的整数倍；不足 1 手的视投资者自动弃权处理。

第三，上网定价方式或配售方式的缴款时间很短，只有一天，逾期未缴视为自动放弃认购或配售权，因此投资者必须注意缴款时间。

第四，上网定价方式的申购应注意每个账户只能申购一次，重复申购为无效申购。配售申报允许多次申报。

【交易规则】

1. 交易方式

可转换公司债券实行 T+0 交易。可转换公司债券的委托、交易、托管、转托管、指定交易、行情揭示参照 A 股办理。

2. 交易报价

可转换公司债券交易以 1 000 元面值为一交易单位，简称"一手"（1 手 = 10 张），实行整手倍数交易。计价单位为每百元面额。

单笔申报最大数量应当低于 1 万手（含 1 万手）。

价格升降单位为 0.01 元。每次申报最低不少于一个价位。

3. 交易时间

与 A 股相同，即每周一至周五交易日上午 9:30~11:30，下午 1:00~3:00。

4. 交易清算

可转换公司债券交易实行 T+1 交收，投资者与券商在成交后的第二个交易日办理交割手续。

5. 交易终止

可转换公司债券在转换期结束前的 10 个交易日终止交易，终止交易前一周交易所予以公告。

6. 指定交易

沪市可转换公司债券适用于上海证券交易所的全面指定交易制度。

7. 转托管

可以转托管，参照 A 股规则。

【交易费用】

1. 深市

投资者应向券商缴纳佣金，标准为不超过总成交金额的 1‰。

2. 沪市

投资者委托券商买卖可转换公司债券须缴纳手续费，上海为每笔 1 元，异地为每笔 3 元。成交后在办理交割时，投资者应向券商缴纳佣金，标准为总成交金额的 2‰，佣金不足 5 元的，按 5 元收取。

【转股】

目前沪、深两市可转换债券转股分两种情况：一种是公司的可转换债券先上市，公司股票未上市，转股手续在公司股票上市后方可办理，如深市上市的南化转债（已摘

牌）、丝绸转债（已摘牌），以及目前仍挂牌交易、公司股票尚未上市的茂炼转债
（125302）；另一种是公司股票已经上市，上市公司发行可转换债券，在可转换债券发
行之日起 6 个月后可进行转股，如深市的鞍钢转债（已摘牌）、沪市的机场转债。

【股票后上市可转换债券转股】

一些公司在发行和上市可转换债券时其公司股票并未上市，直至公司股票挂牌上
市交易才可以实行转股程序。例如，早期发行上市的吴江丝绸转债、南化转债、茂炼
转债，就是可转换债券先上市、公司股票后上市的情况。

根据证券交易所的规定，发行可转换公司债券的公司在其股票上市时，其上市交
易的可转换公司债券即可转换为该公司股票。转换的主要步骤有三个，转股程序如表
8-2 所示：

表 8-2 可转换公司债券的转股程序

第一步：申请转股	投资者可以将自己账户上持有的可转换债券的全部或部分申请转换为公司的股票，转股申请通过证券交易所交易系统以交易申报方式进行
第二步：接受申请，实施转股	证券交易所接到报盘并确认其有效后，记减投资者的债券数额，同时记加投资者相应的股份数额
第三步：转换股票的上市流通	转换后的股份可于转股后的下一个交易日上市交易

深市转股时投资者应向其转债所托管的证券经营机构填写转股申请，代码与可转
换债券的代码相同，无须填写新代码。沪市转股时投资者应向其指定交易的证券经营
机构进行申报。

基于安全性的考虑，目前很多营业部电脑功能设置不能让投资者通过电脑自助委
托或电话委托完成转股申请，投资者应亲自到营业部办理有关的转股手续。

转股规则如表 8-3 所示：

表 8-3 可转换公司债券的转股规则

申报时间	一般为公司股票上市日至可转换债券到期日，但公司股票因送红股、增发新股、配股而调整转股价格公告暂停转股的时期除外
申报单位	投资者申请转股的可转换债券最小单位须是 1 手（1 000 元面额）或 1 手的整数倍，申请转换成的股份须是整数股（每股面值 1 元），所转换的股份的最小单位为 1 股，不足转换 1 股的债券金额，继续享受付息及公司最终还本的权利
转股费用	债转股不收取任何手续费
申报名称与代码	深市：名称、代码与转债相同，代码为 125＊＊＊ 沪市：名称为"＊＊转股"，代码为 181＊＊＊
交易结算	即日买进的可转换债券当日可申请转股，当日转股的股票将在第二个交易日自动计入投资者账户内，并可以在该日卖出。

操作要点如下：

第一，可转换公司债券在自愿申请转股期内，可转债交易不停市。

第二，根据现有规定，沪市转股申请不得撤单；深市投资者可于当日交易时间内撤销转股申请。

第三，如投资者申请转股的可转换公司债券数额大于投资者实际拥有的可转换公司债券数额，交易所确认其最大的可转换股票部分进行转股，申请剩余部分予以取消。

第四，可转换公司债券上市交易期间，未转换的单只可转换公司债券数量少于3 000 万元时，交易所将立即予以公告，并于 3 个交易日后停止其交易。可转换公司债券在停止交易后、转换期结束前，持有人仍然可以依据约定的条件申请转股。

发行人因增发新股、配股、分红派息而调整转股价格时，交易所将停止该可转换公司债券转股，停止转股的时间由发行人与交易所商定，最长不超过 15 个交易日，同时交易所还依据公告信息对其转股价格进行调整，并于股权登记日的下一个交易日恢复转股。恢复转股后采用调整后的转股价格。

可转换债券转股不收取经手费和佣金。

下面我们以一个实际案例——来说明可转换债券的转股流程。

吴江丝绸转债转股流程

吴江丝绸于 1998 年发行 2 000 000 张、每张面值为 100 元的可转换债券，总发行规模为 2 亿元人民币，期限为 5 年，从 1998 年 8 月 28 日起到 2003 年 8 月 27 日止。

吴江丝绸 10 500 万元人民币普通股票于 2000 年 5 月 29 日在深圳证券交易所挂牌上市。根据《可转换公司债券管理暂行办法》《深圳证券交易所可转换公司债券上市规则》有关规定和《吴江丝绸股份有限公司可转换公司债券募集说明书》有关条款，该公司于 1998 年 8 月 28 日发行的 2 亿元"丝绸转债"（代码：125301）在发行的"丝绸股份"（代码：000301）上市之日起，即可转换为该公司的股票。该公司转股价格为初始转股价格，初始转股价格为股票发行价 4.18 元/股的 98%，即 4.10 元/股。

相应转股程序如下：

1. 转股申请及申报手续

转股申请通过深圳证券交易所交易系统以报盘方式进行。丝绸转债持有人到其转债所托管的证券营业部填写转股申请，代码为 125301，无须填写新代码。

丝绸转债持有人可将自己账户内的丝绸转债全部或部分申请转为本公司股票，但每次申请转股的丝绸转债面值数额必须是 1 000 元的整数倍，所转换的股份最小单位为一股。对于不足转换为一股的丝绸转债的余额，由吴江丝绸通过深圳证券交易所以现金兑付。

如果拥有一手（10 张）丝绸转债，总面值为 1 000 元，则可以转为 243 股吴江丝绸普通股，还可以获得 3.7 元现金。

2. 转股申请时间

丝绸转债的自愿转换期为该公司股票上市日 2000 年 5 月 29 日至丝绸转债到期日 2003 年 8 月 27 日之间的交易日内，但公司股票因送红股、增发新股、配股而调整转股价格公告暂停转股的时期除外。

3. 丝绸转债的冻结及注销

深圳证券交易所对转股申请确认有效后，将记减冻结并注销投资者的债券数额，同时记加投资者相应的股份数额。

4. 股份登记及转股配发股份享有的权益

丝绸转债经申请转股或强制性转股后所增加的股票将自动登记入投资者的股票账户。因丝绸转债转换而增加的本公司股票享有与本公司原股票同等的权益，并可于转股后下一个交易日与本公司已上市交易的股票一同上市交易流通。

除此之外，"丝绸转债"规定了到期无条件强制性转股，即在到期日 2003 年 8 月 27 日前未转换为股票的"丝绸转债"，将于到期日强制转换为该公司股票。

【上市公司可转换债券转股】

上市公司发行的可转换债券是股票先上市、可转债后上市，转股规则及操作要点与股票后上市的可转换债券转股规则及操作要点基本一样，所不同的是上市公司的可转债明确可转债上市 6 个月以后可以办理转股手续。转股规则如表 8-4 所示：

表 8-4　　　　　　　　　　转股规则

申报时间	自可转债发行结束后 6 个月至可转债到期日止的交易日内
申报价格	价格为 100 元
申报单位	单位为手，一手为 1 000 元面额。每次申请转股的"转债"面值数额须是一手（1 000 元面额）或一手的整数倍，转换成股份的最小单位为一股
交易结算	即日买进的转债当日可申请转股，当日（T 日）转股的股票可在 T+1 日卖出
转股费用	债转股不收取手续费。
申报名称与代码	深市：名称、代码与转债相同，代码为 125＊＊＊ 沪市：名称为"＊＊转股"，代码为 181＊＊＊

操作要点如下：

第一，转股申报，深市可以撤单，沪市不可以撤单。

第二，同一交易日内多次申报转股的，将合并计算转股数量。

第三，"转债"的买卖申报优先于转股申报，即"转股"的有效申报数量以当日交易过户后其账户内的"转债"持有数为限，也就是当日"转股"按账户合并后的申请手数与"转债"交易过户后的持有手数比较，取较小的一个数量为当日"转股"有效申报手数。

第四，"转债"转换成股票的股份数(股) = 转债手数×1 000÷转股初始价格。

第五，当公司送红股、增发新股、配股或降低转股价格时，初始转股价格将进行调整，具体情况由公司另行通知。

第六，若出现不足转换一股的"转债"余额时，继续享受付息及公司最终还本的权利。

第七，可转换公司债券转换期结束日前的 10 个工作日停止交易。可转换公司债券停止交易后、转换期结束前，不影响持有人依据约定的条件转换股份的权利。

【转股价调整】

发行可转换公司债券后，公司因配股、增发、送股、分立及其他原因引起发行人股份变动的，调整转股价格，并予以公告。

转股价格调整的原则及方式在公司发行可转化债券时在招募说明书中事先约定，投资者应详细阅读这部分内容。

1. 送红股、增发新股和配股等情况

当可转债发行后，发行人面向 A 股股东进行了送红股、增发新股和配股、股份合并或分拆、股份回购、派息等情况使股份或股东权益发生变化时，转股价将进行调整。

（1）调整公式。设初始转股价为 P_0，每股送红股数为 N，每股配股或增发新股数为 K，配股价或增发新股价为 A，每股派息为 D，则调整转股价 P_1。计算公式如下：

送股或转增股本：$P_1 = P_0 \div (1+N)$

增发新股或配股：$P_1 = (P_0 + AK) \div (1+K)$

上两项同时进行：$P = (P_0 + AK) \div (1+N+k)$

派息：$P_1 = P_0 - D$

按上述调整条件出现的先后顺序，依次进行转股价格累积调整。

（2）调整手续。因按规则需要调整转股价时，公司将公告确定股权登记日，并于公告中指定从某一交易日开始至股权登记日暂停可转债转股。从股权登记日的下一个交易日开始恢复转股并执行调整后的转股价。

2. 降低转股价格条款（特别向下修正条款）

当公司 A 股股票收盘价连续若干个交易日低于当期转股价达到一定比例，发行人可以将当期转股价格进行向下修正，作为新的转股价。

（1）修正权限与修正幅度。例如，鞍钢转债（125898）规定，当鞍钢新轧 A 股股票收盘价连续 20 个交易日低于当期转股价达到 80%，发行人可以将当期转股价格进行向下修正，作为新的转股价。修正幅度为 20%（含 20%）以内时由董事会决定，经公告后实施；修正幅度为 20% 以上时由董事会提议，股东大会通过后实施。公司董事会行使此项权力的次数在 12 个月内不得超过一次，修正后的转股价应不低于 1999 年 6月 30 日的每股净资产值 2.08 元人民币和修正时每股净资产值的较高者，并不低于修正前一个月鞍钢新轧 A 股股票价格的平均值。

（2）修正程序。向下修正转股价时，公司将刊登董事会决议公告或股东大会决议公告，公告修正幅度和股权登记日，并于公告中指定从某一交易日开始至股权登记日暂停可转债转股。从股权登记日的下一个交易日开始恢复转股并执行修正后的转股价。

【强制性转股】

投资者持有可转换债券转股时，分为自愿转股（如上所述）和强制性转股两种形式。强制性转股的有关条款在公司发行可转换债券时就事先制定好，由于该条款关系到投资者的切身利益，因此在投资可转换债券时应详细阅读该条款的内容。

目前，我国可转换债券部分品种在发行时就具有强制性转股条款，如南化转债、茂炼转债、丝绸转债。到期后可转债持有人无权要求清偿本金，公司有权将转债强制转股。其他两个品种，如机场转债、鞍钢转债虽然没有强制转股条款，但是设计了期间有条件赎回的规定。

强制性转股操作程序如表 8-5 所示：

表 8-5　　　　　　　　　　　　　　　强制性转股操作程序

第 1 步	到期无条件强制性转股的债券，交易所于到期日前 10 个交易日停止其交易，并于到期日将剩余债券全部予以转股
第 2 步	转换期内有条件强制性转股的债券，发行人可于条件满足时实施全部或部分强制性转股，发行人于强制性转股条件满足后的 10 个交易日内在中国证监会指定的全国性报刊上刊登公告至少 3 次，交易所依据强制性转股公告所载日期停止该可转换公司债券的交易，并于停止交易后的第三个交易日按公告条件予以全部或部分转股
第 3 步	可转换公司债券持有人申请转股或强制性转股后，所剩债券面额不足转换一股股份的部分，继续享受付息及最终还本的权利
第 4 步	到期强制性转股后所剩的可转换公司债券面额不足转换一股股份的部分，交易所于强制转股日后 10 个交易日内将这部分债券的本金及其最后一年利息划入券商账户，各券商于第二个交易日将资金划入投资者账户

【赎回】

赎回是指发行人股票价格在一段时期内连续高于转股价格达到某一幅度时，发行人按事先约定的价格买回未转股的可转换公司债券。赎回条款是为了保护发行人而设计的，旨在迫使转债持有人提前将转债转换成公司股票，从而达到增加股本、降低负债的目的，也避免了利率下调造成的利率损失。

根据规定，发行人每年可按约定条件行使一次赎回权。每年首次满足赎回条件时，发行人可赎回部分或全部未转股的可转换公司债券。但若首次不实施赎回的，当年不应再行使赎回权。

赎回规则如表 8-6 所示：

表 8-6　　　　　　　　　　　　　　　　赎回规则

赎回条款	一般又分无条件赎回（在赎回期内按照事先约定的赎回价格赎回转债）和有条件赎回，即在基准股价上涨到一定程度（通常为正股股价持续若干天高于转股价格 130%~200%），发行人有权行使赎回权
选择权	赎回条件满足时，发行人可以全部或按一定比例赎回未转换为股份的可转换公司债券，也可以不行使赎回权
交易安排	当可转换公司债券赎回条件满足、发行人刊登公告行使赎回权时，交易所于赎回日停止该债券的交易和转股
结算	发行人根据停止交易后登记在册的债券数量，于赎回日后 3 个交易日内将赎回债券所需的资金划入交易所指定的资金账户；交易所于赎回日后第四个交易日将资金划入券商清算头寸账户，同时记减投资者相应的可转换公司债券；各券商于赎回日后第五个交易日将兑付款划入投资者开设的资金或保证金账户；未赎回的可转换公司债券于赎回日后下一个交易日恢复交易和转股

【回售】

回售条款是指发行人股票价格在一段时间内连续低于转股价格后达到一定的幅度时，转债持有人按事先约定的价格将所持有的债券卖给发行人。投资者应特别关注这一条款，因为这是一种保护投资者利益的条款，设置目的在于可以有效地控制投资者一旦转股不成带来的收益风险，同时也可以降低转债的票面利率。

回售规则如表 8-7 所示：

表 8-7　　　　　　　　　　　　回售规则

回售条款	通常发行人承诺在正股股价持续若干天低于转股价格或非上市公司股票未能在规定期限内发行上市，发行人以一定的溢价（高于面值）收回持有人持有的转债，这种溢价一般会参照同期企业债券的利率来设定
限制条款	可转换公司债券存续期内，可转换公司债券持有人只能在每一年度回售条件首次满足时行使回售权
选择权	当回售条件每年首次满足时，发行人应当在两个交易日内公告；发行人公告后，可转换公司债券持有人可以全部或部分回售未转换为股份的可转换公司债券，也可以不行使回售权
行权程序	可转换公司债券持有人行使回售权时，应当在公告后的 10 个交易日内以书面形式通过托管商正式通知发行人；券商审核确认后，冻结可转换公司债券持有人相应的可转换公司债券数额
结算	券商将回售数据以报盘的方式传送交易所，交易所于当日进行数据处理，并于回售申请终止日后第二个交易日将数据传给发行人，通知发行人按回售条件生效的价格将相应资金划入交易所指定的资金账户，交易所收到资金后再划入券商清算头寸账户，同时记减投资者相应的可转换公司债券数额
业务处理顺序	当交易所在一天内同时收到可转换债券持有人的交易、转托管、转股、回售报盘时，按顺序进行数据处理，即回售、转股、转托管、交易

【本息兑付】

可转换公司债券的本息兑付是指设置强制性转股条款的可转债发行人每年向未转换成该公司股票的可转债持有人支付利息，或者非强制性转股的可转换公司债券发行人向到期未转换成该公司股票的可转债持有人一次性还本付息。

本息兑付程序如下：

第一，到期一次性还本付息的可转换公司债券，交易所于转换期结束时自动终止交易后 2 个交易日内将交易结束时的债券数据通知发行人，发行人于到期日前将相应本息款划入交易所指定的资金账户。

第二，交易所于到期日后第三个交易日将本息款划入券商清算头寸账户，各券商于到期日后第五个交易日将本息款划入投资者开设的资金或保证金账户。

第三，设置强制性转股条款的可转换公司债券，每年兑付利息期间，债券交易不停时，付息办法参照 A 股派息程序执行。

【实验任务】

（1）最近股票市场较低迷，而国债市场却比较火爆，陈先生准备抽出部分资金去做债券投资，请你模拟国债开户与交易的过程。

（2）完成项目实验报告。

项目九　基金投资

本项目主要介绍各种类型基金投资的方式及技巧。

➡ **项目目标**

（1）掌握不同类型证券投资基金的特点及操作方式。

（2）掌握不同类型证券投资基金的投资技巧。

模块一　基金交易的基础知识

➡ **模块介绍**

要求掌握基金交易投资动作流程及专业术语。

【基金的运作】

证券投资基金的运作流程如图9-1所示：

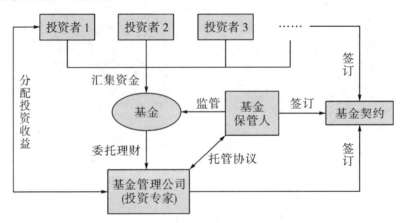

图9-1　基金投资的运作流程图

【基金专业术语】

1. 基金成立日

基金成立日是指基金达到成立条件后，基金管理人宣布基金成立的日期。

2．基金募集期

基金募集期是指自招募说明书公告之日起到基金成立日的时间段。

3．基金存续期

基金存续期是指基金发行成功，并通过一段时间的封闭期后，称作基金的存续期。

4．基金单位

基金单位是指基金发起人向不特定的投资者发行的，表示持有人对基金享有资产所有权、收益分配权和其他相关权利，并承担相应义务的凭证。

5．基金开放日

基金开放日是指可以为投资者办理开放式基金的开户、申购、赎回、销户、挂失、过户等一系列手续的工作日，也就是基金允许申购、赎回、转换或定投期间的交易日。基金开放期间的买卖交易，只能在基金交易日的交易时间内进行。目前我国的开放式基金的开放日即上海证券交易所、深圳证券交易所交易日，办理时间为 9：00 ~ 15：00。

6．基金的申购

基金申购是指投资者到基金管理公司或选定的基金代销机构开设基金账户，按照规定的程序申请购买基金份额的行为。申购基金份额的数量是以申购日的基金份额资产净值为基础计算的，具体计算方法须符合监管部门有关规定的要求，并在基金销售文件中载明。

基金的申购金额包括申购费用和净申购金额。申购费用是指投资者在基金存续期间向基金管理人购买基金份额时所支付的手续费。申购费率通常由基金管理人确定。目前申购费率通常在 1.5% 左右，并随申购金额的大小有相应的减让。基金公司实行 T+1 确认原则，一般情况下第二个交易日就可以在基金账户里看到申购的基金份额了，最晚的如华夏基金，第三个交易日就可以看到。一般情况下第三个交易日就可以赎回或者做转换操作。

在工作日下午 3 点前购买的基金，按当日收盘后公布的净值成交；在非工作日或者工作日下午 3 点后购买的基金，按下一工作日收盘后公布的净值成交。

申购费用＝申购金额×申购费率

净申购＝申购金额－申购费用

申购份数＝净申购金额÷T 日基金单位净值

［例 9-1］华安创新基金公布的申购费率分为 1.2% 和 1.5% 两档：一次申购金额为 1 万 ~ 1 000 万元（含 1 万元，不含 1 000 万元）的，申购费率为申购金额的 1.5%；一次申购金额高于 1 000 万元（含 1 000 万元），申购费率为申购金额的 1.2%。

投资者甲申购金额为 1 万元，假设 T 日的基金单位净值为 1.200 元，则根据公式计算得出：

申购费用＝10 000×1.5%＝150（元）

净申购金额＝10 000－150＝9 850（元）

申购份额＝9 850÷1.200＝8 208（份）

投资者乙申购金额为 30 万元，则根据公式计算得出：

申购费用＝300 000×1.5%＝4 500（元）

净申购金额＝300 000-4 500＝295 500（元）

申购份额＝295 500÷1.200＝246 250（份）

投资者丙申购金额为1 000万元，则根据公式计算得出：

申购费用＝10 000 000×1.2%＝120 000（元）

净申购金额＝10 000 000-120 000＝9 880 000（元）

申购份额＝9 880 000÷1.200＝8 233 333（份）

7. 基金赎回份额与费率的计算

赎回又称买回，是针对开放式基金，投资者以自己的名义直接或通过代理机构向基金管理公司要求部分或全部退出基金的投资，并将买回款汇至该投资者的账户内。基金的赎回支付金额为赎回金额扣减赎回费用。

赎回金额＝赎回份数×T日基金单位净值

赎回费用＝赎回金额×赎回费率

支付金额＝赎回金额-赎回费用

［例9-2］华安创新基金公布的赎回费率统一确定为0.5%。假设投资者甲赎回1 000份基金单位，T日基金净值为1.255元，则计算如下：

赎回金额＝1 000×1.255＝1 255（元）

赎回费用＝1 255×0.5%＝6.28（元）

支付金额＝1 255-6.28＝1 248.72（元）

8. 基金的认购

新基金发行初期，在募集期内购买叫认购。这个阶段购买的基金是按1元钱净值购买的。基金已过了刚开始的募集期（一般是3个月），这个阶段购买基金就是申购。投资者在基金发行募集期内购买基金单位时必须缴纳手续费，目前国内通行的认购费计算方法为认购费用＝认购金额×认购费率，净认购金额＝认购金额-认购费用；认购费率通常在1%左右，并随认购金额的大小有相应的减让。

9. 基金的单位净值

基金的单位净值，即每份基金单位的净资产价值，等于基金的总资产减去总负债后的余额再除以基金全部发行的单位份额总数。在基金的运作过程中，基金单位价格会随着基金资产值和收益的变化而变化。为了比较准确地对基金进行计价和报价，使基金价格能较准确地反映基金的真实价值，就必须对某个时点上每基金单位实际代表的价值予以估算，并将估值结果以资产净值公布。

基金单位净值＝（总资产-总负债）÷基金单位总数

其中，总资产指基金拥有的所有资产，包括股票、债券、银行存款和其他有价证券等；总负债指基金运作及融资时所形成的负债，包括应付给他人的各项费用、应付资金利息等；基金单位总数是指当时发行在外的基金单位的总量。

针对不同类型的基金产品，对其基金净值的公告有不同的时间要求。

（1）基金管理人应当在半年度和年度最后一个市场交易日的次日公告基金资产净值和基金份额净值，将基金资产净值、基金份额净值和基金份额累计净值刊登在指定的报刊和网站上。

（2）对于封闭式基金，基金管理人应当至少每周公告一次基金的资产净值和份额净值。

（3）对于开放式基金，在其基金合同生效后及开始办理基金份额申购或者赎回前，基金管理人应当至少每周公告一次基金资产净值和基金份额净值。

（4）在开放式基金开放申购赎回后，基金管理人应当在每个开放日的次日，通过网站、基金份额发售网点以及其他媒介，披露开放日的基金份额净值和基金份额累计净值。

模块二 封闭式基金交易

模块介绍

要求掌握封闭式基金交易流程及操作技巧。

活动1：封闭式基金的发行和申购

［活动目标］

熟悉封闭式基金的发行和申购流程。

【封闭式基金的发行】

1. 发行流程

（1）基金管理公司代表基金发起人在监管机构指定的报刊上刊登发行公告、招募说明书和基金等文件。同时，进行路演等一系列的推介活动。

（2）基金开始发行期间，通过证券营业所网点和商业银行代销渠道，向投资人发售基金单位。封闭式基金的募集期限为3个月，自该基金批准之日起计算。

（3）发行期结束后，基金管理人不得动用已募集的资金进行投资，应将发行期间募集的资金划入验资账户，由有资格的机构和个人进行验资。封闭式基金自批准之日起3个月内募集的资金超过该基金批准规模的80%的，该基金方可成立。

（4）封闭式基金募集期满时，其所募集的资金少于该基金批准规模的80%的，该基金不得成立。基金发起人必须承担基金募集费用，已募集的资金并加计银行活期存款利息必须在30天内退还基金认购人。

2. 发行方式

（1）网上发行和网下发行。从发行渠道看，封闭式基金有网上发行和网下发行两种方式。前者指通过证券营业网点发售；后者指通过证券营业网点以外的渠道如商业银行进行发售。在实际操作中，还采用网上发行和网下发行相结合的方式。该种方式下，也采用"回拨机制"调换两种渠道的销售额度和比例。

（2）"比例配售"和"敞开发售"。1998—2001年，因为投资者认购踊跃，所以封闭式基金的发行实际上采用了"比例配售"的方式。投资者在认购基金单位时，必须开设证券交易账户或基金交易账户，在指定的发行时间内通过证券交易网点以公布的价格和符合规定的申购数量进行申购。在申购结束后，按照申购的总数和发行的数量对所有的申购进行配号抽签，决定中签的申购号码，只有中签的投资者才能认购到基金。从2002年开始，封闭式基金发行困难，投资者认购不踊跃，因此实际上采用"敞开发售"的方式。

（3）自行发行和承销。自行发行是指基金发起人不通过承销商而由自己直接向投资者销售基金，私募基金多采取自行发行的方式。承销则是指发起人通过证券承销商发行基金，证券承销商可以全额包销也可以余额包销或者代销。实际上，封闭式基金发行中多采用了自办发行、承销和代销等相结合的方式。

3. 发行价格

基金证券的发行价格是指投资者购买基金证券的单价。在我国，其发行价格有两方面构成：基金面值，人民币1.00元；发行费用，人民币0.01元。计算总额为每份基金单位发行价格1.01元。根据有关规定，发行费用在扣减基金发行中的会计师事务所费、律师费、发行公告费、材料制作费、上网发行费等后的余额要计入基金资产。

活动2：封闭式基金的交易

[活动目标]

掌握封闭式基金的交易方式及操作技巧。

封闭式基金交易是指封闭式基金发行募集成功后，基金管理公司向证券交易所提出上市申请，获准后在市场上进行交易活动。

封闭式基金单位的买卖委托采用"公开、公平、公正"原则和"价格优先、时间优先"的原则。基金交易委托以标准手数为单位进行。基金单位的交易价格以基金单位资产净值为基础，受市场供求关系的影响而波动。

封闭式基金成立之后不能赎回，除了成立之时投资者可以在交易所或者指定单位购买之外，一旦封闭式基金成立，投资者只能在证券公司通过交易所平台像买卖股票一样买卖。因此，封闭式基金是交易所的一个交易品种，投资者只要拥有证券账户，就可以很轻松地像购买股票一样购买封闭式基金。对于没有证券公司股东账户的市民来说，只要带身份证去任意一家证券公司开设股东账户，然后开设资金账户存入保证金就可以买卖封闭式基金。封闭式基金只能通过在证券公司开立的股票账户购买。目前我国基金市场中封闭式基金数量很少，很多封闭式基金到期后都实现了"封转开"。

【封闭式基金交易规则】

封闭式基金交易规则如表 9-1 所示：

表 9-1　　　　　　　　　　　封闭式基金交易规则

交易品种	所有上市基金
交易时间	周一至周五，上午 9:30~11:30，下午 1:00~3:00，法定公众假期除外
交易原则	价格优先——较高价格买进申报优先于较低价格买进申报，较低价格卖出申报优先于较高价格卖出申报 时间优先——买卖方向、价格相同的，先申报者优先于后申报者，先后顺序按交易主机接受申报的时间确定
申报方式	交易所只接受会员的限价申报
报价单位	每份基金价格
涨跌幅限制	交易所对基金交易同样实行价格涨跌幅限制，涨跌幅比例为 10%（封闭式基金上市首日除外）。买卖有价格涨跌幅限制的证券，在价格涨跌幅限制以内的申报为有效申报，超过价格涨跌幅限制的申报为无效申报
买卖申报数量	买入或卖出基金，申报数量应当为 100 份或其整数倍，基金单笔申报最大数量应当低于 100 万份
竞价方式	集合竞价和连续竞价
竞价时间	集合竞价：上午 9:15~9:25 连续竞价：上午 9:30~11:30，下午 1:00~3:00
开盘价	当日该基金第一笔成交价。基金的开盘价通过集合竞价方式产生；不能产生开盘价的，以连续竞价方式产生
收盘价	当日该基金最后一笔交易前一分钟所有交易的成交量加权平均价（含最后一笔交易）。当日无成交的，以前日收盘价为当日收盘价
交易费用	交易佣金为成交金额的 0.25%，不足 5 元的按 5 元收取。上海证券交易所按成交面值的 0.05% 收取登记过户费，由证券商向投资者收取，登记公司与证券商平分；深圳证券交易所按流通面值的 0.002 5% 收取持有人名册服务月费

【封闭式基金操作技巧】

第一，注意选择小盘封闭式基金，特别是要注意小盘封闭式基金的持有人结构和十大持有人所占的份额。如果基金的流通市值非常小，而且持有人非常分散，则极有可能出现部分主力为了争夺提议表决权，进行大肆收购，导致基金价格出现急速上升，从而为投资者带来短线快速盈利的机会。

第二，注意选择折价率较大的基金。封闭转开放以后，基金的价格将向其价值回归，基金的投资收益率将在很大程度上取决于其折价率，折价率越大的基金，价值回归的空间也相应越大。

第三，要适当关注封闭式基金的分红潜力。

第四，关注基金重仓股的市场表现和股市未来发展趋势。同样是因为封闭转开放以后，基金的价格将向其价值回归，所以基金的未来上涨空间将和基金重仓股的市场表现存在一定关联，如果未来市场行情继续向好，基金重仓股涨势良好，会带动基金的净值有继续增长的可能，将使得基金更具有投资价值。

第五，投资封闭式基金要克服暴利思维，如果基金出现快速上涨行情，要注意获利了结。按照目前的折价率进行计算，如果封闭转开放的话，封闭式基金未来理论上的上升空间应该在22%~30%，当基金上涨幅度过大，接近或到达理论涨幅时，投资者要注意获利了结。

相关阅读：   **如何看待封闭式基金的高折价率问题**

折价率是封闭式基金特有的指标。对比封闭式基金的市价和净值可以发现，市价总是低于净值。这是由于基金的市价在单位净值的基础上打了个"折扣"，而"折扣"的多少则在行情表里以折价率显示。

折价率＝1-基金市值与净值之比。折价率越大，则基金的折扣越厉害。在目前封闭式基金转为开放式基金的市场契机下，封闭式基金的"折扣"可成为投资者关注的题材。因为折扣率越大，一旦"封转开"或封闭式基金到期，基金的折扣消失，以单位净值"标价"，投资者可以赚取之间的差价。

从全球范围来看，封闭式基金的溢价现象是较为罕见的，其折价现象是普遍存在的，这在现代金融学里被称为"封闭式基金之谜"。金融经济学家们认为封闭式基金折价的主要原因可能有：

（1）代理成本，即新投资者要求就投资经理的低业务能力、低道德水准和高管理费用得到额外的价格折让补偿；

（2）潜在的税负，即基金净值中包含有大笔尚未派发的盈利，需要就这部分盈利缴纳所得税的新投资者要求额外的价格折让补偿；

（3）基金资产流动性欠缺，即基金的投资组合主要由流动性欠佳的资产组成，因此经理们在计算基金净值时可能没有充分考虑到这些资产的应计低流动性折扣；

（4）投资者情绪，即当投资者预期自己所投资的封闭式基金比基金的投资组合风险更大时，他们所愿意付出的价格就会比基金净值要低一些。

不过有两点需要指出的是，我国的封闭式基金的存续期不超过15年，而国际上的封闭式基金通常为永续的；我国的封闭式基金的投资目标为二级市场上市证券，而国际上的封闭式基金有可能是投资流通性欠佳的未上市证券。可见，我国封闭式基金的巨幅折价主要是由投资者情绪决定的。投资者的盲目抛弃所导致的高折价率意味着我国的封闭式基金暗藏着较大的投资价值。

由于我国封闭式基金的存续期限不长，且以目前实际操作来看在封闭期结束时都会转为开放式基金，基金的折价必然会在存续期结束或者"封转开"时以价值回归的形式消失掉。如果投资者能够购入并持有到期的话，深度折扣的封闭式基金既能在大市下跌时提供相当于折价的保护，又能在大市上升时提供相当于折价的额外收益。

具体到投资策略，一个投资者是否应该及如何投资封闭式基金不仅取决于他的投资期限、资金用途、风险承受力等约束条件，而且还取决于他对基金的市场回报的预期。如果投资者认为基金会不会提前"封转开"，那么他可以比照固定收益证券的投资方法，在确定最低隐含年收益率的前提下将资金分散在不同到期期限的基金上。反之，如果投资者认为封闭式基金可能提前转成开放式，那么应该将资金集中在折价率最高的基金上以获取最大的价格回归收益率。

因此，在其他因素相同的情况下，一个理性的投资者应该购买有明显折扣的封闭式基金，而不是开放式基金或者集合理财计划。

⇨【实验任务1】

（1）在证券模拟软件中登录基金交易模拟系统，进行封闭式基金委托交易并记载交易过程、结果和盈亏状况。

（2）分析我国基金市场中封闭式基金规模、折价率水平等发展状况。

（3）完成项目实验报告。

模块三　开放式基金交易

⇨ 模块介绍

要求掌握开放式基金交易流程及操作技巧。

活动1：开放式基金的发行认购

［活动目标］

了解开放式基金发行认购流程。

开放式基金的发行就是基金的申报获得中国证监会批准后，基金管理人利用其自身的直销网点和符合条件的销售代理人的营业网点向投资人首次销售基金份额。

基金管理人在指定的报纸杂志刊登发行公告、招募说明书和基金契约等文件，通过报刊、电视、电台等公开媒体或宣传推介会、在销售网点张贴发行告示、海报、宣传手册等形式，向投资人公告基金的发行信息、宣传推介基金产品。基金开始发行后，进入设立募集期，通过基金管理公司的直销网点、符合条件的银行或证券公司的营业网点发售基金单位。开放式基金的设立募集期限不得超过3个月。设立募集期限自招募说明书公告之日起计算。

【发行认购流程】

开放式基金正式发行首日，投资者参与认购分三个步骤进行（见表9-2）。

表 9-2   开放式基金发行认购流程

	个人投资者开户	机构投资者开户
第一步：办理开户	个人投资者申请开立基金账户一般须提供以下材料： （1）本人身份证件； （2）代销网点当地城市的本人银行活期存款账户或对应的银行卡； （3）已填写好的账户开户申请表	机构投资者可以选择到基金管理有限公司直销中心或基金管理公司指定的可办理代理开户的代销网点办理开户手续 机构投资者申请开立基金账户须提供以下材料： （1）已填写好的基金账户开户申请书； （2）企业法人营业执照副本原件及复印件，事业法人、社会团体或其他组织则须提供民政部门或主管部门颁发的注册登记书原件及复印件； （3）指定银行账户的银行开户许可证或开立银行账户申报表原件及复印件； （4）法人授权委托书； （5）加盖预留印鉴的预留印鉴卡； （6）前来办理开户申请的机构经办人身份证件原件
第二步：认购	个人投资者认购基金必须提供以下材料： （1）本人身份证件； （2）基金账户卡（投资者开户时代销网点当场发放）； （3）代销网点当地城市的本人银行借记卡（卡内必须有足够的认购资金）； （4）已填写好的银行代销基金认购申请表（个人）	直销中心认购流程 机构投资者认购基金必须提供以下材料： （1）已填写好的认购申请书； （2）基金账户卡； （3）划付认购资金的贷记凭证回单复印件或电汇凭证回单复印件； （4）前来办理认购申请的机构经办人身份证件原件 缴款：机构投资者申请认购开放式基金，应先到指定银行账户所在银行，主动将足额认购资金从指定银行账户以"贷记凭证"或"电汇"方式，按规定划入"基金管理人申购专户"，并确保在规定时间内到账 代销网点认购流程 机构投资者认购基金必须提供以下材料： （1）已填写好的银行代销基金认购申请表； （2）基金账户卡； （3）在代销银行存款账户中存入足额的认购资金； （4）经办人身份证件原件
第三步：确认	投资者可以在基金成立之后向各基金销售机构咨询认购结果，也可以到各基金销售网点打印成交确认单。此外，基金管理人将在基金成立之后按预留地址将客户信息确认书和交易确认书邮寄给投资者	

活动 2：开放式基金的申购和赎回

[活动目标]

掌握开放式基金申购和赎回的流程。

【申购和赎回的模式】

目前，国内开放式基金的申购和赎回存在三种模式：银联模式、"银基通"模式和网络链接模式。

1. 银联模式

目前，开放式基金网上申（认）购、赎回主要使用模式之一是银联模式，也就是通常所说的第三方结算模式。简单地说，这是涉及基金公司、银联、银行三个机构的模式。用户需要办理银联卡，基金公司的网络和银联的网络连接，通过银联和相关银行进行结算。银联模式相对于其他模式来说前景更广阔，业内人士称之为真正意义上的开放式基金网上申（认）购、赎回。

2. "银基通"模式

这种模式是类似于"银证通"的模式。这种模式是一对一的，即基金公司与代销银行的合作，投资者用该银行的银行卡到该银行网站注册成为该银行"银基通"用户，然后利用银行卡申（认）购与银行合作的基金产品。以招商基金网上申（认）购、赎回为例，银基通模式就是说客户到招商银行开户后办理了银行卡（一卡通），然后凭卡可以在招商银行开基金账户，直接通过招商银行网上申（认）购、赎回。

3. 网络链接模式

这种模式也可以称之为附加模式。这种模式是基于前两种基本技术平台和交易模式之上的一种网上交易模式，在技术上并没有多少创新之处，其本质还是前两种基本模式。附加模式主要体现为两种表现形式，即网上基金超市和基金团购。例如，我们比较熟悉的天天基金网就属于网上基金超市（见图9-2）。

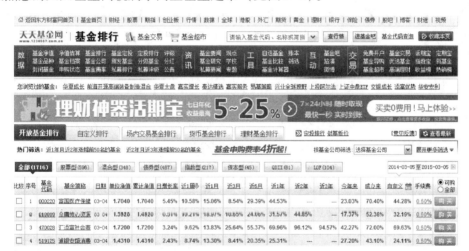

图9-2　天天基金网主页

【在基金公司的网站上申（认）购、赎回开放式基金】

需要先到基金公司网站上开户，输入账户交易模式、转账账户号、账户密码等信息，然后设置在基金公司网站上交易的交易密码，确保交易的安全性。所有设置完成以后，就可以登录网站进行基金买卖了。

基金公司的网上交易平台实行买基金T+0，卖基金T+5的交易时间模式。若是在每天的工作时间内（9时至15时）提交交易单，则基金公司在此交易日的工作时间后确认交易，投资者可以在第二天早上查询到交易信息，如资金购买的基金份数、当日基金的盈亏等。若是在工作时间后（15时至第二日9时）提交交易单，基金公司会在第二日的工作时间后处理交易单，投资者可以在第三日早上查询到交易信息。

另外需要注意的是，每周五15时之后至第二周周一15时之前的交易单会在第二周周一的工作时间后处理。在工作时间内，基金公司并没有处理当天的提单，投资者在15时之前可以选择撤单，但是下单时资金已转入基金公司账户，因此在撤单之前投资者已经支付了转账费。

一般来讲，撤单后资金到账需要2天，而赎回基金后资金到账则需要5~7天。因此，要看准行情准确把握住转瞬即逝的行情，尤其是对偏股型基金来说，就要选择好网上下单的时间。

我们以华夏基金管理公司为例来看看在基金公司网站上申购和赎回的流程（见图9-3）。

图9-3 华夏基金公司网上开户流程

第一步：进入华夏基金网上交易开户页面。选择投资者使用的银行卡，准确填写投资者的银行卡号和开卡时所使用的证件号码（见图9-4）。

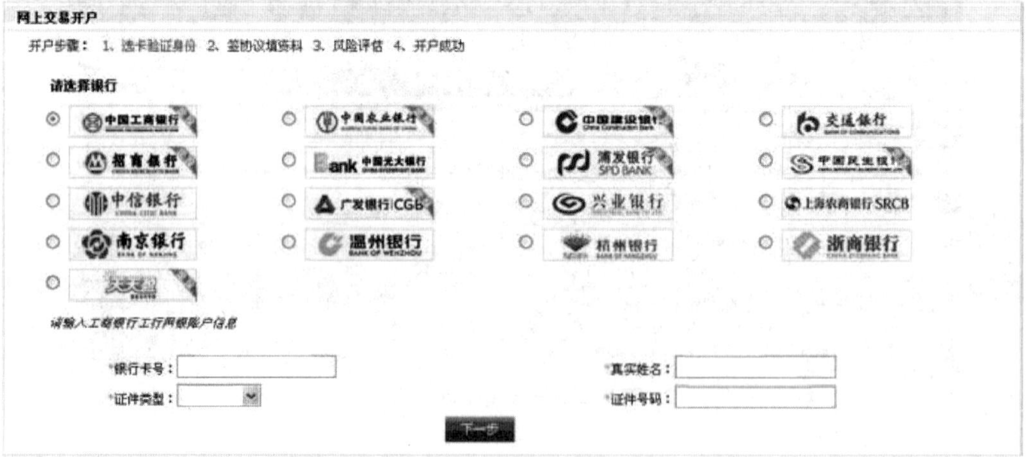

图9-4 开户银行选择

第二步：点击"下一步"后，会根据投资者选择银行卡的不同，进入不同的银行身份验证流程（见图9-5）。

图 9-5　开户认证

第三步：填写个人资料、联系方式及银行卡开户行信息，并签订服务协议（见图 9-6）。

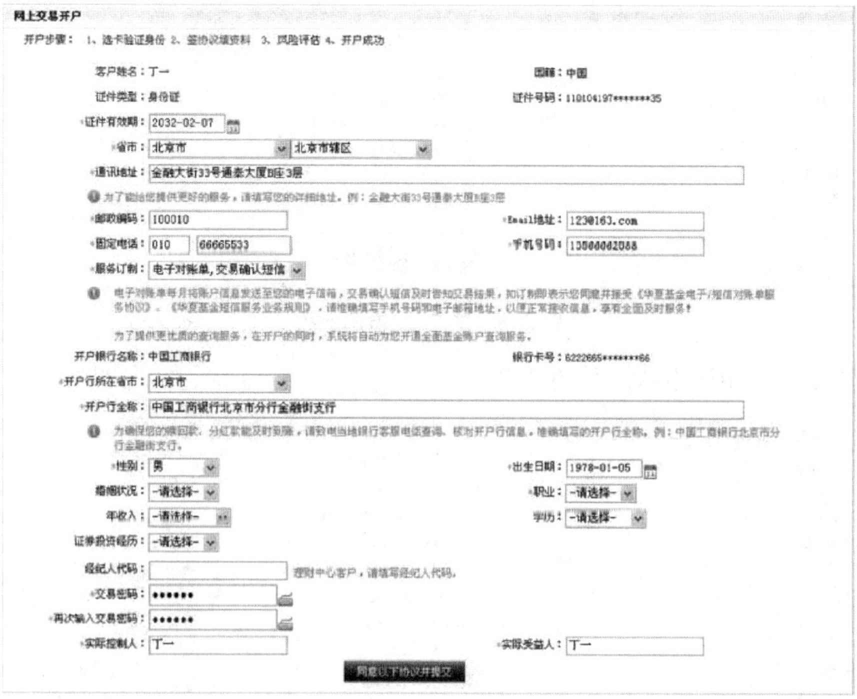

图 9-6　签订服务协议

完成以上步骤后投资者可以通过华夏基金管理公司直接申购和赎回基金。

登录华夏基金网上交易平台，在基金交易——认/申购中，选择基金点击其右侧的认购/申购按钮（见图 9-7）。

请选择您要购买的基金						
基金代码	基金名称	基金类型	最新净值	基金状态	风险等级	购买
001021	华夏亚债中国指数A	债券型	1.0470	正常	较低风险	申购
001023	华夏亚债中国指数C	债券型	1.0450	正常	较低风险	申购
000051	华夏沪深300指数	股票型	0.7000	正常	高风险	申购
001011	华夏希望债券A	债券型	1.0490	正常	较低风险	申购
001013	华夏希望债券C	债券型	1.0360	正常	较低风险	申购
000041	华夏全球股票（QDII）	QDII基金	0.7910	正常	高风险	申购
160311	华夏蓝筹混合（LOF）	股票型	0.6860	正常	较高风险	申购
002021	华夏回报二号混合	股票型	1.0040	正常	较高风险	申购
159902	华夏中小板ETF	ETF	1.9500	正常	高风险	申购
288101	中信现金优势货币	货币型	1.0000	正常	较低风险	申购
003003	华夏现金增利货币	货币型	1.0000	正常	较低风险	申购
002001	华夏回报混合前	股票型	1.1810	正常	较高风险	申购
001001	华夏债券A	债券型	1.0460	正常	较低风险	申购
001002	华夏债券B	债券型	1.0460	正常	较低风险	申购

图 9-7　申购

选择使用的银行卡及对应的支付方式，填写认/申购金额，确定认/申购金额（见图 9-8）。

图 9-8　确定认/申购金额

再次确认认/申购申请（见图 9-9）。

图 9-9　再次确定认/申购申请

交易申请完成，根据选择的支付方式进行付款（见图 9-10）。

图 9-10 选择付款

付款成功后，此认/申购交易申请最终受理（见图 9-11）。

图 9-11 认/申购正式受理

【在银行的网上银行申（认）购、赎回开放式基金】

网上银行会有基金超市，基金种类会比较多，挑选起来比较方便。其实质和银行柜台代销一样，但在网上银行进行基金交易不享受基金公司直销的优惠费率。

投资者可以直接登录网上银行，选择基金超市中的各种基金产品进行申（认）购（见图 9-12）。其实，网上银行对基金买卖的处理也要转送到基金公司的交易平台进行处理，因此其本质与基金公司的网上交易平台类似。在选择这两种平台之前应先向基金公司咨询好各种优惠政策，以免错过电子交易给投资者带来的利益。

第一步：办卡。需要携带身份证件到代销投资者想购买的基金的银行，办理一张该行的普通储蓄卡，部分银行会要求办理另外的专门进行证券交易的关联卡，如建设银行就要求办理证券卡和储蓄卡进行关联，才可以买卖基金。需要说明的是，有些银行网点不办理基金业务。

第二步：开户。在银行柜台工作人员的帮助下，只需确认购买的基金产品，就可以建立该基金公司的基金账户，进行买卖。

第三步：确认。一般来说，可以到购买基金的银行网点进行份额及净值查询，以后也可以随时持储蓄卡到柜台进行查询。各个基金的申购确认时间和赎回到账时间都由各个基金公司所定。

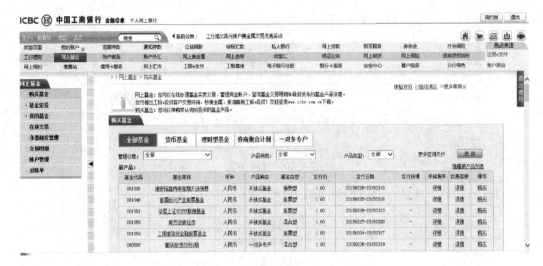

图 9-12　工商银行网上基金购买

【开放式基金投资策略】

购买基金时投资者可以根据自己的收入状况、投资经验、对证券市场的熟悉程度等来决定合适的投资策略。假如投资者对证券比较陌生，又没有太多时间来关心投资情况，那么可以采取一些被动性的投资策略，比如定期定额购入投资策略、固定比例投资策略；反之，投资者可以采用主动性较强的投资策略，如顺势操作投资策略和适时进出投资策略。

1. 定期定额购入策略

如果投资者做好了长期投资基金的准备，同时投资者的收入来源比较稳定，不妨采用分期购入法进行基金的投资。不论行情如何，每月（或定期）投资固定的金额于固定的基金上，当市场上涨，基金的净值高，买到的单位数较少；当市场下跌，基金的净值低，买到的单位数较多。如此长期下来，所购买基金单位的平均成本将较平均市价低，即平均成本法。平均成本法的功能之所以能够发挥，主要是因为当市场下跌时，投资者也被动地去投资购买了较多的单位数，只要投资者相信市场长期的表现应该是上升趋势，在市场低档时买进的低成本基金，一定会带来丰厚的获利。

以这种方式投资证券投资基金，还有其他的好处。一是不必担心进场时机。二是小钱就可以投资。在国外，通过"定期定额"投资基金，最低投资金额相对很低。三是长期投资报酬远比定期存款高。尽管"定期定额投资"有些类似于"零存整取"的定期存款，但因为它投资的是报酬率较高的基金，只要市场从长期来看是向上的，其投资报酬率远比定期存款高，变现性也很好，随时可以办理赎回，安全性较高。四是种类多、可以自由选择。目前，一般成熟的金融市场上可供投资的基金种类相当多，可以让投资人自由选择。

2. 固定比例投资策略

固定比例投资策略是指将一笔资金按固定的比例分散投资于不同种类的基金上，

当某类基金因净值变动而使投资比例发生变化时，就卖出或买进这种基金，从而保证投资比例能够维持原有的固定比例的策略。这样不仅可以分散投资成本，抵御投资风险，还能见好就收，不至于因某只基金表现欠佳或过度奢望价格会进一步上升而使到手的收益成为泡影或使投资额大幅度上升。例如，投资者决定把 50%、35% 和 15% 的资金分别买进股票基金、债券基金和货币市场基金，当股市大涨时，设定股票增值后投资比例上升了 20%，便可以卖掉 20% 的股票基金，使股票基金的投资仍维持 50% 不变，或者追加投资买进债券基金和货币市场基金，使其投资比例也各自上升 20%，从而保持原有的投资比例不变。如果股票基金下跌，就可以购进一定比例的股票基金或卖掉等比例的债券基金和货币市场基金，恢复原有的投资比例。当然，这种投资策略并不是经常性地一有变化就调整，有经验的投资者大致遵循这样一个准则：每隔 3 个月或半年才调整一次投资组合的比例，股票基金上涨 20% 就卖掉一部分，跌 25% 就增加投资。

3. 顺势操作投资策略

顺势操作投资策略又称更换操作策略，这种策略是基于以下假定之上的：每种基金的价格都有升有降，并随市场状况而变化。投资者在市场上应顺势追逐强势基金，抛掉业绩表现不佳的弱势基金。这种策略在多头市场上比较管用，在空头市场上不一定行得通。

4. 适时进出投资策略

适时进出投资策略是投资者完全依据市场行情的变化来买卖基金的策略。通常采用这种方法的投资人大多是具有一定投资经验，对市场行情变化较有把握，且投资的风险承担能力也较高的投资者。要准确地预测市场每一波的高低点并不容易，就算已经掌握了市场趋势，也要承受得住短期市场可能会有的起伏。

【实验任务 2】

（1）分析我国基金市场中开放式基金发展状况，如基金数量、类型、规模、收益率水平等相关情况。

（2）完成项目实验报告。

模块四 LOF 交易

模块介绍

要求掌握 LOF 交易流程及操作技巧。

活动 1：LOF 的募集

［活动目标］

掌握 LOF 的发行和申购的流程。

上市型开放式基金（Listed Open-Ended Fund，LOF，下同）是一种可以在交易所挂牌交易的开放式基金。发行结束后，投资者既可以在指定网点申购与赎回基金份额，也可以在交易所买卖该基金。LOF 提供的是一个交易平台，基金公司可以基于这一平台进行封闭式基金转开放、开放式基金上市交易等，但是不具备指数期货的特性。简单地讲，LOF 就是在保持现行开放式基金运作模式不变的基础上，增加了新的交易所发行和交易的渠道。LOF 兼具封闭式基金交易方便、交易成本较低和开放式基金价格贴近净值的优点，为交易所交易基金在中国现行法规下的变通品种，被称为中国特色的交易型开放式指数基金（ETF）。目前，我国只有深圳证券交易所开办了 LOF 业务。

LOF 的募集分场内和场外两部分。场外募集的基金份额注册登记在中国证券登记结算公司的开放式基金注册登记系统；场内募集的基金份额登记在中国证券登记结算公司的证券登记结算系统。

【LOF 的场外募集】

LOF 的场外募集与普通开放式基金的募集无异。投资者可以通过基金管理人或银行、证券公司等基金代销机构进行认购，应使用中国证券登记结算公司深圳开放式基金账户。必须按照金额进行认购。中国证券登记结算公司开放式基金登记系统依据管理人给定的认购费率，按照如下公式计算投资者认购所得基金份额：

认购净金额＝认购金额÷1+认购费率

认购手续费＝认购净金额×认购费率

认购份额＝认购金额÷基金份额面值

认购份额按四舍五入的原则保留到小数点后两位。认购期间的利息可以折合成基金份额，募集结束后统一记入基金账户中。

【LOF 的场内募集】

通过交易所场内募集基金份额，除要遵守一般开放式基金的募集规定外，基金管理人还需要向深圳证券交易所提出发售申请。在获得交易所的确认后，在基金募集期内每个交易日的交易时间，上市开放式基金均在深圳证券交易所挂牌发售。上市开放式基金募集期内，投资者可在深圳证券交易所交易日，使用深圳证券账户通过具有基金代销业务资格的证券公司下属证券营业部（具体名单参见各基金管理人公告）上网认购基金份额。不可撤单，可多次申报，每次申报的认购份额必须为 1 000 份或 1 000 份的整数倍，且不超过 99 999 000 份基金单位。

投资者必须按照份额进行认购。计算公式如下（交易所挂牌价格为基金的面值）：

认购金额＝挂牌价格×(1+证券公司佣金比例)×认购份额

证券公司佣金＝挂牌价格×证券公司佣金比例×认购份额

认购净金额＝挂牌价格×认购份额

【基金发行】

LOF 推出后，基金公司新发基金可以在交易所市场和银行间市场同时进行。发行期内，交易所市场可以采用一次或多次上网定价方式发行。基金公司也可以采用直销、银行、券商等代销机构以传统方式发售。交易所市场和银行间市场的发行价格相同。发行结束后，交易所市场和银行间市场募集的资金汇总到托管银行。

【开户及登记】

投资者统一使用中国证券登记结算公司的证券账户来购买在交易所发行的基金；未开户的投资者只需办理一次证券开户手续。目前，开户手续可以通过银行、券商的网点办理。中国证券登记结算公司负责基金份额的集中登记。

活动 2：LOF 的交易

[活动目标]

掌握 LOF 的交易流程。

【LOF 的申购、赎回】

LOF 的封闭期一般不超过 3 个月，开放日应为证券交易所的正常交易日。

LOF 开放场内申购、赎回后，投资者可以在交易时间内通过有资格的深圳证券交易所会员单位（具体名单见基金管理人公告）证券营业部进行申购、赎回申报。申购以金额申报，申报单位为 1 元人民币；赎回以份额申报，申报单位为单位基金份额。申购、赎回申报的数额限定遵循申报基金的招募说明书的规定。申购、赎回价格以受理申请当日收市后计算的基金份额净值为基准进行计算。

【LOF 的上市交易】

基金上市首日的开盘参考价为上市首日前一交易日的基金份额净值。基金上市后，投资者可在交易时间内通过深圳证券交易所各会员单位证券营业部买卖基金份额，以交易系统撮合价成交。通过银行间市场认购或申购的基金份额可以通过市场间转托管，将基金份额登记托管到证券登记结算系统中之后，即可上市交易。

交易方式上，与现行股票的交易方式相同，采用集中竞价交易，遵循价格优先、时间优先的交易原则。交易所市场的交易不改变基金规模。

买入 LOF 申报数量应为 100 份或其整数倍，申报价格最小变动单位为 0.001 元人民币。

深圳证券交易所对 LOF 交易实行价格跌涨幅限制，涨跌幅比例为 10%，自上市首日起执行。

投资者 T 日卖出基金份额后的资金 T+1 日即可到账，而赎回资金至少要 T+2 日。

【场外交易】

投资者通过基金管理人及其销售机构以基金净值进行 LOF 的申购和赎回。LOF 采取金额申购、份额赎回的原则，即申购以金额申报，赎回以份额申报。交易后基金份额的变化登记在开放式基金注册登记系统。LOF 场外交易若进行基金的申购，则基金 T+2 日交收；若进行基金的赎回，则按各个基金管理公司的不同规定，资金最长 T+7 日到账。

【转托管】

托管在银行间市场的基金份额的交易方式是申购、赎回，当日只能以基金单位净值进行一次性成交。托管在交易所市场的基金份额的交易方式是买入、卖出，与现行股票交易方式一致，通过在两个市场间的转托管实现两种交易方式的转变。

【分红】

分红可在两个市场同时进行，交易所市场托管的基金份额利用交易所网络派发，银行间市场托管的基金份额由销售机构代理派发。

【LOF 的套利】

由于 LOF 既可以在交易所上市交易，又可以办理申购赎回，当二级市场的交易价格与一级市场的申购赎回价格产生背离，就会产生跨市套利的机会。

1. A 类套利

当 LOF 的二级市场交易价格高于基金份额净值、认购费、网上交易佣金费和转托管费用之和时，在场外申购 LOF 份额并在交易所内卖出便可获得套利机会，此类套利称为 A 类套利。

［例 9-3］以万家公用（161903）为例，2007 年 10 月 16 日，当天收盘后净值为 1.896 元，全天市场交易价格在 1.92~1.96 元波动，最后收盘价为 1.96 元。盘中该基金四次公布实时净值，最后一次公布净值为 1.895 元。当天以净值 1.896 元的价格申购，扣除申购手续费，申购成本价格为 1.924 4 元。

10 月 17 日，该基金盘中继续拉高，最高触及涨停，最后收盘 2.113 元，涨幅 7.8%。当天该基金收盘后净值 1.874 1 元，此时交易价格已经比净值高出近 0.24 元，幅度为 12.75%。由于申购基金为 T+2 交易日到达客户账户，因此还不能在二级市场卖出。

10 月 18 日，该基金多数时间在 2.0~2.08 元波动，此时前天申购的基金份额已到账，当天就可以卖出，套利机会到。我们可以计算一下此次套利的收益。

申购成本价格为 1.924 4 元，假设以当天低位（2.0 元）卖出，获利为 2×（1-

0.3%)-1.922 4=0.071 6 元，幅度为 3.7%。假设当天以高位（2.08 元）卖出，获利为 2.08×(1-0.3%)-1.922 4=0.151 4，幅度 7.87%。

2. B 类套利

当 LOF 基金净值高于二级市场交易价格、交易费用、赎回费用之和时，在交易所内买入 LOF 份额并在场外赎回便可获得套利机会，此类套利称为 B 类套利。

［例 9-4］以大成创新（160910）为例，2007 年 10 月 26 日，该基金前一日单位净值为 1.319 元，当日该基金盘中交易价格在 1.28~1.30 元波动。根据盘中四次公布实时净值，其中最后一次净值为 1.323 6 元，可以判断，如果盘中以 1.28~1.30 元的价格买入该基金，至少要比在银行等一级市场申购便宜 0.043 6~0.063 6 元，且手续费也要便宜 0.016 元，可以当天套利。

模块五　ETF 交易

模块介绍

要求掌握 ETF 基金交易流程及操作技巧。

活动 1：ETF 基金的发行

［活动目标］

掌握 ETF 基金的发行流程。

交易型开放式指数基金（Exchange Traded Fund，ETF，下同），又称交易所交易基金。ETF 是一种跟踪"标的指数"变化、在证券交易所上市交易的基金。投资人可以如买卖股票那么简单地去买卖跟踪"标的指数"的 ETF，并使其可以获得与该指数基本相同的报酬率。

ETF 通常由基金管理公司管理，基金资产为一揽子股票组合，组合中的股票种类与某一特定指数（如上证 50 指数）包含的成份股票相同，股票数量比例与该指数的成份股构成比例一致。例如，上证 50 指数包含中国联通、浦发银行等 50 只股票、上证 50 指数 ETF 的投资组合也应该包含中国联通、浦发银行等 50 只股票且投资比例同指数样本中各只股票的权重对应一致。换句话说，指数不变，ETF 的股票组合不变；指数调整，ETF 的股票组合要进行相应调整。

ETF 是一种混合型的特殊基金，克服了封闭式基金和开放式基金的缺点，同时集两者的优点于一身。ETF 可以跟踪某一特定指数，如上证 50 指数。与开放式基金使用的现金申购、赎回不同，ETF 使用一揽子指数成份股申购赎回基金份额。ETF 可以在交易所上市交易。由于 ETF 简单易懂、市场接纳度高，从 1990 年加拿大多伦多证券交易所（TSE）推出世界上第一只 ETF——指数参与份额（TIPS）以来，ETF 在全球范围内发展迅猛。我国第一只 ETF 成立于 2004 年年底的上证 50ETF。

下面我们以我国的上证 50ETF 为例来介绍 ETF 基金的发行和认购流程。

【开户】

购买上证 50ETF 需要开设上海市场的股票或者基金账户。买卖上证 50ETF 的投资者需具有上海证券交易所 A 股账户或基金账户（统称为证券账户）。进行上证 50ETF 申购、赎回操作的投资者需具有上海证券交易所 A 股账户。这些账户都可以在买卖 ETF 的证券营业部当场开立。基金账户只能进行基金的二级市场交易，如投资者需要办理上证 50ETF 的申购、赎回，则应开立 A 股账户。开户当日无法办理指定交易和买卖，所以投资者应在进行买卖前至少 1 个工作日办理开户手续，并于第二个交易日办理指定交易。所有的经纪类券商都可以代理投资者的 ETF 买卖交易，但只有具有一级交易商资格的券商才能代理投资者的 ETF 申购、赎回业务。

上证 50ETF 的发售采取网上现金认购、网下现金认购、网下股票认购 3 种方式。每份基金份额的发售价为 1.00 元，投资者的认购申请需以份额申报。

【发行与认购】

1. 网上现金认购

上证 50ETF 通过上海证券交易所网上系统进行定价发售。投资者可通过北京证券、国信证券等相关证券公司办理。网上现金认购类似于封闭式基金的发行，申报时间只有 1 天，投资者每笔认购份额需为 1 000 份或其整数倍，最高不得超过 99 999 000 份；投资者可多次认购，累计认购份额不设上限。单一每笔认购份额须为 1 000 份或其整数倍。

2. 网下现金认购

投资者可通过基金公司直销中心以及指定的代理网下发售业务的证券公司办理。网下现金认购申请提交后不得撤销。网上现金认购类似于开放式基金的发行，单一每笔认购份额须为 1 000 份或其整数倍。

3. 网下股票认购

基金发起人允许机构投资者通过参与券商以股票来进行认购，投资者申报时间只有 1 天，网下股票认购申请提交后不得撤销。单只股票最低认购申报股数为 1 万股，可多次提交认购申请，累计申报股数不设上限。超过 1 万股的部分须为 100 股的整数倍。如果投资者申报的个股认购数量总额大于基金管理人可确认的认购数量上限，基金发起人根据投资的认购申报数量从小到大收取。

基金管理人可根据交易量异常、价格波动异常及其他异常情况，在网下股票认购日前至少 4 个工作日公告限制认购规模的个股名单。受限个股一般不超过 10 只。此外，对于价格波动异常或认购申报数量异常的个股，基金管理人可不经公告，全部或部分拒绝该股票的认购申报。

活动2：ETF 基金的交易

「活动目标」

掌握 ETF 基金的交易流程。

【二级市场买卖】

ETF 二级市场交易规则如表 9-3 所示：

表 9-3　　　　　　　　　　ETF 二级市场交易规则

交易途径	电话委托及网上交易等
交易时间	9:30~11:30，13:00~15:00
涨跌幅限制	以上证 50ETF 基金前一日收盘时基金份额净值为计算基准，实行 10% 的涨跌幅限制
交易代码	上证 50ETF 的二级市场交易简称为 50ETF，交易代码为 510050
买卖申报数量	买卖申报数量为 100 份或其整数倍
申报价格最小变动单位	0.001 元
费用	不用缴纳印花税，只按规定缴纳一定佣金即可，目前佣金费用水平不超过成交金额的 0.25%
交易制度	上证 50ETF 基金依然实行"T+1"制度，对当日买进的股票必须要到下一个交易日才能卖出。同时对资金实行"T+0"制度，即当日回笼的资金马上可以使用。对上证 50ETF 也可以进行大宗交易

【实物申购、赎回】

ETF 的每日开市前基金管理人会根据基金资产净值、投资组合及标的指数的成份股情况，公布"实物申购与赎回"清单，投资人可根据清单内容，将成份股股票交付 ETF 的基金管理人而取得"实物申购基数"或其整数倍的 ETF。以上流程将创造出新的 ETF，使得 ETF 在外流通量增加，称之为实物申购。实物赎回则是与之相反的程序，使得 ETF 在外流通量减少，也就是投资人将"实物申购基数"或其整数倍的 ETF 转换成实物申购赎回清单的成份股股票的流程。

举例而言，对于上证 50 指数 ETF，"申购"是指用一揽子指数成份股股票换取一定数额的 ETF 基金份额。例如，投资者可使用 187 手中国联通、36 手浦发银行、12 手白云机场等 50 只股票，换取 100 万份 ETF 基金份额（即 1 个"最小申购、赎回单位"）或者 374 手中国联通、72 手浦发银行、24 手白云机场等 50 只股票，换取 200 万份 ETF 基金份额（即 2 个"最小申购、赎回单位"）。"赎回"的过程则相反，是指用一定数额的 ETF 份额换取一揽子指数成份股股票。例如，100 万份 ETF 基金份额（1 个"最

211

小申购、赎回单位"）可以换取 187 手中国联通、36 手浦发银行、12 手白云机场等 50 只股票。如果是 200 万份 ETF 基金份额（即 2 个"最小申购、赎回单位"），则可以换取 374 手中国联通、72 手浦发银行、24 手白云机场等 50 只股票。

对于 ETF 基金的申购、赎回，投资者必须按基金合同规定的最小申购、赎回单位或其整数倍进行申报。在具体买卖、申购、赎回基金份额时，还应遵守下列规定：

第一，当日申购的基金份额，同日可以卖出，但不得赎回；

第二，当日买入的基金份额，同日可以赎回，但不得卖出；

第三，当日赎回的证券，同日可以卖出，但不得用于申购基金份额；

第四，当日买入的证券，同日可以用于申购基金份额，但不得卖出；

第五，上海证券交易所规定的其他要求。

【投资策略】

1. 长期投资

由于 ETF 风险分散度好、透明度高、受管理人主观因素影响小，因此可预期性强，投资者有更充分的信息。境外成熟市场的经验证明，主动管理的基金持续战胜指数的概率很低，投资时间越长，基金经理战胜指数的概率则越小。由于指数基金的费用低，长期投资会因为复利的影响显著增加指数基金的相对收益水平。从长期投资、财富保值增值的角度来看，投资 ETF 是一个较好的选择。投资者可以采用低位买入并持有的策略，分享指数长期增长带来的资本增值。

2. 短期投资

对于那些希望能够迅速进出整个市场或市场特定的部分以捕捉一些短期机会的投资者，ETF 是一种理想的工具。这是因为 ETF 在交易制度上与股票和债券一样，可以以极快的速度买入卖出以对市场的变化做出反应，虽然每次交易都有成本，但是交易费率相对低廉。投资者可以通过积极交易 ETF，获取指数日内波动、短期波动（一日以上）带来的波段收益。具体方法如下：

（1）日内波动操作：一级市场（ETF 份额申购、赎回）、二级市场（ETF 份额交易）配合操作，可以循环多次，投资者在不占用大量资金的情况下获利，犹如四两拨千斤，提高了资金的使用效率。

（2）短期（一日以上）波动操作：类似于股票交易，短期看涨便买入 ETF，看跌便卖出 ETF，赚取差价。

3. 时机选择

ETF 是由其追踪的标的指数成份股构成的组合，因此增减 ETF 相当于增减了股票仓位。对于在行情发生变化，需要大规模增减股票仓位的投资者而言，直接增减 ETF 可以避免多只股票交割的麻烦，减少对股票价格的冲击，迅速进出市场。ETF 特殊的套利机制也有助于提高流动性，降低大额交易的冲击成本。因此，ETF 可成为投资者高效的时机选择工具。

4. 轮动投资

投资者可以积极地调整 ETF 组合，通过更新组合中 ETF 的权重、仓位以及买入卖出代表不同风格、不同板块的 ETF，构建各种市场敞口以实现各种投资策略。在组合管理中，可以利用 ETF 实现多样化的国际（如将来推出跨境 ETF）、国内、行业、风格等市场敞口，以构建投资者偏好的投资组合。举例来说，当投资者看好某一国家的投资机会时，可以通过购买国家 ETF 而不是直接投资外国股票实现外国股票市场敞口；当投资者偏好某一行业或者某一板块时，也可以投资相应的行业 ETF。这样一来，投资者在满足特定的投资偏好的同时，也在一定程度上分散了风险。

5. 套利交易

当 ETF 二级市场交易价格与基金份额净值偏离时，即出现折价或溢价时，投资者就可以在一级市场、二级市场以及股票现货市场之间进行套利，获取无风险收益。单个交易日内，投资者可以多次操作。在回避风险的前提下，提高持仓 ETF 成份股的盈利性，提高资金使用效率。具体方法如下：

（1）当 ETF 二级市场价格小于基金份额净值，在二级市场买入 ETF 份额并进行赎回，再将赎回获得的组合证券随即卖出。

（2）当 ETF 二级市场价格大于基金份额净值，在二级市场买入组合证券并申购成 ETF 份额，再随即将申购的 ETF 份额卖出。

6. 资产配置

利用 ETF 实现组合配置的核心—卫星策略。核心—卫星策略是资产配置的一个重要策略，即按照太阳系法则"一个中心，多个增长点"将组合中的资产分为两大类分别进行配置，其中核心资产跟踪复制所选定的市场指数进行指数化投资，以获得特定市场的平均收益；其他资产采用主动性投资策略，以捕捉市场各种各样的投资机会。

由于 ETF 具有上市交易的便利性，因此通过核心—卫星资产配置法，投资者可以随时重新调配资产，无须进行多只股票交割。跟踪蓝筹指数的 ETF 通常作为核心资产，以保证核心投资部分的利益不落后于大盘；跟踪行业、风格、区域等指数的 ETF 通常作为机构投资者的辅助资产，或者增持相对看好的资产类别或风险收益水平更高的资产类别，如能源类股票、成长型股票或基金等。此外，投资者还可以使用某种主动策略构造组合的核心，为避免错失其他投资机会，可以将各种类型的 ETF 作为卫星的策略。

7. 现金管理

由于 ETF 变现力强、资金结算效率高、风险分散，因此利用 ETF 实现组合中的现金管理，可以代替组合中的现金储备，避免在市场急涨中踏空。

开放式基金的基金经理在投资过程中常常会遇到这样的两难困境，即在资产组合中的现金无法预知的情况下，既要保留一定比例的现金以备赎回之需（一般占组合资产总值的5%），又要避免形成现金拖累影响组合收益。如果可以投资 ETF，则这一难题将迎刃而解。基金可以将组合闲置的现金购买 ETF，在面临赎回急需现金时，可以通过在市场上卖出 ETF 筹措所需的赎回资金，避免直接抛售组合中的基础股票。利用 ETF 管理组合中的现金，不会改变组合的投资目标，也不会增加组合的交易风险、交易成本和费用。

8. 过渡时期资产管理

在机构投资者更换投资经理时，资产可采用 ETF 作为过渡时期的资产管理形式。在新的投资经理上任前，把资产转为 ETF，维持投资增值机会；选定新的投资经理后，变现 ETF 或者将组合证券直接交给新投资经理处理。

【实验任务 3】

（1）赵先生是我国早期的基金投资者，当时主要是投资封闭式基金，现在开放式基金是市场的主流，赵先生很想了解两者的区别，包括一些创新型的基金他也很感兴趣。请你为赵先生做相关方面的讲解，并为他演示相关类型基金的开户与交易流程。

（2）完成项目实验报告。

参考文献

［1］张启富，谢贯忠. 证券投资实训［M］. 北京：经济科学出版社，2008.

［2］章劼. 金融投资模拟交易实训［M］. 上海：上海财经大学出版社，2004.

［3］张元萍. 金融投资实验教程［M］. 北京：首都经济贸易大学出版社，2006.

［4］韩笑蓉. 证券投资实训［M］. 北京：国际工业出版社，2010.

［5］黄海沧，等. 证券投资实训教程［M］. 杭州：浙江大学出版社，2010.

［6］邓幼强，吴静. 金融实验教程｜M］. 北京：北京大学出版社，2008.

［7］王鲁志. 证券投资基金实务教程［M］. 上海：复旦大学出版社，2011.

［8］李柏洲. 证券投资学［M］. 武汉：华中师范大学出版社，2014.